JN272652

# メンバーによる描画

# ヨリエ

## 第1回　感情を紙に写しとる

### （1）気分にあわせてかく

①（無題）

②（無題）

③ イモ

### （2）ストレスとつきあう

④ じょうごとハンマー

### （3）音楽にあわせてかく

⑤ 湿原のよどみと流れ

### （4）自由に踊ったあとでかく

⑥ 麦わら帽子とポプラ

ヨリエ

## 第2回　心の持ち方をかえる

### （1）自分が心配している姿

①心配している自分

### （2）いちばん心配なこと

②鎖で吊された人

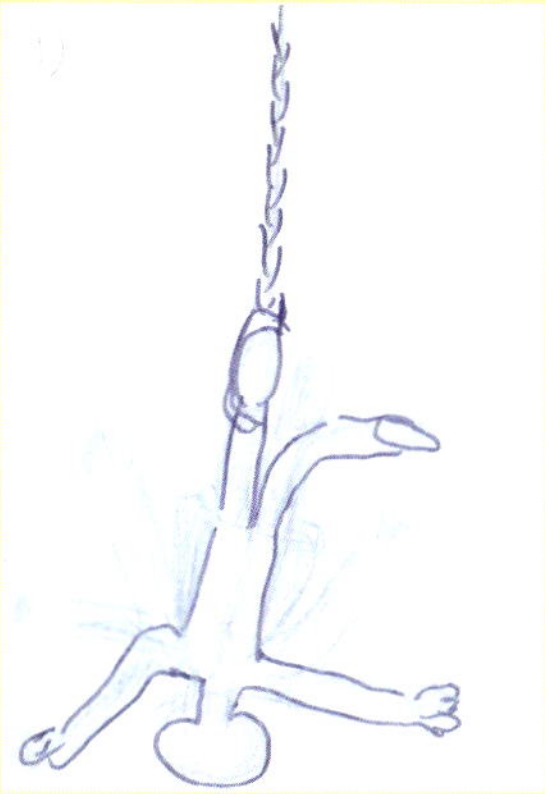

### （3）心配ごとを撃退しているところ

③青い炎

## 第3回　遊び好きのインナーチャイルドをかく

### （1）内なるヒーラー

①ダルマ

### （2）遊び好きのインナーチャイルド

②おへそのない少女

## 第５回　インナーチャイルドを育てる

① 闇の中での手ごたえ

## 第４回　傷ついたインナーチャイルドをかく

いのち（ＤＮＡ）からのメッセージ

② 少女Ａ

## 第６回　参考図版[1]

バッカス（酒神）

次頁マンダラの中心に描かれたアイビーの葉は、酒神バッカス（ディオニュソス）と結びつく象徴であった。

第６回　現実の生活を反映するマンダラ

青い風

# カオル

## 第2回　心の持ち方をかえる

### （1）自分が心配している姿

① 心配ごと８項目

### （2）いちばん心配なこと

② 三角の身体

### （3）心配ごとを撃退しているところ

③ 緑のトンネル

## 第3回　遊び好きの インナーチャイルドをかく

### （1）内なるヒーラー

① タケノコを守る左半身

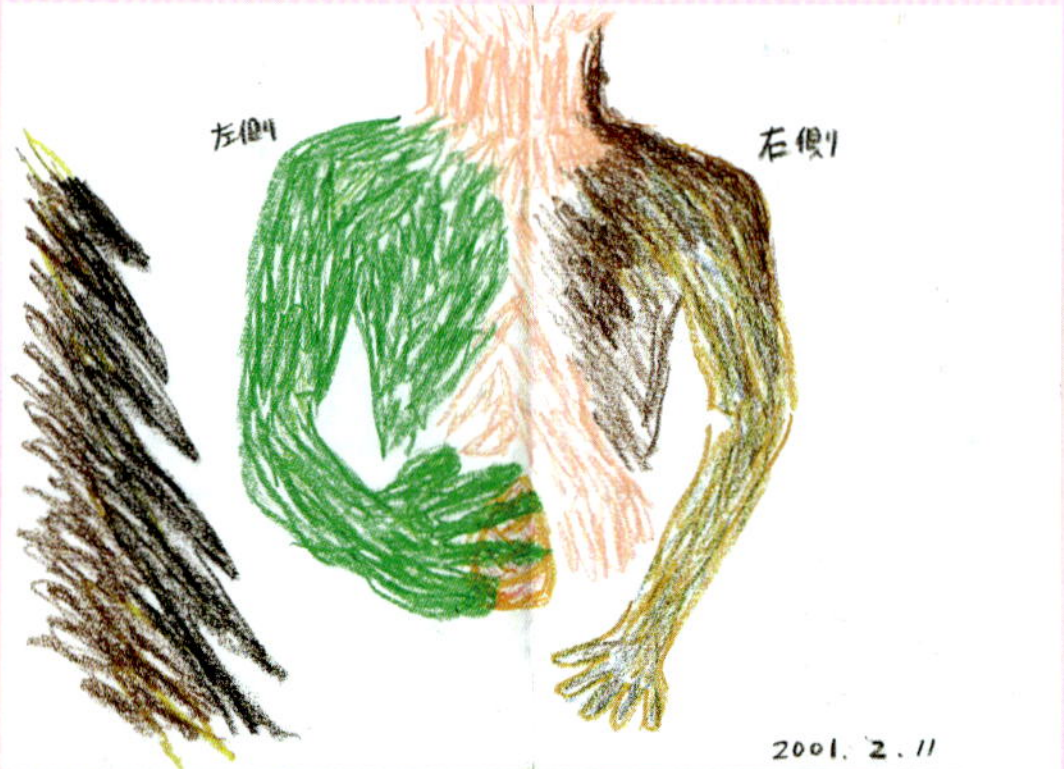

カオル

(1) 内なるヒーラー　② 緑のおっかさん

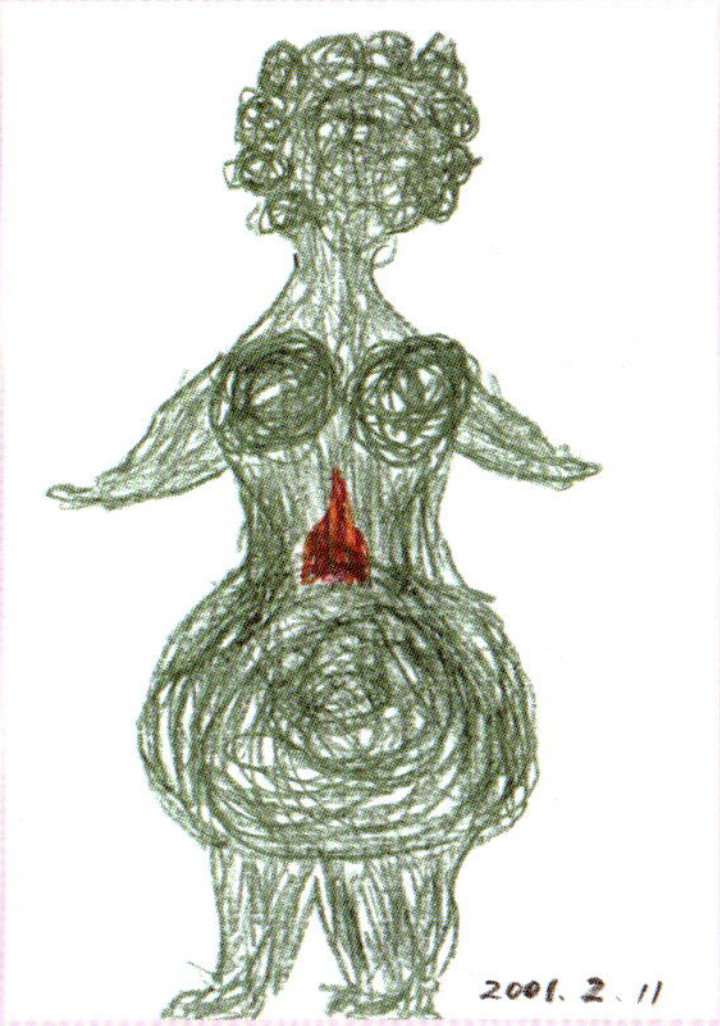


(2) 遊び好きのインナーチャイルド

③ シャボン玉

## 第4回　傷ついたインナーチャイルドをかく

① ゆでたタケノコ

② 竹林の中のゆりかご

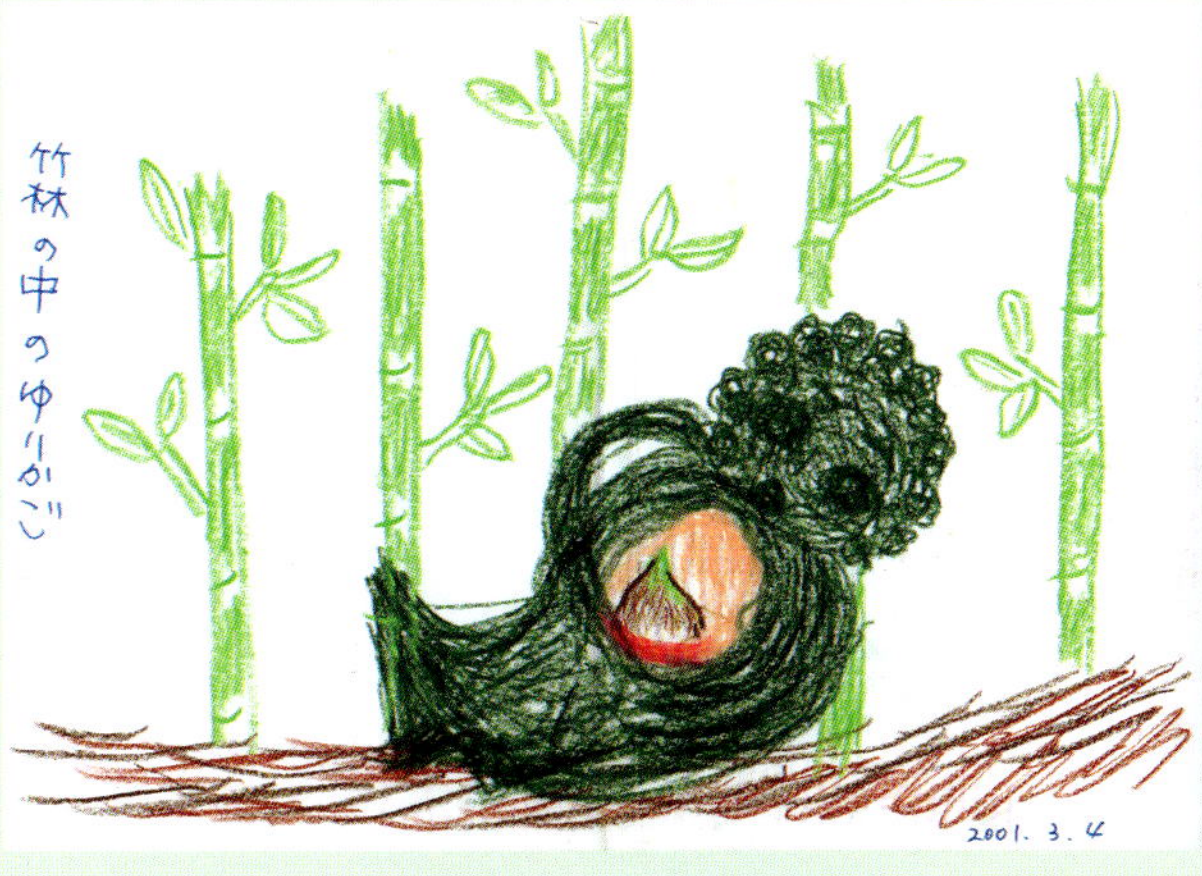

第3回　参考図版

ヴィレンドルフの
ヴィーナス[2]
第3回「緑のおっかさん」と第4回「竹林の中のゆりかご」に描かれた緑の太母に似ている。

### 第５回　参考図版[3]

家の扉の上に、十字架を意味する「T」を描いている。

いのちの危機に関係があり、癒しや神を象徴する「T」字。モーゼは民を救おうとして、青銅の蛇を巻き付かせた旗竿を掲げた。

## 第５回　インナーチャイルドを育てる

① 赤ちゃんとこわいものたちとオレンジの球

② T字のリンゴ

### 第６回　参考図版

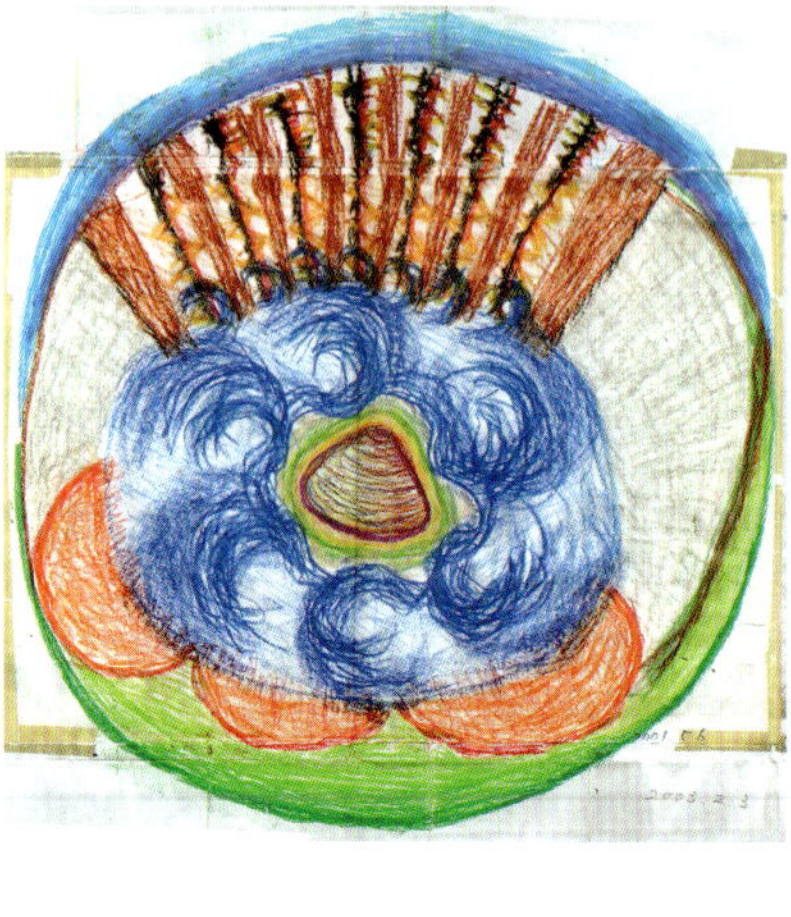

円を閉じたマンダラ

次頁のマンダラを描いてから数年後、円を閉じた統合のマンダラとして加筆。

カオル

第6回　現実の生活を反映するマンダラ

二枚貝と波と矢羽

# ナツコ

## 第1回　感情を紙に写しとる

### （1）気分にあわせてかく

① （無題）

② （無題）

### （2）ストレスとつきあう

③ 変化していくストレス

### （3）音楽にあわせてかく

④ 波打ち際の流れ星と生垣

### （4）自由に踊ったあとでかく

⑤ 上昇する光

## 第2回　心の持ち方をかえる

### （1）自分が心配している姿

① 心配ごと 10 項目

### （2）いちばん心配なこと

②ストレスの渦

### （3）心配ごとを撃退しているところ

③ 白いマントの少女

## 第3回　遊び好きのインナーチャイルドをかく

### （1）内なるヒーラー

① 炎の柱

### （2）遊び好きのインナーチャイルド

② 真夏のなっちゃん

## 第4回　傷ついたインナーチャイルドをかく

② 元気な子と小さい少女

①（かき損じ）

## 第5回　インナーチャイルドを育てる

シーカヤック

## 第6回　参考図版

次頁マンダラ中央部の
魚の拡大図

ナツコ

← 当初中央の魚の上に貼ってあった

第6回　現実の生活を反映するマンダラ

こうなったらしあわせ（コラージュ）

# イズミ

## 第2回　心の持ち方をかえる

### （3）心配ごとを撃退しているところ

③ 心の炎

火はまだ燃えているかも
しれない。燃えていたとしても
遠くの火だ

### （1）自分が心配している姿
### （2）いちばん心配なこと

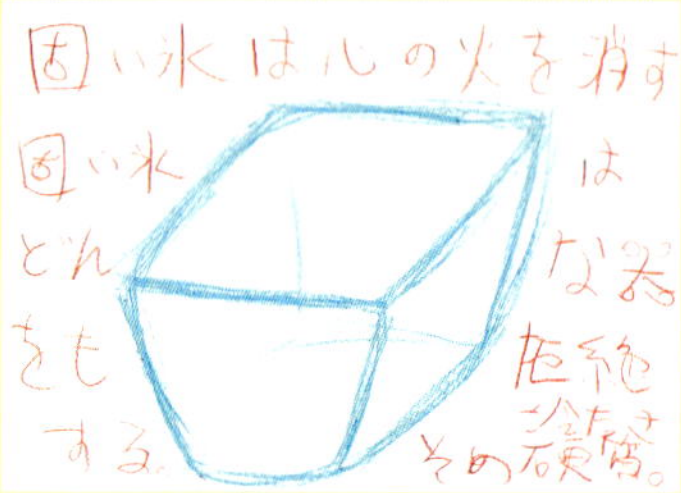
固い氷は心の火を消す

① 固い氷

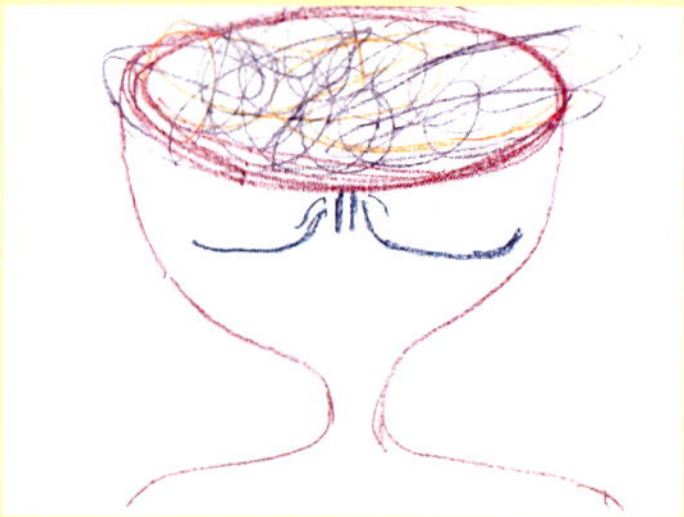

② 心配しているグラス

### （4）心配ごとをとり除いたあとの気持ち

④ 身体！　からだ！　カラダ！

身体！
からだ！
カラダ!!

⑤ 立っているネ！

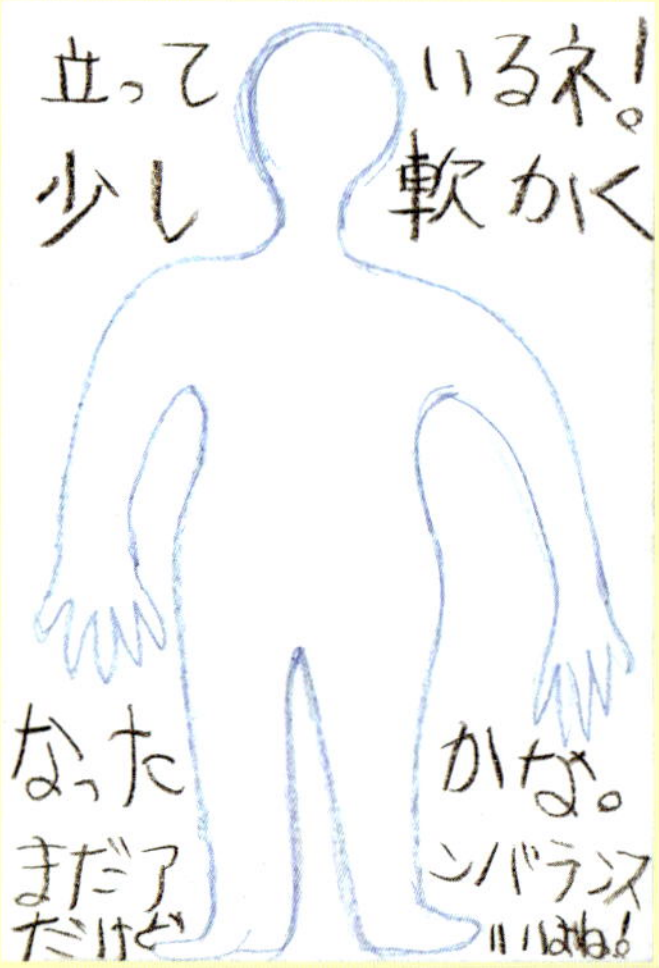
立っているネ！
少し軟かく
なったかな。

## 第4回　傷ついたインナーチャイルドをかく

② 足の無い人

① (かき損じ)

## 第5回　インナーチャイルドを育てる

① 霧の中でもいいじゃん

② 大黒様

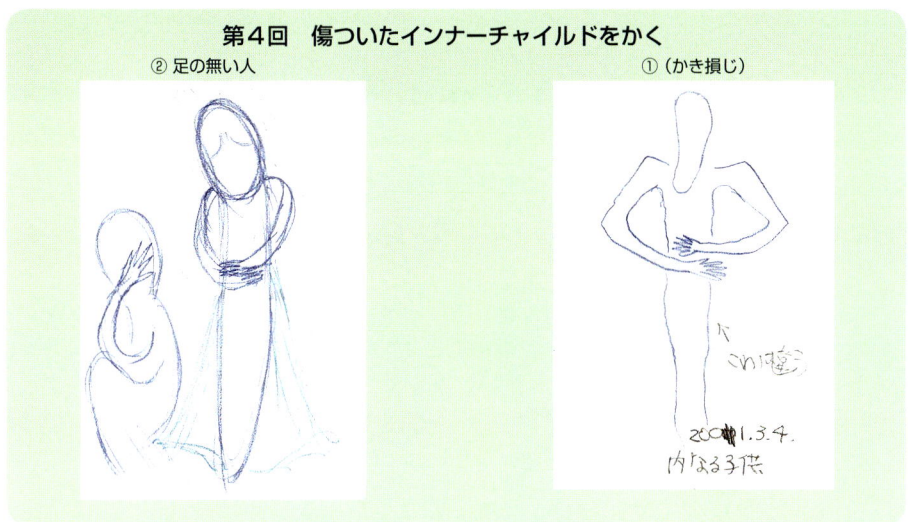

③ 針金の子

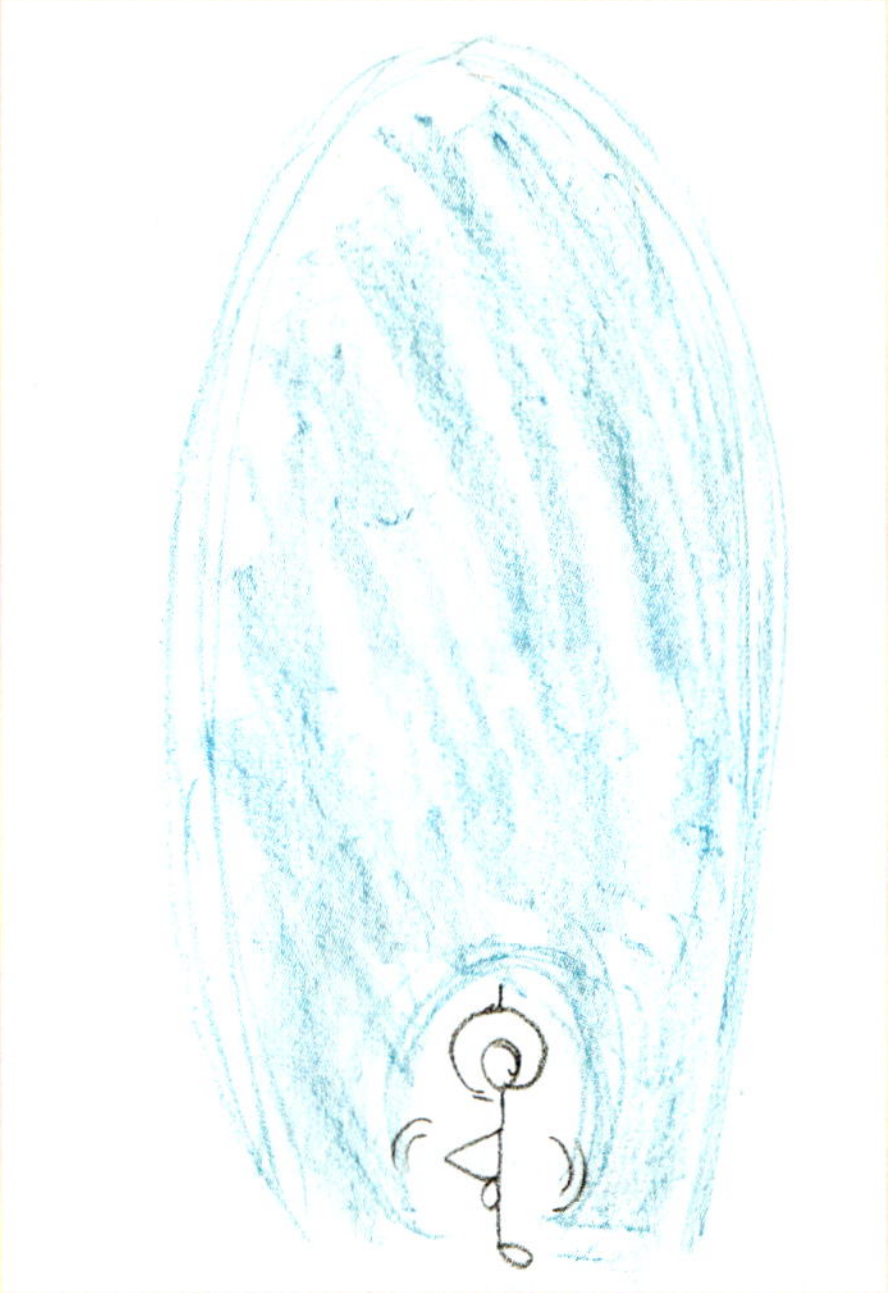

第6回　参考図版

「入れ子」が見えやすくなったマンダラ

次頁のマンダラを描いた後日、絵を浮き立たせようと、バックを濃くした。

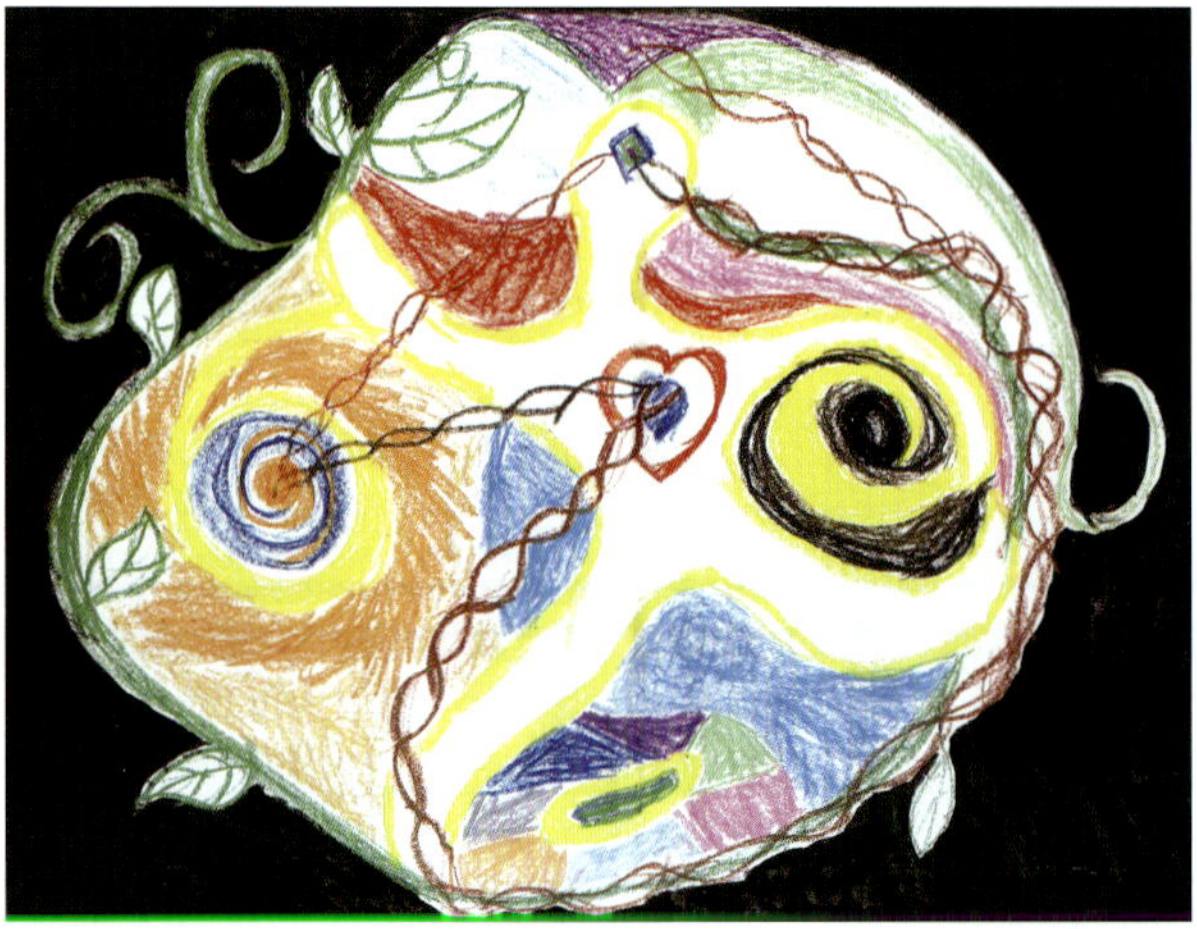

第６回　現実の生活を反映するマンダラ

自由でしなやかな人

# サクラ

## 第1回　感情を紙に写しとる

### （1）気分にあわせてかく

① 楽園

### （2）ストレスとつきあう

② ストレスの３つの変化

### （3）音楽にあわせてかく

③ 川辺の色の層

### （4）自由に踊ったあとでかく

④ フラフープ

## 第2回　心の持ち方をかえる

### （1）自分が心配している姿
### （2）いちばん心配なこと

① 小さな心配ごと

③ 裸の少女

## （3）心配ごとを撃退しているところ

② 縄跳び、ミシンかけ、読書

## 第3回　遊び好きのインナーチャイルドをかく

### （1）内なるヒーラー

① 川遊びの少女

### （2）遊び好きの インナーチャイルド

② 山を登る足

## 第4回　傷ついたインナーチャイルドをかく

風で髪が顔にかかり、
顔の見えない少女

## 第5回　インナーチャイルドを育てる

① 風に向かう

② 縄跳び

第６回　現実の生活を反映するマンダラ
内なる力――花火（コラージュ）

サクラ

# アオイ

## 第１回　感情を紙に写しとる

### （1）気分にあわせてかく

① 水に揺れる藻

②桃

### （2）ストレスとつきあう

③ ストレス

④ 噴火

⑤ 日輪

### （3）音楽にあわせてかく

⑥ きれいな水のたゆたっている感じ

### （4）自由に踊ったあとでかく

⑦ 真ん中はまた水

アオイ

## 第2回　心の持ち方をかえる

### （1）自分が心配している姿

① 波打ち際のツブ貝

### （2）いちばん心配なこと

② ガイコツ

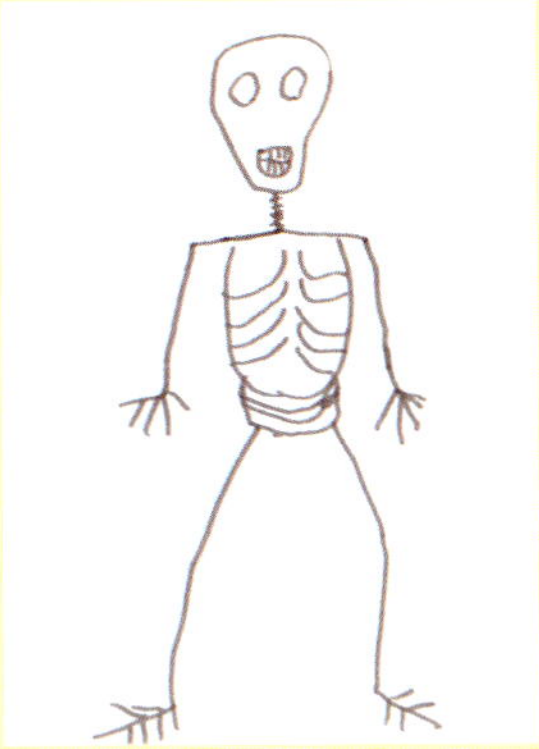

### （3）心配ごとを撃退しているところ

③ ハート

## 第3回　遊び好きのインナーチャイルドをかく

### （1）内なるヒーラー

① 弥勒菩薩

### （2）遊び好きのインナーチャイルド

② 小学校高学年の自画像

③ ふわふわのくま

## 第5回　インナーチャイルドを育てる

① 雷坊や

② 風神の袋と風と木

## 第6回　参考図版

錬金術：対立物の統合をあらわす図[4]

広義の錬金術では、人間の肉体や霊魂を、不老不死の完全なもの（統合されたもの）に変性しようと考えた。この絵では、生と死の統合を、男性と女性の結合という象徴的なかたちで表現している。

第６回　現実の生活を反映するマンダラ
内なる光（コラージュ）

# フジコ

## 第1回　感情を紙に写しとる

### （1）気分にあわせてかく

①（無題）

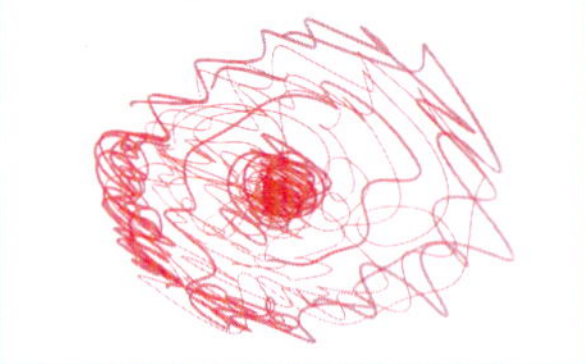

②（無題）

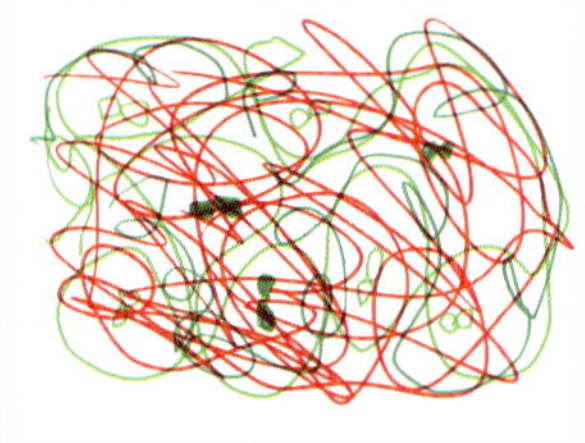

③（無題）

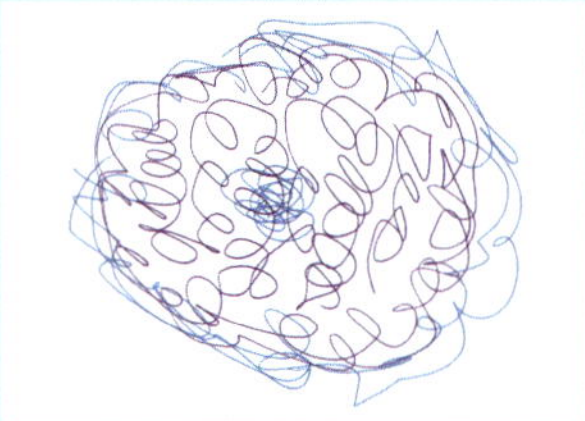

### （2）ストレスとつきあう

④ ストレスの岩

⑤ 緑の屋形舟

### （3）音楽にあわせてかく

⑥ 母と子の手

### （4）自由に踊ったあとでかく

⑦ 色マンダラ

## 第2回　心の持ち方をかえる

### （2）いちばん心配なこと

② 身体のケアをしてやれない

### （1）自分が心配している姿

① ストレス 10 項目

### （3）心配ごとを撃退しているところ

③ チュチュで踊る少女

## 第3回　遊び好きのインナーチャイルドをかく

### （1）内なるヒーラー

① 象と少女

## 第4回　傷ついたインナーチャイルドをかく

「ヒーラーと私と内なる子ども（カッコウ）」

### （2）遊び好きのインナーチャイルド

② 赤いウサギのバッグ

## 第5回　インナーチャイルドを育てる

② うまごやし

① 踊る子ども

フジコ

第6回　現実の生活を反映するマンダラ

宇宙との調和（コラージュ）

# 自分と出会う
# アートセラピー

――イメージでひらく無意識の世界――


近藤総子　編著

阿部利久子　天海久子　伊藤妙子
植村怜子　木下 恵　播磨美智子　著



新曜社

# はじめに

私たちは意外に、「自分のこと」を知らないようです。そして「意外に自分のことを分かっていない」ことにも、ふだんあまり気づいていません。

アートセラピーの勉強会を始めたころの私たちもそうでした。

それどころか私たちは、「自分のことをもっと知りたい」とか、「自分のことが分かっていないから、つまずいたりトラブルが起きてしんどくなる」などとは、考えてもいませんでした。せいぜい、「自分はよく人からカタイと言われるけど、甘えられずに育ったからしょうがない」などと、簡単に片付けてしまっていました。

でも、言い訳をやめて、本当の自分を生きることができるなら！

私たちは、「アクティヴ・イマジネーションを用いたアートセラピー」を体験することができ、そのおかげで、目をみはるばかりの驚きや発見を通して、意識が拡大する感覚や深い変容に近づくことができました。

この本でご紹介するアートセラピーは、C・G・ユング[1]が創始した「アクティヴ・イマジネーション」（能動的想像）の技法を用いて、絵に表現された「無意識の思い」にアクティヴ（能動的）に関わっていった成果です。「自己成長」のためにはさまざまな方法がありますが、このアクティヴ・イマジネーションの技法は、意識を拡大し、創造性を高め、人格の根底からの「変容」（変化）が起こるのを助けるもので、「これは二〇世紀におけるもっとも重要な発見の一つ」である[2]、とも言われています。本書をお読みいただければ、その驚異的な力の一端がお分かりいただけると思います。

私たちは経験を通して、「絵には、意識（意思）を越えた何らかの意図、無意識の思いが表現されるようだ」と思い、「絵に無意識があらわれる不思議」に興味を持っていました。そして１９９９年秋から月1回の勉強会を始めました。メンバーは、それぞれの仕事の分野でアートセラピーを用いたいと思っている、カウンセラーや画家、音楽家など20代から60代の女性たち7名です。この本は、勉強会で描いた絵の一部（２０００年10月から２００1年5月）を、その後数年をかけて理解していき、メンバー各自が新しい自分と出会うまでをまとめたものです。

最初に勉強会を始めた頃は、絵にあらわれる無意識そのものを、具体的に論じる本を見つけることができませんでした。しかし、J・M・シュピーゲルマン、河合隼雄著『能動的想像法――内なる魂との対話』[2]の中の、河合隼雄氏の「心理療法と芸術」についての数行は、私たちに大きな期待を感じさせてくれました。また、L・カパチオーネ女史の『アート・ヒーリング 絵の魔術』[3]の、無意識を視野に置いた描画法は、具体的な描画法の手引書になってくれました。本書のインストラクションやワークの進め方は、主にこれらの２冊をベースにして構成しました。

２０００年以降には、老松克博氏のアクティヴ・イマジネーションに関する著作[4][5]が出版されています。その後に私たちがワークを始めていたらもっとスムーズに、理解やプロセスの展開が進んだだろうと思います。またその頃になると、アートセラピーに関する書籍[6]がぽつぽつと目にとまるようになりました。本書とは視点が異なりますが、どれもそれぞれ興味深い領域を開拓した本です。

最初の時期は、描画をおこなった後で絵についての思いや感想を共有し、その日の勉強会はその1日のみで完結させていました。しかし勉強会を始めて1年ほど経った頃から、無意識のメッセージをもっと理解したいとアクティヴ・イマジネーションをとり入れた「話しあい1」を始めました。回を重ねるうちにやがて、アクティヴ・イマジネーションの技法が分かり始めてきましたが、まだまだ、納得できないもどかしさを感じました。

そこで、もっと深く描画と向き合っていくためにアクティヴ・イマジネーションを用いた「話しあい2」を始めました。しかし実際には、技法としてのアクティヴ・イマジネーションの「対話・対決・折り合い・統合」というテクニックを意識的に捉えるということはなく、自然な話しあいの中で「技法は後からついてきた」という印象だったように思います。その頃、アートセラピーの専門家の杉浦京子氏に、数回にわたり象徴解釈や描画法についての助言を頂き、ワークを深めていくことができました。象徴解釈や描画法についての知識は、初心者の私たちがアクティヴ・イマジネーションの技法を用いていくためには、不可欠なものでした。

現代人の生活は、物質的には豊かになりましたが、反対にストレスや出口のない閉塞感や、さまざまな不安が広がってきています。このようなとき私たちが本当に必要としているのは、「自分」の中への旅ではないでしょうか。この「アクティヴ・イマジネーションを用いたアートセラピー」が、本書をお読みくださる方々の幸せにお役に立つことを願って。

遊葉《ゆうは》アートセラピー勉強会
阿部利久子
天海　久子
伊藤　妙子
植村　怜子
木下　　恵
播磨美智子
近藤　総子

目　次

# 第1部

# アクティヴ・イマジネーションを用いた私たちのアートセラピー

## 1　私たちのおこなったアートセラピー

### ■ 絵にはホンネがあらわれる

私たちがアートセラピーを始めたきっかけは、子どもの絵にはよく「ホンネ」が表現されているのを、不思議に感じたことです。

あるメンバーが所属する心理相談室で、不登校の男の子が描いた自由画は、お母さんの顔だけが黒くグシャグシャによごれていました。男の子は困った様子で、「クレヨンが太くなっちゃった（せいで、うまく描けなかった）」と言いました。しかし次の週も、その次の週も、お母さんの顔だけがうまく描けずグシャグシャになってしまい、男の子は当惑していました。カウンセリングを進めるうちに、優しそうに見えたお母さんが、子どもにとっては心の虐待と言えるほどの、厳しいしつけや勉強を強いていたことが分かりました。

また、腹痛と頭痛が続いている少女が描いた「女の子」の絵は、両腕がとても短く、小さくいびつな手をしていました。やがて、少女は朝晩のけいこごとの長時間にわたるレッスンがとてもつらいと感じていることが分かりました。少女の無意識は「練習したくないよう！」という心の叫びを、小さないびつな手という形で描いていたのです。

また、アタマ（意識）ではまったく理解していなくても、自分の気持ちにピッタリなイメージを描いた例もあります。持病を抱えているある少女は、緑色のクレヨン1色で無機質な印象の絵を描きました。角ばった緑色に囲まれた、走っているような人の形（シルエット）の絵です。「何の絵かな？」と聞くと、少女は「あそこのマークが面白いから描いたの。アレなに？」と言いました。それは非常口の標識でした。親や本人と話していくと、少女は持病のせいで学校に行くのがつらいのに、家庭の事情で無理に登校させられていたことが分かりました。この絵は無意識にある「逃げたい、つらい」という情動が、逃げる姿の記号に共感し、自覚がないまま選びとって描かれたものです。

たいていの大人は、じょうずに描けなかった絵や、バランスの悪い絵、奇妙な印象の絵を、本人の気持ちや意思とは関係のない、「ただの失敗した絵」と考えがちです。でも、この子たちの絵は失敗作ではないのです。絵には、「苦しいよ」「つらいよ」「逃げたい！」という無意識にある〝ホンネ〟の叫びがあらわれているのです。

私たちは、「ここには何か未知のものがある」と思いました。子どもはなぜ、言葉では表現できないことを絵では表現できるのだろう？　子ども自身が、自分が何を表現したかを分かっていないのは、どうしてだろう？　〝自分（意識）が思うこと〟ではなく〝自覚していないホンネ（心の奥の思い）〟が絵にあらわれる、そのカラクリはどうなっているのだろう？

このような素朴な疑問が、私たちのアートセラピー勉強会の出発点でした。

## ■私が知らない〝私〟――無意識を知ること

心は通常、意識と無意識（後述）に分けて考えられています。私たちの意識は、自分の思いや考えのすべてを覚えているわけではなく、さしあたって必要のない記憶や、対応しきれないつらい思いなどは、「情動」というかたちで無意識の中にしまわれています。この、無意識にしまわれている思いやホンネが、本人（意識）は気づかないまま、ちゃんと絵にあらわれることの不思議を知りたい。その不思議についてもっと知ることは、私が知らない〝私〟を知ることになるのではないか。私たちはそう考えたのです。

実は、人間の「無意識」は、「これが私だ」と意識している部分よりも、ずっと大きいと言われています。ですから、無意識にしまわれているものは全て、「私」の一部と言えます。けれどふだんの私たちは、「これが自分だ」と思いこんでいる意識の部分だけで活動しています。つまり、無意識の自分の思いを知ったり、それとどうつきあっていくかを考えることができないまま、自分を「意識」の中の小さな存在に限定してしまっているのです。ですからまず、自分の無意識の思いを知っていくこと――つまり、より大きな自分を理解していくことが必要です。

でも、意識できないからこそ無意識なのに、「無意識の私」をどうしたら理解できるのでしょうか?

そのような疑問の中で、私たちはアクティヴ・イマジネーションという技法を知り、興味を持ちました。

## (1) アクティヴ・イマジネーションとは

### ■ 全体性を実現するユング心理学最強の道具「アクティヴ・イマジネーション」

無意識のイメージやその変化を意識的に見ていく方法は、古来から瞑想や物語や詩歌の創作、舞踊など多くの場面で使われてきていると言います。C・G・ユングはさらに「意識と無意識の思いが互いに歩み寄り統合されていく」ことを通して、人間の成長の最終的な目標である人格の「個性化」が果たされると語りました。そのための方法のひとつが、アクティヴ・イマジネーションです。ユングは、**心に浮かぶイメージ（無意識の思い）に意識的、能動的に働きかけ、最終的に意識と無意識の統合がもたらされること**を、「アクティヴ・イマジネーション」と名づけた技法として発展させたのです[1]。

手紙の返信の中でユングは、「……このやり方の原理は、無意識の素材の分析と解釈にのみあるのではありません。アクティヴ・イマジネーションを使って総合することも含まれるのです。……「無意識との対話」をおやりなさい。アクティヴ・イマジネーションの助けを借りて、自分との対決をやり遂げるのです。これは無意識の無法な働きを鎮めるのに、私の知っている中で最も有効な方法です。……イメージがどう展開し、変化するのか注意深く見つめなさい。……ただその自発的変化がどうなのかを見つめなさい。あなたがこのように内的イメージを浮かべていると、遅かれ早かれ自発的連想によってそれが変化するでしょう。……このことにより、あなたは意識と無意識の統一体を次第に創ることになるのです。これなしには個性化はありえません」と言っています[1]。これは、アクティヴ・イマジネーションの最も重要なエッセンスだと思います。

ユングの高弟フランツは、全体性を実現するためにはこの技法は「ユング心理学最強の道具」であると語っています。しかしそれにもかかわらず、この技法はこれまであまり知られてこなかったのが実際です。精神療法や心理治療の現場でこの技法は、誰にでもどの年齢でもおこなえるものではないと考えられてきたためのようです[1]。初心者である私たちにとっても、イメージを言葉だけで物語として語っていくやり方は、難しく感じられました。

## ■ユングのおこなったアクティヴ・イマジネーション

1913年、38歳のときにユングは、S・フロイトと決別し、以後何年もの間、「方向喪失」の感覚の中で生きなければならなかったと言います。この時期にユングは、「アイオーン」、「アブラクサス」という、対立と犠牲を語るアクティヴ・イマジネーションを用いた自身の個人神話と言われる物語を追求していきます。そしてそのプロセスの中で、1916年にこの技法の根幹を確立したと言われています。従来の夢分析とは異なり、アクティヴ・イマジネーションはイメージの断片のみを扱うのではないので、無意識と意識がアクティヴに対話や対決し、統合へと向かうことが可能になりました[2]。

ユングの自己探求のプロセスの一端である「赤の書」[3]の絵や文章は、この1913年から16年間にわたってかかれました。「赤の書」には、この時期のユングのたどった精神的なプロセスを、文章だけでなく、豊かなイメージで緻密に描かれた美しい絵の数々からも見ることができます。

ユングが体験を通して明確化したアクティヴ・イマジネーションは、後にフォン・フランツらによって、構成的な技法として扱われるようになりましたが、それは無意識からのイメージに、意識が能動的に関わりながら「物語」として語るものです。[1][2]これはイメージの連続性や変幻自在性、自然な流れの中で「語る人」が変容していくなどの特徴があります。「物語を語る」という表現方法をある程度使いこなせる場合は、この技法は用いやすいように思われます。ただしアクティヴ・イマジネーションが十分に展開されるには、自我がパッシヴ（受身的）になって無意識の情動に巻き込まれて、精神的なバランスを崩すことのないよう、自我がアクティヴ（能動的）な態度で無意識と渡り合うことが大切だと言われています。[1]

## (2) アクティヴ・イマジネーションの実際

### ■ アクティヴ・イマジネーションを取り入れた描画法

ユングが考案したアクティヴ・イマジネーションは、ひとりで自分の内面に向かっておこなう技法です。無意識から出て来たイメージに、①意識がアクティヴに働きかけて、対話・対決をおこない、②やがて意識と無意識がお互いに折り合い、③創造的な統合という結末に至る、というプロセスをたどります。この、「物語」を語っていくアクティヴ・イマジネーションの事例は、ハナー、[4]シュピーゲルマン[1]や老松克博[5]らの著作で読むことが出来ます。

ユングは「物語」による方法だけでなく、「絵画や音楽や舞踊など他の分野でも、アクティヴ・イマジネーションを用いて無意識を意識化することができる」[1]と言及していますが、物語以外の具体的なアクティヴ・イマジネーションの進め方を示すことはしていません。私たちは「描画にあらわれる無意識の不思議を知る」という目的のために、アクティヴ・イマジネーションの技法を「描画」に用いてみることにしました。

本書では「描画法」を語る必要上、ユングらのアクティヴ・イマジネーションの手順を、「物語法」と表記させていただきます。

フランツらが明確化した、ユングのアクティヴ・イマジネーションの手順は、おおむね次の通りです。

**□ ユングのアクティヴ・イマジネーション――「物語法」の手順の例**

(1) **招待**……無意識からイメージが出てくるまで、心をカラにして待つ。
(2) **対話**……無意識から情動や空想がイメージとして湧いてきたら、イメージとの対話を重ねる。意識は、イメージが動いたり変化するのを、注意深く見つめたり味わったりする。
(3) **対決、折衝、折り合い**……意識は、無意識とアクティヴに関わる。対決や折衝を重ねながら、やがて互いに犠牲を差し出すかたちで折り合う。最終的に意識と無意識は、創造的な物語としてのまとまりを遂げ、結末に至る。
(4) **記録**……経緯（対話、対決、折衝、折り合い）を注意深く書きとる。

私たちは右の「物語法」の手順をもとに、描画法をグループのメンバー（補助自我グループ：後述）の助けもかりておこなうやり方を考案して実施しました。

**□ 本書の補助自我機能グループの場合――「描画法」の手順の例（①から④は、別の日におこなう）**

(1) **招待、描画、説明**……①と②は1回（1日）でおこなう。後日、文章化する。
① **絵を描く**：テーマ（後述）に沿って内省し、無意識から湧いてきた（招待）イメージに、意識は挨拶したり語りかけたりする。イメージがはっきりしてきたら、それを描く。
② **説明**：描画が終わったあと、イメージや描画を明確にしておくため、絵の作者は、グループメンバー（補助自我）に、描画についての説明や感想を話す。
③ **文章化**：録音したものを、後日、文章化する。
(2) **話しあい1――感じるままに（アクティヴ・イマジネーションによる対話、対決もとり入れる）**……①は数回おこなう。
① **対話**：作者の描画について、メンバー全員で感じたことや疑問点など、思いつくままに対話・対決をおこなう。

②**文章化**：話しあいを全て録音して、後日、文章化する。

(3) **話しあい2——象徴の意味をとり入れ、主としてアクティヴ・イマジネーションによる対話・対決・折衝・折り合いをおこなう**……①から③は必要に応じて数回おこなう。

①**対話、対決、折衝、折り合い**：意識（絵の作者とグループメンバー）は、象徴の意味をとり入れて、無意識（作者の描画にあらわれたイメージ）とアクティヴに対話を重ねる。さらに、対決、折衝、折り合いをおこなう。

②**専門家による象徴解釈と助言**：「話しあい2」のはじめの頃に、専門家に描画法や象徴解釈について、助言を受ける。

③**さらに対話、対決、折衝、折り合い**：これらのプロセスを経て、倫理的対決、統合に至る。

④**文章化**：各回とも録音したものを、後日、文章化する。

(4) **ふりかえり（内在化、文章化）**……各自は独力で自分のワーク（描画と話しあい）を文章化してふりかえり、成果を確認、内在化する。第1回から第6回まで毎回の終了時点でおこなう。6回とも全部が終わったら、最終的な文章化をして全体をふりかえり、成果を確認、内在化する。

私たちのおこなった描画法では、無意識からあらわれるイメージを、意識による操作が介入しないよう注意しながら、無意識に主導権を持たせる形で紙に描きます。その後、絵にあらわれた無意識と、意識がアクティヴに対話していきます。まずイメージをそのまま紙に描くという、「いったん置いてみる」プロセスがあることで、「物語る」ことや、無意識との対話に不慣れな私たちでも、比較的容易におこなうことができたと感じています。また、イメージを「描画」として目の前に置くことで、無意識からのイメージにしっかり向き合うことができました。

しかし、「意識が無意識にアクティヴに関わっていく」という根本的な姿勢は、物語法と同じです。また、私たちはグループメンバーを「補助自我グループ」（後述）として用いるというかたちで進めましたが、これはグループであっても、個々人が「自分の無意識と向き合う」という根本をそこなうことのないよう、「補助自我機能」のスタンスを明確にしておこなったものです。

アクティヴ・イマジネーションの進め方について、老松克博氏は、「つまり、何かのイメージがふと浮かび上がってくるわけだ。これは無意識からのメッセージである。それに対して自我がある行動をすれば（もちろんイメージの世界で）、そこには自我の意見が反映されることになる。それから、再び無意識に自由に動いてもらう。つまり、次の場面が思い浮かぶに任せるのだが、これは先の「自我の意見」に対する無意識からの主張となっている。そこで、次には自我が……というふうに、いわばイメージのキャッチボールを行ない、一つの物語のかたちにしていくのである。」と語っています[5]。

私たちは描画法でおこなったのですが、キャッチボールのようにという進め方については、私たちもこのような感じで進行したと思いました。

## ■私たちの描画法の試み

フォン・フランツは、アクティヴ・イマジネーションの「ステップの要約」を独自のユニークな表現で次のように語っています[1]。

(1) 心をカラにする
(2) イメージが自然にあらわれるのを待つ
(3) 書いたり対話をしたりして、ファンタジーの登場人物たちに形を与える
(4) 倫理的対決を行ない、その結果を実生活に反映させる

フランツの要約したアクティヴ・イマジネーションのポイントは、描画法をおこなおうとしている私たちにとってもなじみやすく、分かりやすい表現でした。とりわけ、(1)の心をカラにする、と(2)のイメージの出現を待つ、が分けて強調されているのは、それぞれのステップにていねいに向き合うことが重要だからだと思いました。(3)の、アクティヴ・イマジネーションによる「対話」全体を、「形を与える」と的確な一言でまとめていることも、技巧的ではない対話が進められる印象を

持ちました。(4)の倫理的対決と、その結果を実生活に反映させるという点が明確化されていることは、自分の気持ちの中だけではなく、「実際の人生に反映させていく」ことが大切なこととして扱われていると実感されました。私たちの「描画法」も、結果的にはこれら「ステップの要約」のようにおこなわれました。

しかし私たちは、アクティヴ・イマジネーションについて詳しい知識がないままスタートしたため、絵と対話したり、無意識からのメッセージに近づいていくことが、なかなかできませんでした。「絵が何かを語りかけている」ことは感じられるものの、無意識にどう関わっていけばいいのか右往左往するような、じれったい気持ちを味わっていました。

そこで、月1回4～5時間程度の話しあいを続けていくことにしました。話しあいは6年余にわたりましたが、その中で象徴の意味を取り入れたり、これまでとは違う見方や、描画から連想されるイメージにも注意を向け、無意識からのメッセージを理解したい、近づきたい、という強い思いで積極的に話しあいを重ね、ワークを進めていきました。

## ■描画法でのアクティヴ・イマジネーションの実際

私たちは、はじめの頃は絵に描かれた無意識のメッセージが理解できなかったり、唐突だったり奇妙に思える絵を前に、描いた本人もメンバーも、呆然としました。重い病人を見舞いに行った直後に描かれたガイコツの絵、テーマとずれているように思える生々しい巨大な花や、全体がひとつの顔に見える絵など、はじめは「なぜ描いたか分からない」「好きになれない」「奇妙な印象」の絵の数々に、なかばお手上げといった状態でした。描画のイメージ（かたちや像や情景、感じ）は、意識や無意識から表現されます。たとえば、分かりにくい絵（山登りをする足だけを描いた絵など）は無意識からでてきた絵、分かりやすい絵（山登りをしている情景の絵など）は、主に意識が描いた絵の場合が多いように思います。

しかし分かりにくい絵であっても、意識がアクティヴ（能動的）にイメージと対話していくと、絵はやがてその思いを語りだします。なぜアクティヴに対話するかというと、言葉を持たない無意識のイメージが伝えるのは「思いや感情そのもの」なので、それが具体的に何を意味するか、何を伝えようとしているかを知るには、自分（意識）から能動的に無意識に働きかけて、理解していく必要があるからです。

たとえば、悲しみの気持ちを、意識は「つらい」「苦しい」などの言葉で表現します。しかし描画では無意識はもっとダイレクトに、悲しみのイメージを、「吊された人」、「生気のない子ども」、「氷のような人影」などで表現することがあります。こうしたイメージは、まだ自分が意識（言葉）でつかめていない、情動（感情）のかたまりそのものです。ですから、この絵は何を意味し伝えようとしているのか、それを理解していくには、自分からイメージに近づき、「これは何だろう？」「どうして生気がないのだろう？」などと能動的に問いかけ、そのイメージが語る情動（感情）に、積極的に触れていくことが必要です。

アクティヴ・イマジネーションを用いて無意識と対話や対決を重ねていくと、自分をつき動かす「気づきの感覚」や「意識が拡大する感覚」、最終的には「思いがけない気持ちの変化」が起きたりします。「自分が根っこから変容する」体験や、「創造的な展開」や「治癒」が、自然な流れの中で起こるのです。これは、ただ頭で考えるだけでは、まったくできなかったことです。絵を描き、その絵とアクティヴに対話し対決していくことで、初めて無意識と意識の双方が、「本来のあるべき自分」の方向へ、歩み寄るのです。

## ■「倫理的対決」と「対立物の統合」

アクティヴ・イマジネーションによって対話や対決が進むと、多くの場合「倫理的対決」というプロセスが起こります。これは、「倫理的な禁止を乗り越える対決」のことです。一般的に私たちは、「親に対してこんなことを考える私は悪い子だ」、「こんなことを思うべきではない」というように、倫理観によって感情を抑圧したり、自分自身に対してホンネを偽ったりしていることがあります。これは人間としてあたりまえに起こり得る反応ですし、倫理観自体は、社会生活を送るには不可欠なものです。しかしアクティヴ・イマジネーションによって「自分探し」のプロセスが進むと、無意識の中に置き去りにしてきた「本当の自分の思い」を、きちんと扱う必要が起こってきます。「思うべきではないとしても、自分はそう感じていた」ということを認めるか否か。「倫理的対決」は、そうした自分を取り戻すための無意識との対決です。

私たちは、「倫理的対決」というプロセスが起こることについては、知識がないままに「話しあい」をおこないました。しかし多くの場合、このようなプロセスが起こっていたことを、後になって知りました。

メンバーの第6回のワーク（描画と話しあい）を例にあげます。

「食卓に飾っていた1枚のアイビーの葉が、根を出した。ひ弱な感じが自分とマッチして大切なものに感じられたので、自分を象徴するものとして、マンダラ（後述）の中心に描いた」と絵の作者は語りました。「ツタ」の一種であるアイビーの象徴性を調べると、「不死と永遠」、「すがりつく、執着」、「愛情、友情」などの意味がありました。作者は、自分の「人とのつながり」を求める気持ちが、アイビーという形であらわれたのだと感じる、と言いました。

しかしその後、アイビーには「酒神バッカス」を象徴する意味もあることが分かりました。これは作者にとっては驚くことでした。アイビーは、酒癖で家族を苦しめた父親を象徴する、酒神の持ち物だというのです。「自分」と、「酒癖のある父親」という対立関係にあるものが、共に「アイビー」をシンボルにしているとは、受け入れがたいことです。

しかし、「単なる偶然」と片付けてしまうわけにはいきません。「意識」が思ったことと「無意識」が伝えようとしていることには、このように対立する要素（対立物）が見られることがあります。それらにアクティヴに働きかけ、さらなる対話や対決が作者の心の中でおこなわれたり、話しあわれたりします。この例の場合、作者はすでにそれ以前のワークで「父親」との対話、対決、折り合い、というプロセスが始まってはいましたが、アイビーがあらわした2つの要素によって、対立は否定しようもなく明らかなものになりました。その後、作者の精神内界は、この困難な倫理的対決という作業をひそかにおこなっていき、やがてどちらも自分の中にある要素だと認め、両者を統合していくことができました。いわゆる「対立物の統合」という最終的なかたちが示されたのです。これがユングの示す「個性化」への道すじです（詳しくは、第2部のヨリエさんのワークをお読みください）。

## ■象徴解釈と専門家による助言

ユングは、「黄金のスカラベ」の例で共時性について語りながら、「象徴性」の理解に触れています。スカラベは古代エジプトでは「再生」の象徴ですが、ユングが患者から「スカラベを与えられた夢」の話を聞いているときに、まさにコガネムシ（スカラベ）が窓から診察室へ飛び込んできたのです。「この患者の、現実観に堅くしがみついているアニムスの力を弱めるのに、この共時的な現象は大きなよい影響を与えた」、「集合的無意識の仮説抜きでは説明しがたいような、象徴的対応現象が生じる事例には、心理学者はつねに応じざるを得ない」とユングは言っています。つまり、治療者は当然象徴性についての知識を持っていて、患者に適切な対応をしなくてはならないというのです[6]。

この例に見るように「集合的無意識（後述）の仮説抜きでは説明しがたいような象徴的対応現象」が生じる場合には、私たちは「象徴性」の知識を十分に持っていなければ、無意識からのメッセージを十分に理解することはできないようです。

私たちは「話しあい2」を始めたころ、杉浦京子氏に描画と「話しあい1」を文章化したものを順次お見せし、数回にわたって貴重な助言をいただきました。そして描画の理解には象徴性の知識が不可欠なことを知り、自分たちでも象徴の意味を調べるようになりました。さまざまな象徴の持つ意味を知ることで、さらなる無意識の意識化や、そこから始まる無意識との対話へのより深い道すじが広がってきたのです。

たとえば私たちの他の例では、楽しいレジャーとして描いたつもりのカヌーの俯瞰図に女性器のイメージが隠れていました。また、ストレスのかたまりを描いた2つの岩に通路という意味があり、出産・骨盤という象徴が隠れていることが分かったりなど、象徴の意味を理解するだけでも衝撃的な発見が多くありました。初心者の私たちの場合は、こうした象徴の意味に助けられなければ、意識が無意識の奥の情動とアクティヴ・イマジネーションによる対話を展開していくことは、困難だったと思います。

象徴の意味を調べるときは、描画全体の流れを見て、たくさんの象徴の中からふさわしいと思われるものを選ぶ必要があります。ひとつの象徴には多様な意味があり、その時々の描画や作者の状態によって、意味するものが常に同じとは限らないからです。象徴の意味は、象徴辞典[7]だけでなく、夢分析や神話の本などからも、ずいぶん分かることがありました。

ユング心理学にある程度精通している場合を除いて、アクティヴ・イマジネーションによる描画法をおこなうときには、象徴の意味を調べたり専門家からの助言をいただくなど、絵に描かれた象徴的・元型的なものの意味を知ることが理解を深め、統合へのプロセスへとつながることは間違いないと思います。

## ■ アクティヴ・イマジネーションに必要な〝伴走者〟

アクティヴ・イマジネーションは、経験を積んだ〝伴走者〟と自分の体験を分かち合っていくことが必要だと言われます。アナリザンド（被分析者。本書ではアクティヴ・イマジネーションをおこなう当事者）がアナリスト（分析家。アクティヴ・イマジネーションの伴走者）のすすめでこの技法を用いるときは、アナリザンドは、独力で（自宅で）おこなったアクティヴ・イマジネーションの「物語」を、後日面接室で伴走者に語っていきます。そうすることで無意識に巻き込まれずに、さらにイメージと深い接触が出来るといいます。このことをC・E・バーニーは「内なる旅路を伴走者に語ることは、（自分の）内なる実在と外なる実在の間に橋を架けるのに有効である」と言っています[8]。いっぽうユングは、伴走者（分析家）が解釈や助言をすることはあってはならないと語り、アナリザンドのイマジネーションの自然な流れが妨げられることを警戒していたそうです。それゆえ分析家は、アナリザンドからのアクティヴ・イマジネーションの報告を傾聴するにとどめるべきだとユングは言います[2]。

〝伴走者〟は、当事者（アクティヴ・イマジネーションをおこなう人）が初心者の場合は、初めにアクティヴ・イマジネーションを試みることが適当かどうかを判断したうえで、進め方を説明します。しかし伴走者が「助言」するのは、間違ったやり方をしていて上手くプロセスが進まないときや、アクティヴな態度が取れていないときなどに限ると言います。

私たちの場合は、試み自体が新しいものであったため、伴走者を持つことができませんでしたが、補助自我グループのメンバー同士がお互いの伴走者としての機能を、ある程度は果たせたかと思います。しかし、伴走者を得ておこなうことが出来た場合には、また違った展開が見られたかもしれません。描画法における伴走者の必要性の有無については、今後の課題かと思います。

## （3）「補助自我機能」について

### ■ 描画法を可能にした「補助自我機能」のグループ

ユングはアクティヴ・イマジネーションについて、「この技法はひとりで静かに、自分の精神内界に向き合っておこなう」と述べていますが[1]、私たちはこの技法を「描画法」に用いて、補助自我機能のグループワークというやり方でおこないました。これは、グループメンバーが当事者（絵を描いた人）の「補助自我」[9]というスタンスに立って、共にアクティヴ・イマジネーションを用いて当事者の描画と向き合っていく方法です。当事者はメンバー（補助自我）から得た手がかりも参考にしながら、深層の自分に近づいていきます。このやり方は、初心者の私たちが窮余の一策として用いたもので、描画もその後の話しあいも、当事者はあくまでも「個人のワーク」として向かい、補助自我はそのワークの進展を補助するという理解でおこないます。

補助自我が描画の中のメッセージを別の側面から広げて捉えてくれることは、私たちのワークではとても多く見られました。また初心者の場合は、絵にあらわれた「象徴」が何を指すかについて、象徴辞典[7]などの中から独力でふさわしい意味を見つけ出すことは難しいので、この点でも、グループワークは大いに役立ちました。

「個人のワーク」を「補助自我機能」を用いておこなうことは、一見矛盾しているように思えるかもしれません。「補助自我」のワークがはたして「個人のワーク」になっていると言えるか、という点が疑問になりますが、「補助自我機能」のおかげで私たちは、アクティヴ・イマジネーションによる実のある対話や対立物の統合という結末まで、到達できたと感じています。

ところでシュピーゲルマンは、「合同のアクティヴ・イマジネーション」として、2人（複数の自我）の間でファンタジーを分け合うという新しいやり方を、仮説として紹介していますが、これはアクティヴ・イマジネーションの技法のさらなる展開を目指したもので、私たちのおこなった補助自我グループとは、根本的に違うようです。

## ■「補助自我機能」で可能になった「描画法」のグループ

補助自我グループでの描画法をおこなうにあたっては、グループメンバー以外の経験者やオブザーバーなどの同席は避けます。上下関係や利害関係が起こりうる心配があったり、他者に裁定されることから守られた状態でないと、不安が生まれ、プロセスが進みづらくなる可能性があるからです。補助自我とは、「当人が手鏡を持って自分の全体像を見るのを手助けする」手鏡の役割です。ですから補助自我グループに必要なのは、「補助自我としての役割をお互いに果たしあう」ことをメンバー全員が理解し、それを超えて干渉や見解のおしつけなどはしない、という信頼関係を前提に、グループを進めることです。

補助自我の役割を超える言動が起こった場合には、リーダー（進行役、後述）がその点を指摘し、補助自我のスタンス（当事者を助けること）を再確認していきます。私たちのグループでは編著者がリーダーを務めましたが、固定のリーダーが決められない場合は、インストラクションを読み上げ時間を管理する進行役としてのリーダーを各回ごとに決め、精神的なフォローはメンバーが助けあうかたちでも可能かもしれません。私たちの場合は、メンバーは編著者の呼びかけに応じて集まった、ほとんどが初対面の人々でした。しかし編著者も最初からアクティヴ・イマジネーションの知識があったわけではなく、その点では上下関係のない「対等」なグループであったと思います。

補助自我グループで描画法をおこなう場合は、全員が、「補助自我機能の働きを失わないような進行上の工夫をすること」、「同等の立場のメンバーグループであること」、「自我の健康さがあること」という3つの点を十分理解していることが重要だと思います。補助自我の機能を超えて自分の見解を強く押し付けすぎたりすると、当事者には不安や怒りなどの意識の防御反応が起こったり、自我が無意識と対話する作業そのものが、阻害される心配があります。

しかし、「この形でのグループワークをやりたい、やろう」という強い意欲を全員が共有していれば、互いに未熟さを乗り越え、自我を調整しあいつつ、「補助自我グループによる描画法」をおこなうことができると思います。私たちの場合のグループでの描画法は、補助自我機能のグループのおかげで可能になったと考えます。

## ■「補助自我グループ」でおこなうことの妥当性

しかし、補助自我機能のグループでおこなうことが妥当であるかどうかは、今後も考えていくべきことだと思います。特に、ユングがあえて「アクティヴ・イマジネーションは1人で静かに内面に向きあう」と言っているのは、自分自身と向き合うためには、注意をしっかり自分の内面に集中することが不可欠だからだと思います。それを「補助自我」とはいえグループでおこなうことは、無意識との対決の深さや純粋さが、阻害されないかという懸念があります。また、無意識は意識できていない自分の一部であるので、それを意識が認めていくことや自己開示のプロセスを、補助自我であっても複数の他者の前で、「1人で静かに内面に向きあう」状態と同じようにおこなえるか、という疑問もあります。

ただし、1人で自分と向き合っていくのには、ある程度しっかりした精神力、意志、自我の強さなどが必要です。これは無意識の膨大な情動に飲み込まれないためにも、また無意識との辛抱強い対話や対決をおこなっていくためにも、不可欠です。ユングらのような精神的な強さを持たない私たちの場合、たとえ「描画法」であっても、アクティヴさを見失わずに自分と向き合っていくのは、困難に思われました。この点では私たちは、グループでおこなうことで自分との対面がやっと可能になった部分があることは、否めません。もしひとりきりで自分の家でアクティヴ・イマジネーションのワークをおこなったとしたら、私たちは第2部のような気づきや洞察、変容の過程にたどりつくことはできなかったと思います。また、客観的に自分を見ることや、直観的な洞察などの訓練を積んでいない私たちにとっては、なかなか気づくことのできないさまざまなポイントを互いに指摘しあえたことは、プロセスの進展に大いに役立ちました。

こうした補助自我の機能が、「話しあい1」の初回からすでに、当事者を助けるものとして実感できた（第2部参照）ことは、補助自我グループを継続していくことへの信頼感や力になりました。メンバーの個性や状況、日常生活の仕方などによりやりやすい方法は異なると思いますが、私たちの場合はこの方法が最良だったと感じています。

ただし、事前によく話し合っておくべきだったと反省する点もあります。本書のワーク（描画と話しあいの全体）は、当初「描画に無意識があらわれる不思議を、実作と話しあいによって学んでいくアートセラピー勉強会」ということでスタートしました。しかし、「補助自我グループによる」ワーク（描画と話しあい）をするということや、その中で「自己開示」していくのだということが、メンバーに周知されてはいませんでした。グループでおこなうアクティヴ・イマジネーションのやり方を暗中模索していたためでもありますが、この点は考慮が必要だったと思っています。私たちの場合は幸いにも途中退会者や精神的な問題が生じた人はなく、全員が気持ちの上でおおむね無理なく「補助自我グループ」、「自己開示」について、了解しあい進めていくことができました。しかし今後は呼びかけの時点で、「補助自我グループによるワーク」であることや、その中で「自己開示していく」ことについても、分かりやすいように共通理解した上で、メンバーを集めるべきだと思いました。

## (4) ワーク全体を通して

### ■ 無意識を扱う「描画法」の可能性

「無意識から出てきたイメージを描く」という描画法は、L・カパチオーネ[10]やN・ロジャーズ[11]もおこなっています。「無意識の思いを表現する」こと自体に、癒しの力があるといいます。心配なことや問題がある場合は、「無意識の思い」が絵に描かれること、客体化されることが、意識（描いた人）には重要なことのようです。この描画法は、重い病気を患っていたり、虐待などの大変な状況の中にいて、意識が阻害されている（健康な自我が保てていない）人々にも、大きな助けになると思います。

いっぽう、ユングが主唱したアクティヴ・イマジネーションの技法は、意識がアクティヴに無意識と対話・対決することによって、私たちが「本当の自分」に出会うことを可能にしました。アクティヴ・イマジネーションによる描画法の大きな可能性は、専門家ではなくても、この、より大きな自己としての全体性を獲得していくことができる点にあると思います。

西欧では精神分析の治療の場で、「夢」の続きをアクティヴ・イマジネーションで語ったり描画にしたりなど、「プロセスをより進行させる道具」として使われることがあるそうです。私たちの勉強会でも最近は、「夢」の続きを描画法でおこなってみたり、描画の続きを物語法で展開させてみるというように、この技法を用いることを試みています。シュピーゲルマンは、「われわれユングの後に続く者は、彼の発見の科学的価値を熟知しており、能動的想像法を心理学の道具箱の中に閉じ込めておく必要はもうないであろうし、この方法を他の領域へ拡張していくことをゆるされるであろう」と言っています。[1] さまざまな場面でアクティヴ・イマジネーションを用いて無意識との対話を試みることは、自分自身をより深く知っていくことを可能にするようです。

しかし、「個性化」を目指した大きな気づきや変容、深い自己理解のためには、時間をかけてしっかりアクティヴ・イマジネーションを用い、自分に向き合っていくことが必要だと思います。この技法は、初心者の私たちにさえも「個性化」へのチャンスを可能にしてくれた、驚異的な技法であると思います。私たちのおこなったワーク（描画と話しあい全体）は、個性化、自己成長のためのツールとしての汎用性のある使い方の、一例になるのではないかと感じています。

## ■象徴の意味の理解について

アクティヴ・イマジネーションを用いてイメージと向き合い、その過程を物語として語っていく場合、無意識の情動のイメージと対決、折衝がおこなわれ、最終的に統合へと向かっていきます。たとえば、ヤッフェの分析を受けていたバーニーは、「自分をひどく悩ます対人関係の反復的形式」についての、自分のアクティヴ・イマジネーションのプロセスを手短に語っています[8]。バーニーは、無意識から出てきた「蛸《たこ》」のイメージと対決、折衝していきました。「蛸」の象徴性の意味をあらかじめ調べるなどということはせずに、ただそのイメージと「素手」で真摯に、苦闘に満ちたやりとりをおこない、統合にたどり着きます。この例のように、象徴の持つ意味が分からなくても、イメージに向き合い、対話し、折り合って決着をつけていくことは、本書のワークの中でも、よく見られたプロセスでした。

本書の場合は「話し合い2」から、描画にあらわれたイメージの象徴的な意味を本などで調べて、アクティヴ・イマジネーションによる「話しあい」に生かしていきました。イメージが象徴するものを、象徴性の意味という「言葉による定義」で先につかみ、それからその情動に近づいていく、というやり方です。象徴の意味を一つ一つ調べていくことは、そうしたプロセスの一部をショートカット（近道）で進むことを可能にしてくれる部分もあります。それは、「素手」でイメージとアクティヴにかかわっていくことに較べると、対話の前半部分を近道で通ったようなものかもしれません。そのためイメージの動きや無意識の情動の深さなどが、浅くなることもあったかもしれないと思います。

描画法の場合は、イメージを先に描いてから向き合うということで、情動を主観的に体験しつつ「客観視」することにもなるので、イメージから得られる無意識の情動の「情報量」は少なくなります。しかし、象徴の意味を知ることで、無意識からのメッセージを「補完する」というやり方は、特に初心者の場合は必要かもしれません。

描画法でアクティヴ・イマジネーションを用いるにあたって、象徴解釈をどの時点で取り入れるべきかという点も、今後は検討していく必要を感じます。

## ■ワーク全体を通して

描画にあらわれた元型的イメージや象徴を通して、自分の中で起こる変化や発見を意識が知っていくプロセスは、ユング心理学の世界を「自分」を通して探検していく、驚きの連続の体験になりました。

しかし本書の「描画法にアクティヴ・イマジネーションを用いる」ことが、どの程度なし得たかについては、議論の余地もあるかと思います。また、気づきや変容が全てアクティヴ・イマジネーションのみによってもたらされたものではないことも、体験してきました。たとえばアオイさんの風神・雷神のワーク（第2部参照）では、描画法ならではの「2枚の絵を重ねてみる」ということが、対立する2つのイメージを統合させ、受容という心の動きに導く結果になりました。ここにどのような無意識の関与があるのかについては、興味深いところです。

なかなか意味が分からなかったり、受け入れがたいものに戸惑ったりなど、全てのプロセスがスムーズに進んだわけではありません。しかしワークを始める前には予想もつかなかったところへ私たちがたどりつけたのは、なんとかアクティヴ・イマジネーションに取り組み、無意識と向き合ってきた結果であることは確かです。

シュピーゲルマンは、アクティヴ・イマジネーションにおいて意図されているのは、「意識の拡大、個性化」ということと、「全体性の獲得を目的にして、無意識と対決すること」だと語っています[1]が、私たちの「描画法」においても――自分たちなりにですが――結果的には同様の体験ができたように思います。

ユングは、この方法は自分の努力で自己解放が遂げられるものであり、自分が「自分の自己」でありうる確信を見つけるためのものであると言っていますが、この言葉は今も私たちを励ましてくれます[1]。

# 2 無意識の世界と象徴

## ■ 意識と自我、無意識と自己、心の全体性

これまでにも述べてきたように、心には自分が意識できる「意識」の部分と、ふだんは自分が意識できていない「無意識」の部分があります。[12] 深層心理学は、このように心を層構造的に理解し、「無意識の存在」を重要視しています。

「意識」の中心には、「自我、エゴ」があると考えられています。自我とは、私たちが「私」、「自分」と表現している、考えたり行動したりする「主体」を指します。「自我」は、「自分」をまとまりのある人間として行動するためのコントロールタワーのような存在ですが、ときには防衛機能（パニックを避けるなど、自分で自分を守る役割）もはたらかせます。

しかし心全体では、「意識」の占める割合は少なく、「無意識」が大部分を占めていて、それは無限と言っていいほどのものと考えられています。ユングは、意識と無意識を含めた心全体の中心に、「自己、セルフ」があると考えました。意識できている自分（意識）と意識できていない自分（無意識）が、ひとつにまとまる（統合される）と、人格は真の意味で安定した全体的な存在になるといいます。ユングはその、心の全体性が得られることが「個性化」であり、それが人間の究極の目標であるとしました。そして、心の全体性を得るためにはたらくもっとも中心的な機能を、「自己、セルフ」と呼びました。

## ■象徴（シンボル）とイメージ

象徴（シンボル）とは、「あるものごとを具体的な別のものであらわすこと、あらわすもの」のことです。はるか昔、旧石器時代の洞窟の壁画に残されている絵に見られるように、すでにこの頃から人間は、たくさんの「象徴（シンボル）」を使って、思いを表現してきました。世界各国の神話にも、多くのシンボルが使われています。

私たちが日々慣れ親しんでいるシンボルの中には、文化的に伝承・蓄積されてきたものや、記号のように使われているものが多くあります。たとえば、白い鳩は平和のシンボルとして、広く世界中で使われています。これは文化的な知識を前提とした、記号的な使われ方です。

また、地域や宗教を越えて、普遍的・重層的に多くの意味を含むイメージとしての象徴（シンボル）もあります。たとえば「炎のような人」と言った場合、そこには情熱的・激しさ・暖かさ・危険な感じ・周囲を照らす明晰さ・とらえがたさ・燃やし尽くすような破壊的な感じ、などが含まれているかもしれません。炎に対するこうした感じ方には、文化的・宗教的な差異が含まれることもありますが、すべての人が共通して抱くイメージでもあります。

ユングは、われわれが象徴的な用語、シンボルを用いるのは、「定義もできず、完全に理解もできない概念」をあらわすためで、こうした「何かつかみどころのない、隠された、われわれの知らないことを暗示する言葉やイメージ、絵」は、「はてしなく人間の情動をかきたてるもの」[6]だと言っています。具体的に掴めなかったり、言葉で表現しきれない「感じ」を、象徴（シンボル）はリアルに伝えることができます。

ユングは、象徴（シンボル）とは、無意識の中にある心のエネルギーが、生き生きとした形や情動を伴って意識にあらわれるもので、意識と無意識の境を探索するのに有効だと考えました。自分でも分からない何かモヤモヤした感情や、気づかない隠れた衝動などが、夜見る夢や何気なく描く絵の中に、何かの象徴（シンボル）としてあらわれてくるところに、着目したのです。

ユングは、イメージは「情動を担うことによって、ヌミノース（心的エネルギー）を獲得する。…それは力動的になり、結果がそれから生じてくる」[13]と言っていますが、神学上の概念である、ヌミノースという言葉を、「心的エネルギー」として広義に用いている点は、意味深いと思います。無意識の奥にしまわれているエネルギー（力、感情）そのものが、「言葉やイメージ、絵」というシンボルのかたちを借りて表現されると、それは神聖なエネルギーともいえるリアルな力や創造性を持つものとして表現されることがある、というのです。私たちのワークでも、鮮明で力強さを感じさせる絵、生き生きとして何かを訴えているような強い色、形、など、「まさに自我の力を超えた圧倒感、抗しがたい魅力」[14]を思わせる絵がいくつもありました。

しかしそれとは反対に、エネルギーの感じられない、弱々しく、無色で、稚拙な印象の絵もありました。私たちは直観的にそのような絵を、「不用意に呼び出してしまった絵」、「まだ、十分意識化されていない絵」、あるいは「まだ成長していない弱々しいアニムス」や、「弱っているインナーチャイルド」などと呼びました。

また、鮮明でも力強い絵でもなく、かといって弱々しい稚拙さを感じさせる絵でもなくても、たとえば完全性を象徴するかのように円や玉がふんだんに使われた絵や、母性や父性を象徴する道具を用いながら泥んこ遊びをする少女の絵など、象徴解釈に助けられることで、無意識からのメッセージを読み解けたものも多くありました。

このようにイメージやシンボルは、無意識の中に生きている情動やエネルギーを、「内的感覚にもっとも近いかたち」で伝えてくれると、私たちは思いました。

## ■個人的無意識と集合的無意識

無意識の世界には、曖昧《あいまい》模糊《もこ》とした記憶が、情動というかたちで保存されていると言います。それらは「シンボル（象徴）やイメージ」に置き換えられて、意識層にあらわれます。言葉を持たない無意識は、その内容をシンボルやイメージに置き換えてなら、表現できるのです。私たちの意識は、言葉を用いてそれらの意味を読み解くことによって、無意識からのメッセージを理解していきます[12]。ユングは無意識を、膨大な記憶の貯蔵庫であるだけでなく、創造的活動の母胎だと考えていました。

ユングは、無意識を「個人的無意識」と「集合的無意識」に分けています。個人的無意識には、人の個人的経験や記憶などがしまわれています。私たちは通常、すべての記憶を意識していると大変ですから、さしあたって不要なものや、覚えているとつらいことなどは、この「個人的無意識」の部分にしまわれるのです。集合的無意識（普遍的無意識）と呼ばれる深層の無意識には、時代や地域を越えて人類が共通に持つものがしまわれています。

## ■ コンプレックスは個人的無意識にしまわれている

個人的無意識の中には、さしあたって不要なもののほかに、日常生活に差しさわりになる怒りや不安などの感情やその体験も、しまわれます。人は、何らかの「感情的なこだわり」を持つと、それはコンプレックス（感情の複合体）となって心（個人的無意識）に残り続けます。そして意識の正常なはたらきがスムースにいかなくなり、行動に影響を及ぼすと言われています[12]。

たとえば、子どもが父親に強く叱責されて、恐怖や不安などを感じ「感情的なこだわり」を持つと、それはその後、心の中で同じ性質の恐怖や不安（たとえばすごくほえる犬への恐怖など）と結びつき、コンプレックスを形成するのです。そのため子犬を見ただけで、犬→叱責する父、と連想が起こって恐怖を感じるなど、行動への影響が起こるのです。

コンプレックスとは、いわゆる「劣等感コンプレックス」と言われているものとは異なる、誰にでもある心の仕組みと考えられます。そして人は、コンプレックスの中核に何らかのトラウマ体験を持っていることが多いと言います[12]。トラウマ体験は、心が処理し消し去ることができない不安や怒りの感情体験として、無意識の中にそっとしまわれます。

## ■元型とは人類に共通の「心の動き方のパターン」のこと

ユングは「集合的無意識」には、「人類が共通して持っているものごとへの反応の仕方、心の動き方のパターン（型）がある」ことを発見し、それを「元型」と呼びました。

元型的イメージとして代表的なものは、後述しますが、グレートマザー（太母、母親元型）、老賢人（仙人、父親元型）、アニマ（男性の持つ女性像、女性的な部分）、アニムス（女性の持つ男性像、男性的な部分）、セルフ（自己、完全なるもの、悟り）、また、シャドウ（影）、ペルソナ（仮面）、などです。これらは、擬人化されたパターン、心（感情）の動き方のパターン（型）ですから、私たちの意識がイメージとして実際に把握するものは、正確には「元型的イメージ」です[15]。

## ■集合的無意識にしまわれている元型の例

集合的無意識層にある元型的な情動のパターンとは、具体的にはどのようなものか、私たちのグループでの描画の例をあげて、簡潔にお話しします。

絵を描いた当人は、「自分でもなんで描きたくなったのか、よく分からない」まま、ふっと思い浮かんだリンゴをひとつだけ描き、その後、リンゴが「何を象徴しているか」を考えました。そして当人の意識は、「子ども時代を過ごした故郷は、大好きなリンゴの産地だったから描いた」と考えました。子ども時代あるいは故郷への、肯定的な感情や経験が、個人的無意識の中にしまわれていたのだろうというのです。しかしこれだけでは、絵の語る意味を、それ以上理解することなく終わってしまいます。

「リンゴ」の象徴性を調べてみると、丸い形から「全体性」、「生命の樹」、また「豊穣、愛、叡智」などや、「欺瞞、死」をあらわすこともあることが分かります。赤という色からは、女性が持つ、男性的な力（アニムス）も感じられます。これらのどれを「象徴」としてとり入れるかは、作者次第です。

アクティヴ・イマジネーションをはたらかせながら絵を見ていくと、この「リンゴ」はぶどうや柿のようなT字型のヘタをもっている「T字のリンゴ」であり、T字は「十字架」をあらわす、ということが分かりました。それは集合的無意識、つまり全人類に共通の、霊的な「守り」をあらわす元型的なはたらきを意味していると言います。絵を描いた当人はすぐに、その「守り」という情動のパターンこそ、自分にピッタリだと受け入れました。「十字架」に象徴される集合無意識由来の元型の力こそ、この時の本人がもっとも必要としている支えだったのです。（詳しくは第2部のカオルさんのワークをお読みください。）

本書のワークの体験は、それぞれがみな、驚異と衝撃を感じさせるものですが、そのプロセスを以上のように要約してお伝えすることは、まさに「絵にかいたモチ」のようで、実感から遠いものになってしまいます。続く第2部をお読みいただき、アクティヴ・イマジネーションの実際のプロセスを知り、その後さらに、自分で体験していただきたいと思います。無意識がどのように集合無意識の元型的なパターンとつながっているかが分かると、無意識の世界の広大さや内在する力を会得することができ、意識が拡大することがわかります。

## ■代表的な元型（情動のパターン）

ユングが元型としてあげているもののうち、もっとも代表的なものを簡単に紹介します。[12][15]

**シャドウ（shadow）**　人は、自分の生きてこなかった部分、シャドウ（影）を持っています。意識に近い部分で動く感情で、「自我」を補完する元型です。肯定的なシャドウは、憧れとして映画スターなどに投影されたりします。否定的なシャドウは、自我が受け入れたくない側面、嫌悪感や憎しみの対象として他人や物事に投影されます。

**ペルソナ（persona）**　人は本来の自分と、社会的に要求される自分との妥協点として、「ペルソナ、仮面」を作ります。たとえば男性が「男らしくふるまう」という社会的要求のために、「男らしいペルソナ」を身につけると、「アニマ」（男性が心の中に持っている女性的な側面）が抑圧されます。このようにペルソナとアニマ、アニムスは、相補的にはたらく性質を持っています。警察官、看護士などの制服は、役割を強調するペルソナです。

**アニマ、アニムス（anima, animus）**　男性は心の奥に男性性とは対照的な女性的な側面を持ち、それはアニマ（男性の中にある女性性をあらわす部分）と呼ばれます。女性の場合は、アニムス（女性の中にある男性的な部分）を持っています。男性はアニマと、女性はアニムスと、それぞれがある意味で対極にあるものと心の中で関わることによって、全体的な人間存在として成熟していく補償のはたらきがあると言います。

**グレートマザー（great mother）**　太母《たいぼ》ともいわれます。受容・一体感・庇護などの要素を持ち、すべてを受容し包容する「母なるもの」をあらわします。女性の成長の究極の目標とされますが、反面、振り回す力が強い、呑み込むもの、などの負の要素を持つ一面もあります。また男女を問わず、精神的自立の時期に、グレートマザーとの対決（母親の影響との対決）がテーマになります。

**老賢人（old wise man）**　グレートマザー（太母）と対比的で、男性の成長の最終的な到達点です。男性の理想像で、現実の社会的権威を超える、仙人のようなイメージを持ちます。永遠の少年、勇者、英知に輝く父、理性的な知恵の原理をあらわす存在でもあるいっぽう、破壊の王、にせ予言者、稲妻など、現実離れした存在としてあらわれるときもあります。女性にとっても老賢人は敬愛の対象となります。

**セルフ（self）**「エゴ、自我」は意識の中心ですが、「セルフ、自己」は無意識の中心であるだけでなく、意識（自我）も無意識も含めた、心全体の「中心」として存在します。セルフは、心の発達や人格の変容のためには、根源的な原点となる元型です。セルフのシンボルの顕現は、人に深い感動を与え、それが宗教体験の基礎になるといいます。そして、キリストや仏陀が「セルフ、自己」のシンボルと見なされたりします。

## 3 実施上のポイント

### ■ アクティヴ・イマジネーションによるアートセラピー実施上のポイント

実施のポイントとして、次のものがあげられます。これらの多くは、私たちが第2部のワークを通して分かってきたことです。

**1 絵を描くときは、「向こう（無意識）からやってきた」ものを描く**

まず白い紙に向かって、ゆったりと気持ちをリラックスさせます。グループでの描画の場合は、毎回テーマがありますが、「何々を描こう」という思考を手放し、頭をカラにして、心の奥に「何が描きたいか」を問いかけ、テーマに沿った描きたいものが浮かんでくるまでじっと待ちます。イメージがはっきりしてきたら、絵を描いていきます。主体的に「自分（意識）が描く」のではなく、まさに「向こう（無意識）からやってきた」ものを描くのです。

**2 「理解できない絵」、「描き損じの絵」には要注目**

「我ながらうまく描けた」絵や、「静的でまとまった印象」の絵などは、防衛（自分の本心をさらけ出すことへの不安から自分を守る気持ち）がはたらいて、「意識」が描いてしまった絵かも知れません。いっぽう、「自分でも理解できない絵」、「幼稚な表現で嫌だ」と思う絵、「描き損じだ」と自分（意識）が思う絵が描けてしまうことがあります。このような場合は、絵に注目し、補助自我メンバーとの話しあいを無理のない程度で深めることが必要です。無意識に隠れている気持ちは、「意識しているとつらいから」あるいは「いまは必要ないからしまっておく」気持ちですから、意識は逃げようとすることもあるのです。

**3　「話しあい」では、絵を描いた本人の考えが尊重される**

グループでおこなう場合いろいろな意見が出ることがありますが、このときは本人の意見や考え方が尊重されます。また象徴には、正反対だったり多義的な意味がある場合が多いのですが、本人が納得する考えを重視します。補助自我のメンバーが解釈を強要しないよう、注意が必要です。当人の考えと補助自我の意見が異なる場合、メンバーは「自分はこう思った、感じた」と、きちんと発言することも大切にします。のちのち当人の考え方が変わる場合もあります。

**4　自分に誠実に向きあう――補助自我機能の働きを促進させる進行上の工夫が大切**

無意識を意識化するプロセスが進むと、それまで抱えてきた防衛的な生き方や、不安や悲しみ、思い込みなどから自由になったり、行き詰まっていたり理解できなかったことに、新しい視点が開けてきます。それだけに、描画法であっても、この技法による場合はとりわけ、自己の内面に誠実に向きあおうとする態度が大切です。

このような態度が阻害されるのは、「不安」や「不適切な自尊感情」ではないかと思います。補助自我機能の働きが促進されるような進行上の工夫（例えば、お互いの気持ちのフォローが出来ているかなど）が大切だと思います。

**5　補助自我グループの成否を決める各自のスタンス――同等の立場のメンバーグループであること**

グループの中に、実質的な指導者（先生の立場のような人）がいたり、プロセスの進行をリードする人がいる場合、グループメンバーは「均質」でなくなり、話しあいは「自我を補助するスタンス」でおこなわれなくなってしまいます。その結果、当事者は自己開示（自分の本心を表現したり、意識にのぼらせたり）しにくくなります。メンバーはこのことを十分に理解する必要があります。しかし民主的な関係を強調しすぎると、グループの「進行役」を果たすリーダーの存在が不明瞭になり、全体のプロセスが展開しにくくなるので、注意が必要です。

## 6　ある程度の健康な自我の強さが必要——無意識に巻き込まれることへの懸念

健康的な自我が機能しないと、無意識の自律的なイメージに巻き込まれて精神的な混乱などが起こることが、懸念されます。「物語法」と違い、「描画法」はより安全性が高いと言われていますが[1]、それは、イメージを（言葉に置き換えずに）まず描画することで客体化・固定化するので、無意識に巻き込まれる危険性が低下するからです。しかし描画法であっても無意識と向き合うことにはかわりはないので、精神的に不安定になることもあり得ます。補助自我グループでの描画法では、ある程度の不安定さは支えあっていくことができますが、精神的な疾患を持っていたり、回復途上であったり、健康度に判断がつかない場合は、アクティヴ・イマジネーションの知識を持つ専門家や医師に相談する必要があります。

描画法の適応年齢については、シュピーゲルマンも語っていますが、私たちの印象では、ある程度観察自我を働かせることができる思春期後期ぐらいからなら可能かと感じました。ただしこの場合も、またアクティヴ・イマジネーションの技法を心理治療の一環として用いるときも、経験を積んだ人のサポートのもとでおこなうことは大切です。

## 4　描画の進め方・インストラクション

描画とそれに続く説明（描画の明確化や感想）は、第1回から第6回まで、毎月1回（4～5時間）おこないました。私たちはこの「描画の進め方・インストラクション」を印刷して、各自に配布したうえで実施しました。

実施の手順については、7～8頁もご参照下さい。

毎回、リーダーが進行役をつとめます。実際は絵を描く人の気持ちを尊重するので、インストラクション通りに進まなかったり、テーマに沿った絵が描けないこともあります。以下は、目安と考えて頂くといいと思います。

描画のテーマやインストラクションは、カパチオーネの『アート・ヒーリング』[10]の中にある多くのテーマの中から、私たちのテーマにあうものを選んでおこないました。「ストレスとつきあう」のように、ほぼそのままカパチオーネに倣っておこなった回もありますが、私たちのグループは「無意識と意識の統合による個性化を目的とした6回のユニット」がテーマであったので、それにあう形に変えて用いさせていただきました。これらはあくまでも私たちのひとつの試みですので、構成や手順は、描画法の立案者がそれぞれの意図に応じて考案されるとよいと思います。

## ■はじめのインストラクション

リーダーは、以下を声に出して確認するように読みます。

――これから6回にわたってアートセラピーをおこないます。テーマに沿って絵を描き、そこにあらわれる無意識からのイメージや象徴を手掛かりに、アクティヴ・イマジネーションを使って話しあいをして、〃本当の自分と出会う〃体験をします。「イメージ」とは、心に思い浮かべる情景や物事などの像や印象です。「象徴」とは、形にならない考えや思いなどを、具体的な形に置き換えてあらわしたもので、「シンボル」とも言います。意図せずに描いたこれらのものが、未知の自分を見つける、大きな鍵になると思います。

各回のワーク（描画とそれに続く説明）は、次のような手順でおこないます。

1　**インストラクションにしたがって絵を描き、その後、描いたものについての説明の時間を持ちます。**
絵を描いたあと、グループ全員が順次、話し手になり、自分の絵の説明や描いたときの気持ちを話し、その後メンバーと話しあいます。この一連の作業を「ワーク」と呼びます。

2　**絵や文字は、利き手でない手で描きます。**
「うまく描こう」などの意識・意図的な働きが弱まり、無意識の思いや考え、言葉にならない感情などがあらわれやすくなります。

3　**描画に使う素材は、B４程度の画用紙とクレヨン（16〜24色程度のもの）を基本にします。**
慣れてきたら水彩クレヨンを使ったり、コラージュ（貼り絵、後述）など、自分の気持ちに合う素材や表現法を、テーマや使いやすさによって自由に使ってもよいと思います。ただし技巧に走ってしまうと意識的・意図的な絵になってしまうので、あくまでも「うまく描こう」という点に固執しないよう気をつけます。

### 4　描画の時間は20分前後とします。

毎回、リーダーが最初におおよその描画の時間を設定します。意識的にならず直観的に描けるよう、短めの時間にします。描く速さに個人差があるときは、リーダーは様子を見ながら時間を調節します。後述しますが、インナーチャイルドやマンダラなどのテーマの場合は、時間を30分～60分ぐらいとるとよいと思います。

描画の1年後から始めた「話しあい1」では、主に絵を見て気づいたことや、感じたことを話しあっていきました。その後、絵の中にあらわれた象徴の意味を調べて、それを踏まえた上で、アクティヴにイメージの伝えるメッセージを理解しようと、「話しあい2」をおこないました。象徴の意味を知る前に絵と向き合っていくことは、自由な視点でいろいろな気づきが得られるよい機会になりました。

## 第1回　インストラクション　感情を紙に写しとる――気分にあわせてかく

リーダーは、以下を確認するように読みます。

――今日は、4つのテーマで絵を描きます。1つのテーマごとに、描き終わったら順番に「話し手」になって、自分の描いた絵について説明する時間を持ちます。紙は何枚使っても自由です。

すべての描画と説明が終わったら、順番に各自の描画全体をとおして、質問や感想などを話しあいます。話しあいは数時間、様子を見て十分と思える程度おこないます。

## ■ 絵をかく

目を軽く閉じるなどして、心をカラにします。次にテーマに沿って、無意識からイメージが湧いてくるのを待ちます。イメージが湧いてきたら、「こんにちは」と心の中でいうなどして（招待）、イメージがはっきりしてきたらそれを描きます。何を描いたらよいかわからない場合は、何となく浮かぶ雰囲気や印象などに注目し、はっきりしてくるのを少し待ちます。

### (1) 気分にあわせてかく

画用紙やクレヨンを配布し、リーダーは、以下を、間を開けてゆっくり読みます。

――最初に、「気分にあわせてかく」の絵を描きます。

① しばらく静かにして、リラックスします。（間）手足や首などを動かして、「身体」の感じを味わいましょう。（間）

② 次に、心にいま、どんな感情があるか、聞いてみましょう。（間）それは、暖かいですか、冷たい感じですか？（間）何色ですか？（間）

③ イメージが湧いたら、画用紙に向かい、利き手でないほうの手で描きます。何枚でも、描きたいだけ描いてください。時間は12分です。絵を描き終わった後、説明や感想を話します。

### (2) ストレスとつきあう

以下を、リーダーはゆっくり読みます。

――いま、自分にあるストレスを思い浮かべてください。

①はじめは、「自分にあるストレスが、どんな感じか」を描きます。
②次に、「ストレスをとり去っているところ、発散させている絵」を描きます。
③最後は、「ストレスがなくなったところ、状態」を描いてください。

1枚の紙に3つ描いても、それぞれ別の紙に描いてもいいです。ひとつの場面にだけ時間をかけて描いてもいいです。利き手でないほうの手で描きます。時間は全部で約20分です。その後、絵について説明の時間を持ちます。

(3) 音楽にあわせてかく

以下を、リーダーはゆっくり読みます。

――はじめに3分ほど、音楽を聴きます。聴きながら、自分の身体や気持ちが、どのように変わっていくかを感じてください。音楽が止まったら、ゆっくり心と身体の感じを味わいながら、利き手でないほうの手で絵を描きます。曲は、今日は「ガイアシンフォニー2番」の一節を使います。時間は15分位です。その後、絵について説明します。

(4) 自由に踊ったあとでかく

以下を、リーダーは続けて、ゆっくり読みます。

――曲にあわせて踊ったあとで絵を描きます。曲は「ガイアシンフォニー2番」の一節です。それぞれ壁側を向いて、目を軽くつぶったり伏せ目をするなどして、その場で（あちこちに動いて行かずに）踊ります。

自由に踊れる人は、気持ちのとおりに踊ってください。踊ることに慣れていない人は、椅子に座ったまま上体を動かすだけでもいいです。少し長く感じるかもしれませんが、心と身体が音楽に同調するために、時間を10分くらいとります。

1分前になったら予告します。音楽が止まったら、いきなり踊りをやめずに、自分の思うまま徐々に動きを止めていき、座って1～2分リラックスします。そして、踊ったことによって、自分の中にどんな「感じ」があるか、気持ちや身体に起きているイメージを、利き手でないほうの手で描きます。時間は全部で20分程度です。その後、話す時間を持ちます。

### ■ 明確化、文章化

イメージと描画を明確にしておくため、順次、4種類の描画を並べてみて、補足の説明や感想を話し、質疑応答などをおこないます。

リーダーは、以下をゆっくり読みます。

――ではこれから、皆さんが描いた4種類の絵について、順番に「話し手」になって、もう一度話したいことを話したり、メンバーと話しあいをします。時間は特に決めませんが、ひととおり話しあったら終わります。

## 第2回 インストラクション 心の持ち方をかえる――心配ごと撃退法

リーダーは、以下を確認するように読みます。

――心配ごとがあって、暗い気持ちやネガティブな考え方になっているとき、それを積極的な考え方に変えていくためのワーク、描画と話しあいをします。

「心の持ち方を変える」ための具体的な方法として、「心配ごと撃退法」を描きましょう。

1種類ずつ、時間を区切って描いていきます。紙は何枚使ってもいいです。それぞれが終わるごとに、自分の絵について説明する時間を持ちます。全部が終わったら、全体を通して話しあいます。

## 絵をかく

はじめに、心をカラにします。次にテーマに沿って内省し、意識は無意識から湧いてきたイメージに挨拶したりなど注目していき（招待）、イメージがはっきりしてきたら、それを描きます。

### (1) 「自分が心配している姿」をかき、「心配ごとの上位10項目」を箇条書きする

リーダーは、以下をゆっくり読みます。

――「自分が心配している姿」を描きます。次に、「心配ごとの上位10項目」を、紙の空いているところに、箇条書きで書いてください。別の紙を使ってもいいです。時間は、約20分です。

### (2) 「いちばん心配なこと」を選び、その絵をかく

リーダーは、以下をゆっくり読みます。

――次に、10項目の心配ごとの中から、「いちばん心配なこと」をひとつだけ選んで、その絵を2枚目の紙に描きます。具体的に描いても、心配ごとのイメージを抽象的な描き方で描いてもいいです。時間は、約20分です。

### (3) 「心配ごとを撃退」しているところをかく

リーダーは、以下をゆっくり読みます。

――３枚目の紙に、「心配ごとを撃退」しているところを描きます。

あなたの心の中にある、心配ごとを撃退する「戦士」をイメージしてください。その「戦士」は、どんな心配ごとにも対決できる力があり、強い精神力を持っています。戦士ではなく、「心配ごとを撃退」する武器あるいは魔法の道具などを描いてもかまいません。何でも使っていいので、その心配ごとを取り除きましょう。

⑷「心配ごとをとり除いたあとの気持ち」を文字で書く

リーダーは、以下をゆっくり読みます。

――続いて、「心配ごとを取り除いたあとの気持ち」を、４枚目の紙（または３枚目の紙の余白）に文字で書きましょう。⑶と⑷で、30分です。

## ■ 明確化、文章化

イメージと描画を明確にしておくため、さらに４種類の描画や言葉について、補足の説明や感想を話しあいます。

リーダーは、以下をゆっくり読みます。

――ではこれから、皆さんが描いた４種類の絵や文全部について、順番に「話し手」になって、もう一度話し足りなかったところを話してください。さらに、「聞き手」のメンバーと、話しあいをします。

## 第3回　インストラクション　遊び好きのインナーチャイルドをかく――インナーチャイルドⅠ

リーダーは、以下を確認するように読みます。

――第3回～第5回は、インナーチャイルドのワークを3回します。はじめに、インナーチャイルド[16]とは何かを、お話しします。

### □インナーチャイルドとは？

――心の中に生き続けている子ども時代の感情を、擬人化してインナーチャイルド、内なる子どもと呼びます。傷ついた感情の記憶を、傷ついたインナーチャイルド、あるいは単に、インナーチャイルドとも呼びます。

子どものころ傷ついた経験に伴う怒りや悲しみの感情を、我慢したり押し殺したりして、癒やせないでいると、その記憶は感情のしこり（コンプレックス）になったり、心の傷（トラウマ）として、いつまでも残り続けます。心の傷が癒やされないと、私たちは大人になっても、傷ついた子ども時代の感情を心の中に抱えたままでいることになります。それは心の奥、無意識の中にあり続け、大人になった私たちの行動や考えに、知らないうちにネガティブな影響（疑い深い、傷つきやすい、緊張しやすい、不安が高いなど）を与え続けます。

しかし本来のインナーチャイルドとは、「生まれながらの自然で自由な心の状態」、「遊び心や創造性が住む心の場所」であり、自分は本来はどんな人間かという、人の本質と密接につながっています。傷ついたインナーチャイルドと区別して、このような本来の内なる子どもの持つ感情は、ワンダーチャイルドと呼ばれることもあります。幼いころの自分が感じていた幸福感を思い出しイメージすることで、いまの自分を癒やしたり、あらためて自信を得たりすることもできます。

私たちのワークでは、このような言葉の厳密な意味にとらわれずに、各自がその場その時で感じるままに、自分の心の中にある感情、子ども時代に持ったある種の感情を、内なる子どもとかインナーチャイルドと、自由に呼ぶことにします。

## □ 傷ついたインナーチャイルドを受け入れて癒やす

――傷ついたインナーチャイルドの存在が意識されずにいるのは、傷が癒やされないまま無意識にしまわれているからです。「インナーチャイルドを癒やそう」という積極的な意志を持ち、傷を癒やすヒーラーをイメージすると、インナーチャイルドはそこにヒーラーがいると感じ、安心して姿をあらわすと言われます[10]。

傷ついたインナーチャイルドを受け入れることから癒やしが始まり、やがて遊び好きの子ども、本来的な自由で創造的なワンダーチャイルドが姿を見せるようになります。

――第3回は「内なるヒーラー」と「遊び好きのインナーチャイルド」の2枚を描きます。テーマごとに、およその時間を区切って描いていきます。全部で60分程度にします。2つのワークが終わったら、話しあいをします。

## ■ 絵をかく

心をカラにします。次にテーマに沿って内省し、意識は無意識から湧いてきたイメージに挨拶したりなど注目していき（招待）、イメージがはっきりしてきたら、それを描きます。

（1）内なるヒーラーをかく／ヒーラーと対話する

リーダーは、以下をゆっくり読みます。

――自分の中のヒーラーをイメージして描きましょう。ヒーラーとは、傷ついたり弱っていたりする自分を、癒やして元気にしてくれる存在のことです。心の中にヒーラーのイメージを持つことで、インナーチャイルドを癒やす強い力が生まれます[10]。

次に、2枚目の紙を使って、ヒーラーと対話します。自分の言葉は利き手（意識が思うこと）で、ヒーラーの言葉は利き手でないほうの（無意識があらわれやすい）手で書きます。軽く目をつぶって、ヒーラーの姿を思い浮かべ、「こんにちは。あなたは誰？」など、簡単な言葉で話しかけ、ヒーラーの返事に耳を澄ませます。浮かんできた言葉を、「ヒーラーの言葉」として、対話をしながら書きます。

（2）遊び好きのインナーチャイルドをかく／インナーチャイルドと対話する

リーダーは、以下をゆっくり読みます。

――次は、心の中の「遊び好きな部分」を目覚めさせるワークです。のびのびとして楽しいことが大好きで、冒険心に満ちた「遊び好きのインナーチャイルド」をイメージしながら描きましょう[10]。描きにくかったら「インナーチャイルドの自画像」を描いてください。

次に、「遊び好きのインナーチャイルド」との対話をします。同じ紙の余白か、新しい紙を使って、対話を書いてください。理性的な利き手であなたの言葉（意識が思っていること）を、直感的な利き手でない方の手で遊び好きのインナーチャイルドの言葉（無意識が思っていること）を書きます[10]。

### ■ 明確化、文章化

イメージと描画を明確にしておくため、順次、描画や対話について補足の説明や感想を話しあいます。

リーダーは、以下を読みます。

――ではこれから、皆さんが描いた絵や文全体について、話しあっていきます。

## 第4回　インストラクション　傷ついたインナーチャイルドをかく――インナーチャイルドⅡ

リーダーは、以下を確認するように読みます。

――子ども時代の怖れ、怒り、悲しみなど「心の傷」は、「傷ついたインナーチャイルド」として、心の奥に存在し続けています。この傷ついたインナーチャイルドが、意識の奥に隠れているのは、それを現実の生活の場面に持ち込むとつらいし支障があるので、深く傷つかないように自分を守るためです。ですからインナーチャイルドを癒やすには、まず、「戦士」や「ヒーラー」など、インナーチャイルドを守る存在をイメージして、傷ついたインナーチャイルドが安心して出てくることができるようにすることが必要なのです。

はじめに、「ヒーラーとインナーチャイルド」の絵を描きます。時間が余った人や特に描きたい人は、さらに「インナーチャイルド」を描いてください。時間は全部で約60分です。

■ **絵をかく**

心をカラにします。次にテーマに沿って、意識は無意識から湧いてきたイメージに挨拶したりなど注目していき（招待）、イメージがはっきりしてきたら、それを描きます。

(1) ヒーラーとインナーチャイルドをかく

(2) インナーチャイルドをかく

■ **明確化、文章化**

イメージと描画を明確にしておくため、順次、描画についての説明や感想を話し、質疑応答などをおこないます。

——ではこれから、描いた絵について、話しあっていきます。

## 第5回 インストラクション　インナーチャイルドを育てる——インナーチャイルドⅢ

リーダーは、以下を確認するように読みます。

——今回も引き続き、インナーチャイルドを描き、自分の中で自由にインナーチャイルドを育てていきます。何枚描いてもいいですし、ヒーラーと一緒に描いてもかまいません。時間は60分です。

### ■ 絵をかく——自由にインナーチャイルドをかく

テーマに沿って内省し、無意識から湧いてきたイメージに意識は挨拶したりなど注目していき（招待）、イメージがはっきりしてきたら、それを描きます。

——無意識から湧いてきたイメージに従って、インナーチャイルドを自由に描いてください。

### ■ 明確化、文章化

イメージと描画を明確にしておくため、順次、描画について説明や感想を話し、質疑応答などをおこないます。

——これから、描いた絵について、順番に「話し手」になって話します。

## 第6回　インストラクション　現実の生活を反映するマンダラをかく

——第6回は、マンダラを描きます。はじめに、マンダラとは何かをお話しします。

### □ 曼陀羅とは

——曼陀羅《まんだら》とは、サンスクリット語で「円」という意味です。[17] 円という形には、統合・治癒などのはたらきがあるとされ、曼陀羅は古くからヒーリングや病気治療に使われてきました。また、さまざまな宗教で、瞑想を深める際の精神集中の道具などとしても用いられてきました。曼陀羅の「中心」には、内なる自己、高次の力、神、をあらわすシンボルなどが描かれます。曼陀羅のポイントは、「中心」から「周辺」に向かって絵が広がり、大きな外円の中に収まっていることです。

ジョゼフ・キャンベルは、「曼陀羅の制作は、ばらばらに見える生命の姿をひとつにまとめ、中心を見いだし、それに従うための訓練である。自分という円と宇宙の円の調和をはかるための方法である。」と言っています。[18]

この曼陀羅を、「心の統合のための道具」として最初に用いたのがユングです。ユングの「マンダラ・アート」では、紙の中心に（「自我」ではなく）「自己の象徴」を描きます。私たちが描くのは、ユングが用いた「マンダラ・アート」なので、仏教の「曼陀羅」や「曼荼羅」と区別して、「マンダラ」と表現することにします。

## □ 現実の生活を反映するマンダラ

——〈いまの自分を見つめてバランスのとれた生活を手に入れるための方法〉として、マンダラを描きます。L.カパチオーネが考案した「現実の生活を反映するマンダラ」[10]は、「自分と周囲との調和、現実の生活すべてを円の中に収める」イメージを表現するマンダラです。

「マンダラ」には小さい円の中心があり、そこから外へと広がっていき、周囲は大きな円で閉じられています。「円の中に収まる」ことは、中心（自分）が、周囲（自分を取り巻く周囲のすべて）と共存し、調和する、ということです。この「現実の生活の中での調和」ということが、ここでのマンダラ制作のねらいです。

## ■絵をかく――マンダラをかく

心をカラにします。次にテーマに沿って内省し、無意識から湧いてきたイメージに意識は挨拶したりなど注目していき（招待）、イメージがはっきりしてきたら、それを描きます。

リーダーは、以下をゆっくり読みます。

――まず紙の中央全体を括るような感じで、大きな円を描きます。その円の中心に、適当な大きさの小さい円を描きます。小さい円に、自分の置きたいイメージ、「自分」を象徴するものを描きます。それから、中心の円から外側の大きな円の周辺に向かって、現実の自分の生活における人間関係や、仕事、遊びなど、人生で自分が大切に思うものや、重要な要素、あるいは自分の望む人生など、思い浮かぶままに描いていきます。

マンダラ制作の目的は、「自分と周囲との調和」なので、いま、自分が悩んでいることや、つらい気持ちがあれば、そうしたイメージも入れて、「大きな円の中に収めていこう」というつもりで描きます。今回は、アートセラピーの仕上げという意味もあるので、できるだけ自分の気持ちやイメージを大切にして、作ってください。描画だけでなく、コラージュ[19]で表現してもよいことにします。時間は60分程度です。

## ■明確化、文章化

イメージと描画を明確にしておくため、順次、描画について説明や感想を話し、質疑応答などをおこないます。

――では、それぞれが制作したマンダラについて、話しあっていきましょう。作者からの説明のあと、質問や感想などを、自由に話します。

## 全体（第1回～第6回）のふりかえり

各自はそれぞれの6回のワーク全体をふりかえって、成果を内在化、文章化します。

# 第2部

# アートセラピーの実際
## ——メンバーたちのワーク

## 〈メンバー　プロフィール〉

**ヨリエ**　マンダラをひとりで100枚も描いた、存在感抜群の人。児童相談の相談員をしていた。趣味はカメラ。

**カオル**　女性性に富むが、アニムスも高い。福祉関係の職場で、心の相談員。刺繍が得意。ジャム作りも名手。

**ナツコ**　美人画家、かつ元気印のひょうきん者。アートセラピーの成果を一番先に体現。最近再婚。毎年、個展を開いている。

**イズミ**　若くて一見ものしずか。でも、ポツリという一言は鋭くて評判。音楽の先生で、ガムランもこなすタレント。

**サクラ**　ソフトで堅実な長女型。主張するより、黙って人の話を聞くカウンセラー。手編みのセーターが超すごい。

**アオイ**　静かで控えめな、がんばり屋。不妊女性のためのカウンセラーを、熱心にしていた。スヌーピー大好き。

**フジコ**　江戸っ子でパワフルな人。スクールカウンセラーもしていた。飼い猫のプリンとバナナを熱愛。

# メンバーたちのワーク〈描画と話しあい〉について

●「描画」は、
2000年10月から翌年5月まで、月1回おこなったうちの6回を、本書では取り上げました。描画をした直後に、当事者が絵の説明や感想を話しました。

●「話しあい1」は、
初期の頃（2001年10月〜）、主として直感により、時にアクティヴ・イマジネーションを用いておこなった話しあいです。

●「話しあい2」は、
その後、主としてアクティヴ・イマジネーションにより、象徴解釈を用いておこなった話しあいです（〜2008年3月）。途中で杉浦京子氏に数回（主に2002年8月〜2004年3月）、助言を頂きました。

＊「話しあい1、2」は、数回にわたりおこないましたが、本書はそのエッセンスをまとめたものです。

＊「リーディングノート」（読み解きの手引き）欄は、本書の編集段階で編著者がまとめました。

「話しあい」の内容を補ったり、全体を通してのテーマやイメージの流れを、掴みやすいようにと意図しました。

・メンバーによっては、欠席した回もあります。また、全体を分かりやすく簡潔にするため、「インストラクション」どおりでなく、簡略化してあります。

・「話しあい2」冒頭の「象徴の意味」は、取り上げた象徴の意味を、象徴辞典[1]などから適宜抽出して、便宜的に付けたものです。象徴についての説明は、「象徴（シンボル）とイメージ」（23頁）を参照して下さい。

・話しあいの中に出てくる「シャドウ」、「アニムス」、「グレートマザー」、「老賢人」、「セルフ」などは、「代表的な元型」（27〜29頁）に説明があります。

# ヨリエ　許しの花

## トラウマから自己受容へ

### 第1回　感情を紙に写しとる

■ ワーク——絵と説明：ヨリエ

(1) 気分にあわせてかく

① （無題）

② （無題）

③ イモ

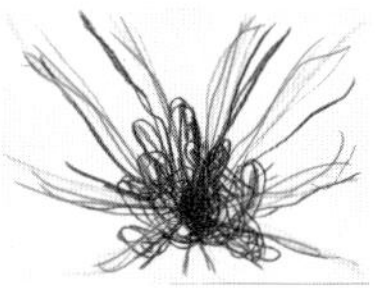

①は、何か心に引っかかるものがあって、それが緑のうねるような流れとなり、その下のほうに紫のぐじゃぐじゃしたかたまりを感じました。その2つに光が降り注いで通過していく感じがしたので、黄色で描きました。

②は、緑の目のようなものが浮かんできたので中心にし、それを包むように、優しい丸い流れが描けたら、気持ちが静まってきました。

③は「イモ」のような力の強い根っこから、強い波が四方に放射している感じです。黄色や明るい緑は、周りの人の描いている色に心が動かされて、使いたくなったようです。

(2) ストレスとつきあう

④ じょうごとハンマー

④は、ストレスの流れを、すべて1枚の紙に描きました。右端のハンマーは、人にずっと押さえつけられてきたのが、もう我慢できず、相手にハンマーを向けて「やめて！」と言っているところです。次に真ん中に、流れる水に気持ちを任せて感情を沈めようと思い、青色を三角に塗りました。左端には、怒りをおさめようという気持ちを、オレンジ色や黄色でていねいに描きました。

でもすっきりせず、また怒りがこみ上げてきたので、その気持ちを真ん中の青の上に、黒で思いきりぐるぐる描きました。自分がこんなに強い怒りを感じていたのかと納得したとき、気持ちがすっきりし、落ち着くことができました。

### (3) 音楽にあわせてかく

⑤　湿原のよどみと流れ

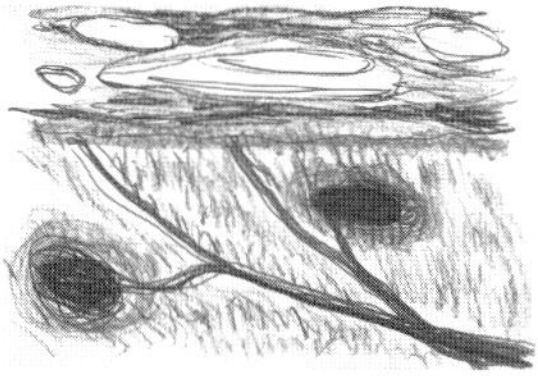

⑤は、自分の生まれた北海道の風景です。また、病んだ友人のことが気になっていて、悲しさや不安が、湿原の流れと水の澱みとなっています。その水の流れは、海に還るという感じがあり、悲しみが薄らぎます。

### (4) 自由に踊ったあとでかく

⑥　麦わら帽子とポプラ

⑥の絵ですが、ふと、自分が雲の上にいるような、体がフワァーと浮くようなイメージが湧きました。何か一緒に浮いている、と思ったら、小さいときに私がかぶっていた麦わら帽子だと気がつきました。懐かしいポプラ並木のイメージも浮かんできて、私の記憶の中の、快いものが出てきたようです。

## ■話しあい1——感じるままに

K：③は「イモ」というより、紐が絡まって、結び目になっているように見えます。

ヨリエ：③は、根の「イモ」から放射状に広がっていく、という開放感を描いたんです。紐の結び目と言われても、自分ではそうかなあという感じです。

A：④の真ん中の青い色は、「流れる水」に気持ちを任せて感情を沈めようと思ったとのことですが、水がなぜ三角形なんですか？　立ちあがる青と、黒のすごさを感じます。

ヨリエ：三角の下の丸い形が水を流す口で、「じょうご」のように、そこから黒いものも水と一緒に流れていく、という感じを描いたのです。

N：④の左端の絵の小さい丸いものは、細胞のように見えます。でもちょっと混みあっている。全体的にもこの絵はさまざまな気持ちが詰まっていて、窮屈な感じです。

K：⑤の空や雲は、なぜか騒がしいような悲しそうな感じがします。2本の川はぎこちなく、道のようにも見えます。

N：⑥の、雲の上の黒いかたまりは何かしら？

ヨリエ：自分でもはっきり分かりません。不思議なものを描いたなあという感じです。最近よく浮かんでくるので、気になっているイメージなのですが。

S：作者も分からないって面白いです。黒の周りの肌色が、雲なんですか？

ヨリエ：雲です。雲って肌色のこともありますよ。

## ■話しあい2――象徴の意味をとり入れて

### ●象徴の意味[1]●

結び目：束縛の力と解縛の力の両面価値的。絆

こげ茶・茶色：大地

ハンマー：男性的なものを形作る力。正義と報復

十字（ハンマーの形）：原初の両性具有。対立物の統合

下向きの三角形：女性原理、母体。〈太母〉

青：真実、知性。女性原理

黒：原初の暗黒、絶望、破壊、悲しみ。混沌

雲：覆い隠す。謎や聖なるもの

空：超越、無限、〈天界〉→空の青：〈太母〉、天空神

湿原、川→水：原初の海、母胎内の羊水、死と再生

湖：女性的な湿洞原理

樹：女性原理

ポプラ（Poplar）：川・湖と結びついた木

ポプラ（Aspen）：恐怖、不安、嘆き

剣：権力、勇気。男性原理と活力

帽子：思考。麦わら帽子は幼児期と関連

### □ピンとこない、象徴的な意味

F：線、綱、縄、紐は共通して、「縛るもの・束縛」と、「無限に伸びる自由」という正反対の意味があります。

K：③の、ヨリエさんが描かれた「イモ」は、大地の色のこげ茶だし、〈母性との関わり〉を感じさせます。他にも、青、下向き三角形、空、湖、海、樹など、「母なるもの」の意味を持つものが、たくさんありますね。

ヨリエ：うーん…自分ではまったく考えていなかった「母性」とか、いろいろな象徴的な意味が、ピンとこない感じです。

K：④のハンマーの〈男性的なものを形作る力・正義と報復〉という意味は、ピッタリな感じです。ハンマーの形の「十字」の〈対立物の統合〉という意味も、ハンマーのまわりにいくつも描かれているバッテンも、ストレスを乗り越えようとする聖なる力をあらわしている印象を受けます。

S：面白いです。それから、中央の青い「じょうご」は、逆三角形という形も青い色も、どちらも女性性をあらわすんですね。象徴性の的確さに、驚きます。

ヨリエ：うーん、対立物の統合とか母性とか、思いがけない考えです。

### □帽子は、アタマで考えることの象徴

杉浦：麦わら帽子ですが、この場合は「頭で考える」という意味がいいのではないかと思います。「頭」で一生懸命考えることで、逆に感覚としての理解がしづらいなど、この「帽子」が、ひとつヨリエさんのポイントを象徴しているのかな、とも思いますが。

ヨリエ：そうかもしれません。雲の中の黒いかたまりも、いろいろ理屈をつけて、アタマで考えることはできるのですが。

杉浦：肌色の雲の中の黒いかたまりは、何らかの象徴的な意味があると思います。でもそれはまだ触れられない感じかしら？　課題として残しておいてもいいですね。

F：ポプラ並木も、理解しにくいです。葉の緑より木の幹の茶色が強調されていて先端も尖っている感じで、母性を象徴する木というより、剣とか柵を連想させます。紙面の左端に描かれているから、柵の向こうは無意識の世界かも。

### ■ワークをふりかえって——ヨリエ

④のストレスの絵は、他人の非難に深く傷ついてしまう自分の姿があらわれていると感じています。

この絵を描いていたとき強く怒りがこみ上げてきたことで、いま気づくことがあります。いつも私は、傷つきや怒り、ストレスなどの感情を人にうまく伝えられず、傷や不快感から目をそらして、しのいできたということです。自分が曖昧で姑息的な生き方をしてきたと、絵に指摘されたように感じます。

### リーディングノート　第1回　ヨリエさん

④のハンマーは「正義と報復」、周囲への怒りとその正当性を強く訴えるものであると同時に、その「十字」の形から、ストレス状況に折り合いをつけようとする、「統合」に向かう心の動きが感じられます。他にも、左端の「○」と右の「×」など、対立する要素が描かれています。また中央の青い下向き三角形は、「母性性・やすらぎ」を象徴するものでありながら、最後に「怒り」の感情を示す黒がかき加えられています。ストレスは、こうした対立する要素の間で揺れ動く心と、関連があるようです。

⑤の「湿原」は、文字通り湿った豊かな土壌の、死と再生が同時に存在する場所で、湖や海と共に母なる女性原理の象徴です。この湿原には、緑が少なく生命力が弱いように見えますが、くっきり塗られた「水」は、無意識の中の穏やかな「母性」が、意識にのぼろうと動いていることを示唆しているようです。

⑥の右上の雲は、肌色であることから「母胎・母なるものの庇護の力」と見ることができます。黒いかたまりをヨリ

エさんは、「自分でも分からない、不思議なもの」と言っていますが、黒は④では、怒りをあらわす色として使われていました。その意味では、悲しみ、絶望など混沌とした自我の状態をあらわしているようです。そうした感情が、肌色の雲の〈太母〉的な要素の助けを得て、存在を認められる段階であることが予見できます。

　女性原理と関わりのある木（ポプラ）は、尖った杭を打ち込んだ柵のように並んでいます。柵で囲まれた内側は「守られた場所」として母胎の庇護などを象徴する場合もありますが、ここでは雲や帽子の行く手をさえぎる（意識が無意識の世界に入っていくのをさえぎる）仕切りのようにも見えます。母なるものに重ねられたこうした強いイメージは、④の青三角と黒い線にも見られるモチーフ（主題）です。

　今回のワークでは、〈力、思考、攻撃性〉をあらわすハンマーなどの男性的、アニムスの要素と、青やじょうご型の下向き三角や湿原、肌色の雲など〈受容、保護、再生〉をあらわす女性的な要素という、対立するものが混在しています。ストレスを感じる状況下では、この対照的なものが互いに存在を主張し、統合点を見つけようとたゆたっているかのようです。

## 第2回　心の持ち方をかえる　――心配ごと撃退法

**■ワーク――絵と説明：ヨリエ**

**(1)「自分が心配している姿」をかき、「心配ごとの上位10項目」を箇条書きする**

**(2)「いちばん心配なこと」を選び、その絵をかく**

①　心配している自分

**心配ごと**

1）息子の病気
2）眼のこと
3）夫の健康
4）くらしむき
5）友人の病気
6）母のこと
7）生と死
8）フォーカシング
9）もうひとりの息子の健康
10）自分の健康

②　鎖で吊された人

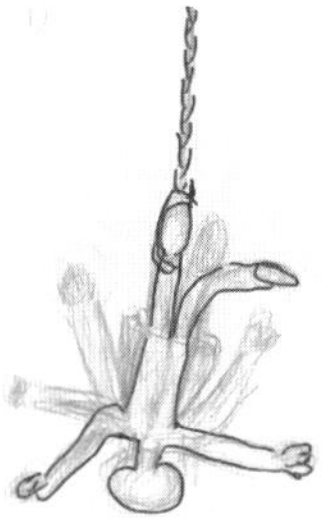

①は、柱に手を当てている、支えが必要な自分を描きました。次に心配ごとの中から、息子の健康についての心配を

選んで②を描きました。ブルーの人（私）が鎖でつながれて、両手をジタバタさせてどうしていいか分からず、もがいている感じです。息子はとっくに成人しているのに、私は息子の健康を自分の一部のように不安に感じていて、その渦に巻き込まれた感じがしています。

**(3)「心配ごとを撃退」しているところをかく**

**(4)「心配ごとをとり除いたあとの気持ち」を文字で書く**

**③　青い炎**

心配ごとを撃退する絵を描こうとしていたら、③の、黒曜石を打ち合わせて木の枝に火をつけ、炎が燃え上がるイメージが浮かびました。上の右端の黒と青のかたまりは、遥か彼方にある「強い光」で、そこから呼びかける声が聞こえる気がします。

炎の下の黒いかたまりは、黒曜石です。実際に私は、友人にもらった黒曜石を持っているのです。この石はこれまでも、自分の苦しい思いを吐き出すとき、黙って聞いてくれた石、というイメージがあります。この絵を描いて、楽になり開放感を得た気がします。

青い炎は、強い力のある生命の連鎖、という印象です。私と息子は、そういうふうにつながっているけれど、子どもは独自の生命として、「新しい人」として誕生しているんだ、という気がしました。またこの青い炎は、「生きることがいちばん大事だよ」「ジタバタして心配したり、途方に暮れたり、悲鳴をあげてもいいのだよ」とも言ってくれていると思いました。

「青い炎」を描き終えて①と②に戻ってみると、自分の弱さと、どうしようもない混乱した感じを、そのまま受け止める力を得たように思います。

## ■話しあい1――感じるままに

F：②は、強烈で気持ちが動かされます。「自分がもがいている、つながれている感じ」と言われましたが、罰せられて吊されているという感じですか？

ヨリエ：いいえ。心配ごとに対しどうしていいか分からず、度を失いジタバタしているんだと思います。

K：鎖を「心理的なへその緒」と見ると、分かりやすい気がします。母と子はへその緒でいまも苦しくつながっている、という感じなのでしょうか。

N：心配ごとを撃退するのに、どうして③は火打ち石で青い炎なんですか？　イメージが広がらないのですが。

ヨリエ：心配ごとの「撃退」というより、「心のへその緒」の存在をあらためて知らされたと思いました。それをしっかり受け止めたときに、私とつながった一部分ではなく、子ども自身が新しい生命として、独自の生を生きるんだな、と感じられました。そういう新しい生命に、黒曜石が新しい青い火をつけるのだ、と感じたのです。そう感じることで楽になって、開放感を得たように思います。

## ■話しあい2——象徴の意味をとり入れて

### ●象徴の意味●

青：真実、知性、平安。女性原理
柱：〈樹〉の象徴と密接なつながりを持つ→樹：女性原理
鎖：職務、威厳、統一性、束縛、隷属
火・炎：変容、浄化、生命の甦り→火を起こすこと：誕生や復活を意味する
火打石：火を生み出すこと、心の頑なさと無関心
3：全体をあらわす数。多数、創造力、統合
黒曜石：【アステカ】生命の源泉、生と死をもたらすもの
赤：活動的な男性原理。活力、血、怒り、復讐
黒：原初の暗黒、死の暗闇、絶望、悲しみ、自己卑下。混沌

・・・・

S：火を起こすことは、誕生や復活と同じことと見なされるそうです。火打石は3つ、統合をあらわす数ですし。

ヨリエ：黒曜石は「否定的エネルギーの吸収に素晴らしい効果」「変容を促す強力な味方」と書いてある本[2]があったのですが、ピッタリで驚きました。

K：黒曜石を火打石にして火を灯した、と言っていたけれど、肝心の黒曜石は色がしっかり塗られていなくてスカスカな感じなのが不思議です。それなのに、「遥か彼方の青と黒」は、すごく黒と青がていねいに塗ってあります。

ヨリエ：そうです、ここが私にとってもっとも大切なところだから。青い炎は強い生命の炎で、遥か彼方にある「強い光」の青と同じ色で、生命から生命へとその連鎖を意味していると感じられたのです。

F：右上の黒と青とか、赤い炎とか、知性でなくそういうイメージが心の中で動くのを感じたかった気がします。

## ■ワークをふりかえって——ヨリエ

①の心配ごとを感じている私の姿は、人に助けを求める率直さもなく、自分で乗り切る勇気もなく、ただ困り果てている状態です。②の鎖で吊り下げられた絵は、心配ごとに対して度を失っている自分の姿だと思います。

次の③「心配ごとを撃退しているところ」について、私は「楽になり開放感を得た気がする」と言っていたのですが、いまふりかえって見ると、結局、根本的には心配ごとは解消

されなかったように思います。

何に対しても自分の中心が定まらず、対峙する前にへなへなになっていた。そんな自分を認めることが、この絵を描いた当時はできていなかったと思います。でもいまでは、ありのままの自分でいいのだという気持ちになっています。

**リーディングノート**　**第2回　ヨリエさん**

①は、ヨリエさんの安心感や支えの根本が、「自分の内ではなく外に存在している」ことを伝えています。「柱」は家を「支える」ものですが、女性原理である「樹」と結びつくものでもあり、ヨリエさんが必要としているものは、太母的な庇護や安心感だと見ることができます。

②の宙吊りの「自分」は、不安や状況に翻弄され、自分自身と向き合えない様子です。鎖は、何かにとらわれていることを暗示すると同時に、他者との「つながり」や「束縛」とも関連があることを語っていて、動けず途方に暮れる心境が描かれています。

③では、大きな変化がもたらされたようです。もっとも力強く描かれている右上の青と黒のかたまりは、「変容・浄化・活力」である太陽のように、炎を見守る存在として描かれています。光をあらわす色ではないのに光を感じるのは、そこに癒やしや安心感、希望の感情と通じるものがあるからでしょう。黒はすべての色を含む色でもあり、青と同じく無意識や太母の一側面ともつながります。

①では、自分の「外部」に存在する支えとして描かれていた柱＝「太母的な力」が、③を描いたことで、自分の「内部」に支えを実感できるようになり、新たな自己肯定感が生まれたようです。

無意識を意識してみることで、気づきや気持ちの変化が起こるという、アクティヴ・イマジネーションの力や展開への体感ができたワークだったと思います。

## 第3回　遊び好きのインナーチャイルドをかく――インナーチャイルドⅠ

### ■ワーク――絵と説明：ヨリエ

**(1)　内なるヒーラーをかく／ヒーラーと対話する**

①　ダルマ

①は、先日見た夢に出てきたお地蔵さんの代わりに、正月に柴又帝釈天で買ったダルマを描きました。お地蔵さんっ

**ダルマと私の対話**

私：お正月に出会ったときからいろいろありがとう。たくさんの夢を見せてくれて
ダルマ：よく受け止めてくれたね
私：分かりやすかったから。赤いチョッキの女の子の夢は素晴らしかった
ダルマ：つらくて、かなしくて、すごいところをよくとおったね
私：ありがとう
ダルマ：転がる。ころころとね。それがこころさ
私：そうか、本当に、そうね。楽しくやってみるよ

て、描くのが難しかったからです。

　夢の中で、赤いチョッキを着た女の子が細長の四角い箱を持っていて、その中にお地蔵さんが埋め込まれていたのです。それは父の象徴だ、と夢の中でなぜかそう思いました。

　細長い四角い箱というのは、ギユーッと絞った長いタオルのことで、それが実は父自身で、私がそれを横に広げる、という夢なんです。絞ったタオルは父の嫉妬や混乱みたいなもので、広げると中に愛と憎悪があると感じました。父は10年以上前に亡くなりましたが、父の飲酒や暴力に、家族はとても苦しみました。私が見たのは、心を開いた父ではなく頑なな父だったのです。

　今日はその夢のことを思い浮かべていると、思いがけないことに、いままで見えなかった父の、愛情やさまざまな感情の存在を感じました。私は父の死後もこれまで、父に自然な気持ちを持てずにいたんです。でも、絞ったタオルの状態って嫉妬や混乱みたいなものだとすると、私にも同じような感情がある、私と父は仲間のようなところがある、と急に親近感をおぼえました。初めて、父の一面を受け入れることができた感じです。

　私は親から愛情を受けてこなかったせいか、自分を押し殺すくせや卑屈さがあるように感じて、そんな自分自身を受け入れがたく思っていました。そして自分の理屈っぽさや堅さを、父のせいだと恨みに思っていたのです。ところが父の優しい面にも気づくと、私の中にも愛や優しさがあるんだと感じられました。

　このお地蔵さんの夢を見て、父の見方を変える時期に来たこと、また私自身も、もっと胸を張って生きていっていいのだという気持ちになりました。今日描いたダルマは、自分の中に起きたそういう変化のあらわれ、変化している自分を見守る自分、というかたちでのヒーラーかなと感じます。

### (2) 遊び好きのインナーチャイルドをかく／インナーチャイルドと対話する

　もうひとつ気になっていた夢を、ふと思い出しました。それは、「水底で黒い背中を見せている1匹のヒラメ」の夢です。ヒラメは動かず底にピッタリくっついていて、何かを守り続けているような、頑なでつっぱっている子どものように思えました。その場面が記憶にあって、「そんなに思いつめないで、ひっくり返ってみたらどうかしら」という気持ちで、②を描きました。
　②の少女は、背中に草のにおいや、やわらかさを感じて

② おへそのない少女

女の子と私の対話

私：なにしているの
女の子：寝ながら風のにおいかいでる
私：どんなにおい
女の子：草いきれ、水のにおい、山のにおい
私：からだの感じは
女の子：重みを感じている。土と草にからだをゆだねている。ほこほこ。日の光もあたっているよ
私：これからどうするの
女の子：おきたら、すわるんだ。それから山を見て、それからあるいてみる

うれしそうで、いま生まれたかのように、自然にすっぽり包まれて、安心しきって横たわっています。

ところが描き終わってから見ているうちに、この女の子には「おへそ」がないことに気がつきました。どうしてと考えていると、「私は誰かとつながっていたいの、両親や、夫や、友人や、自然とつながっていたいの、しっかり〈おへそ〉を描いてくださいね」というように聞こえた気がしました。私は、自分の生き方として、しっかり他者とつながる必要があると思いました。

## ■話しあい１――感じるままに

F：固く絞ったタオルでできた長い箱に、お地蔵さんが埋め込まれていたとは、まさに夢ならではの、奇想天外な無意識からのメッセージですね。夢の影響か、ヨリエさんはずいぶんものわかりがいいというか、お父さんに対して「いい子」になった印象です。タオルってふわふわしたイメージのものだけど、ここでは固く絞ったものだとは⁉　すごい表現です、どういうことなのかしらね。

K：絞ったタオルは頑なな父の象徴で、それを広げると父の愛と憎悪がある。そのお父さんを許す、受け入れる。その象徴がお地蔵さんなのですね。夢やワークで、自己肯定感が自然に生まれてきた。

A：心の変化のあらわれというかたちでのヒーラーかなと言われましたが、そのダルマが「心は転がるもの」と言った。憎悪から愛や許しへの変化を受け入れることを言っているのかしら。

I：でも、お地蔵さんとダルマではずいぶん違いますよ。お地蔵さんって、穏やかで、守ってくれる存在という感じだけど、ダルマは商売や試験などの開運の縁起物で、赤い色や気張った顔など、力が入っている感じ。お地蔵さんの夢を見たのにダルマを描いたことに意味がありそう。

ヨリエ：あまり意識しないで描いたのです。お地蔵さんって、どう描いていいか分からなくて。ダルマを買って来たばかりだったし、単にヒーラー的な要素の象徴として、描いたんだと思います。

K：②の女の子は、寝ているというより、背中を草や地面にペタッとつけているように見えます。何か扁平という印象。

ヨリエ：うーん、これは、しっかり受け止めてほしかった幼児期の不安の表現だと思います。ヒラメの夢は、自分では体感でもよく分かるんです。

## ■話しあい2――象徴の意味をとり入れて

### ●象徴の意味●

地蔵：梵名クシティガルバ（大地の子宮）。弱い人々の苦しみを慈悲の心で包み救済する菩薩とされる

ダルマ：禅宗の開祖。「だるまさん」は、達磨大師の座禅の姿にまねた張り子。商売繁盛・開運出世などの縁起物

山の連なり→壁：保護と制約でもある、聖なる囲い込み

裸：誕生、再生による復活。覆いを取った真実

草：有用性、服従。芝地の草は生まれ故郷をあらわす

緑：生と死を同時に意味する。希望、変化

大地：〈太母〉、〈大地母神〉、〈養育者〉

へそ：中心、避難所。大地とすべての誕生の象徴

腹：存在の萌芽段階、死と再生、顕現以前の状態に戻ること

・・・・・

### □地蔵とダルマ

F：インターネットで調べたら、お地蔵さんつまり地蔵菩薩とは、「大地の母胎」という意味だそうです。要するに「衆生の守り神」ということみたいでした。

杉浦：夢で見たお地蔵さんの代わりにダルマさんを描いたそうですが、ここではお地蔵さんは老賢人のイメージと言ってもいいと思います。ヨリエさんはご自分の特徴として、「理屈っぽさや硬さをまとって生きてきた気がする」と言われていましたが、この「理屈っぽさや硬さ」は、ダルマさんの特徴でもあり、老賢者の象徴である「知恵や賢さ」につながっていくものです。

### □女の子にはおへそがない

杉浦：女の子は、夢の中のヒラメが地上に出てきたと理解したのですね？　で、女の子にはおへそがないということで、誰かとつながる生き方ができていないという意味づけ、そういうメッセージの解釈をしたのですね。

ヨリエ：つながりたいということのメッセージかな、と思ったのですが…。

杉浦：「へそ」は、「本当の姿」を象徴するので、女の子におへそがないことだけをとり上げると、草原に寝そべったんだけど、「あれは本来の自分ではないんじゃないか」という感覚があったのだと思います。それは、「中心がない」というヨリエさんの感じていることと、つながると思います。

## ■ワークをふりかえって――ヨリエ

ヒーラーのダルマは、夢にあらわれたお地蔵さんの代わりに描いたものでした。その夢は父との関係を見直すきっかけを作ってくれた夢です。父はお酒を飲むと感情がコントロールできず、母や子どもに当り散らすことがあり、家の中が暗かったのです。女の子らしい自分でいると傷ついてしまうので、私は心を硬くして自分を守り、父を受け入れない理屈っぽい少女になっていきました。そのため、自分が親となってからも、女性性から遠ざかっていたようです。

杉浦先生に、地蔵は老賢者のイメージで、このダルマも老賢者的要素につながっていくものだと言っていただきました。私はずっと、「理屈っぽさ」や「硬さ」を人から指摘されていましたが、それが、老賢者の象徴である「知恵や賢さ」につながっていくとすれば、自分の硬さを否定することはないと思えました。そうしたら、すごく気持ちが楽になり、すっと自分の中の女性性に目を向けていけるようになりました。

夢に出てきたヒラメが、インナーチャイルドの女の子になったのですが、少女におへそがないことは、あとで気がつきました。あれは本来の自分ではないのではないか、という指摘を受けて、えっと驚きました。安心した少女が描けてうれしいと感じたけれど、それが本当の自分でないとすれば、まだ安心できているわけではなく、不安の根はもっと深いところにあるのかと思いました。

でも、この少女はゆったりくつろいでいる姿なので、おへそがない＝中心が弱い、という本来の自分ではない姿を、自分で受け入れることができたように感じられて、少し前に進めたかな、と思います。

### リーディングノート　第3回　ヨリエさん

お地蔵様は、「地蔵菩薩」といって、苦しむ人びとを無限の慈悲や受容で救ってくれるとされます。いっぽうダルマは、七転び八起きなど、男性性に属す活力を感じさせる縁起物です。話しあいにあるように、お地蔵様をダルマに置き換える必要が、ヨリエさんの無意識にはあったようです。

ヨリエさんのダルマには、ことさらヒゲが強調されていることから、「大人の男性」であることの要素が、またおくるみを着た乳児のような体型からは、「慈しむもの」「か弱いもの」といった反対の要素が、語られています。

これまでのワークでヨリエさんは、太母的な受容や慈しみと、男性的な力や思考・攻撃性などを、重ねたり並べたりして、いろいろな形で描かれてきました。その上で今回は、夢で見た「地蔵」の持つ「知恵や賢さ」につながるものとして、実際に描いた「ダルマ」の持つ「理屈っぽさや硬さ」が、「父親」と結びついたのでした。このことは、ヨリエさんの心が、内なる太母の助けを得て、父を「許し受け入れる」方向へと変化してきていることを、伝えているようです。

②の背景の、母性を示す青い山並みは、少女を守るベビーベッドの柵のようです。守られて寝転ぶことで、少女は「母なるものの保護力」を受け取ろうとしています。「おへそがない」ことや、大地にぴったりと背をつけていることからは、まだ「つながっている安心感」が弱いことがわかります。でも、守られて安心している自分が新たに生まれた、と見ることができます。少女が自分の足で大地の上に立つには、内なる「母性」の力とのつながりを築いていくことが鍵になりそうです。

# 第4回　傷ついたインナーチャイルドをかく
## ——インナーチャイルドⅡ

### ■ワーク——絵と説明：ヨリエ

(1) ヒーラーとインナーチャイルドをかく

(2) インナーチャイルドをかく

**いのち（DNA）からのメッセージ**

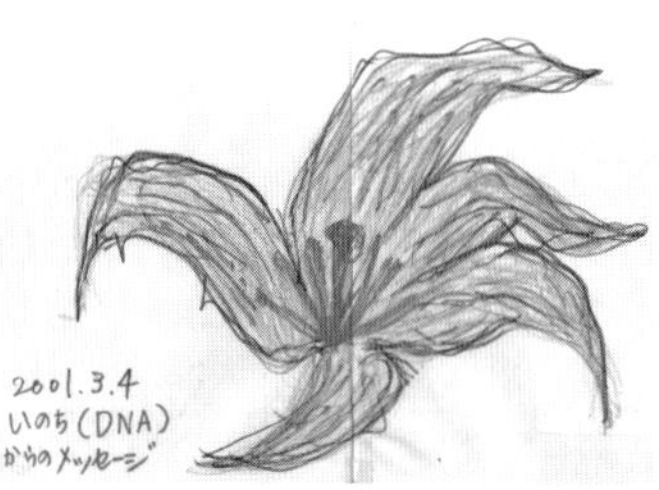


**絵をかいたあとで浮かんだ対話**

私：あなたはだれ
花：血でできた花よ
私：何の花なの　なんで咲いたの
花：おめでとうをいうためよ
　　よくがんばったね
私：ありがとう
花：いつか散るけど　覚えていてね
私：ああ　忘れない

今日描いたインナーチャイルドは、なぜか「花」になってしまいました。これを描かないと前に進めない、という気がしたのです。

私は子どものころ、どこか陰気で消極的でした。いまでも自分の中には、そんな癒やされていない気持ちがあります。カパチオーネは、「幼少時代にあらわすことのできなかった恐怖や怒りや悲しみといった、ヒーリングを必要とする弱い部分に目を向けることは、強い意志を必要とする作業」で、ヒーリングはそこから始まると言います。そのようにできる強さを得て内なる子どもと向き合うために、今日はその前の段階の、生命の力、根源に戻って、それを描く必要があったように感じます。「描いたあとで浮かんだ言葉」ですが、「おめでとうをいうためよ。よくがんばったね」と書いたら、胸がいっぱいになりました。

## ■話しあい1——感じるままに

### □こっちを描け描け、という自分がいた

ヨリエ：実は、女の子やヒーラーなどのイメージがぜんぜん浮かばなくて、とりあえず、いまの自分が描きたいと感じている、大きな花を描きました。

F：今日は「内なるヒーラーと、インナーチャイルドを描く」というテーマだけど、その前に自分に必要なプロセスがあると感じたというのですか？

ヨリエ：そうなんです。申し訳ないんですけど、いまの私にはこの絵がピッタリなんです。前回のおへそのない女の子を今回も描こう、と思ったのですが、こっちが先だよ、こっちを描け描けという自分がいたので、「いまはこれを描いて自分のスタートにする」、と思いました。思いのままに描いたのだけど、ちょっと、テーマと違うものを描いて、失敗したかな、という気持ちもあります。

A：でも、それが無意識からのメッセージなのですね。ところでこれは、…何を描いたのかしら？

### □血を噴く花は、何もの？

F：この花は、花びらが赤と青の細い線で緻密に塗られているけど、よく見ると動脈と静脈の血管が流れているように見えませんか？　花びらの先はぎこちなく曲がっていて、真ん中のシベからは、噴水みたいに何かが噴き出している感じ。何か、強く訴えかけるパワーがありますね。

I：たしかに肉体を解剖したような生々しさが。すごくエネルギーを感じます。

A：そうね、花の形を借りてはいるけれど、鮮烈な何かをあらわしている。

K：「いのち（DNA）からのメッセージ」と書いてあるけど、DNAって祖先や親から受け継ぐものですよね。やっぱりこれは、ヨリエさんの幼いころの痛みをあらわす、インナーチャイルドのひとつの姿ではないのかしら。

S：でも、対話の言葉には、「血でできた花よ」「おめでとう」「よくがんばったね」とあるから、この花は、ヒーラーじゃないかしら？

F：たしかに。…でもこの花自体は、痛みがシベから噴き

出しているインナーチャイルドのように見えません？

I：うーん、ヒーラーなのか、インナーチャイルドなのか…。この血でできた花は、癒やす人として話しかけ、「DNAを見よ」と言っているけど。

N：花の象徴性って、「女性性」ですね。そう考えると、無意識ともっとアクティブに対話する必要がありそうです。

F：とするとこの花は、傷ついた女性性をあらわしているのかしら。でも語りかける言葉には、ヒーラー的な要素が感じられますね。どれかひとつが正解ということではなさそうです。

### □自分にパワーが増したと感じられない

ヨリエ：今日はみんなにいろいろ言ってもらって心が動いたのですが、でも私の心の中に「待てよ、何か自分の中でしっくりいかないよ」と言う声がある。ヒーラーに話しかけられた「私」が誰なのか、いまの私自身とどういう関係なのか。モヤモヤした、ピッタリこない気持ちが残っています。

N：ヒーラーが話しかけた「私」は、ヨリエさんの「意識」ですよね？

ヨリエ：うーん…、「私」が誰なのか、まだはっきりと見えてきたとは思えません。ヒーラーに「ありがとう」と言ったのだけれど、今日のワークを始めたときの心細さはそのままで、自分にパワーが増したとも感じられないのが、正直な気持ちです。

F：自分にパワーが増したとも感じられない、とは、すごく実感がある言葉です。いまはまだ深められなくて、もう少し時間が必要ということかしら？　でも、こうやって熱心に対話したおかげで、この花からのメッセージ、無意識がインナーチャイルドの傷つきと同時に癒やしの感じを伝えてくれたことがわかったのを、素直に喜んでもいいと思います。

ヨリエ：そうですね。「いのち、DNA」の流れが自分の中にある、と確認できた気がして、それはよかったと感じています。

## ■話しあい2——象徴の意味をとり入れて

### ●象徴の意味●

百合：清純、平和、復活。〈母にして乙女〉、再生と不死

円：蓮、百合、バラは円の持つ意味の多くを共有する。全体性、完全性。魂や心、母なる女性原理

花：受動的な女性原理。赤い花は昇る太陽、〈太母神〉の持ち物

赤：活動的な男性原理、愛、活力、怒り、堅忍

五弁の花：百合やバラのような五弁の花は、小宇宙たる人間をあらわす

## □ 血でできた花からの出発

杉浦：赤い血でできた花、これはズバリ女性の生理という印象が強いですね。血は生命力、魂、エネルギー、循環、血統の象徴です、だからＤＮＡという連想が起こったのかしら。血でできた花は、女性と母性の根本的なエネルギーとして捉えられます。ヨリエさんの根源的な生命力が、表現されたと思うんです。

Ｉ：まさにそんな感じですね。

杉浦：また、一般に百合は白百合であり、清純、平和、王威、母にして乙女、一にして多、処女性、再生と不死などの意味があります。でもこの百合は白でなく赤ですので、女性性、母性性のエネルギーと見ることでよいでしょう。

また、血ということとの関連では、今回の赤い花には、「ヒラメから人間になったけれど、おへそがない、本来の自分ではない感じ」の反動で、血を流す必要があったのかなと感じます。

Ｆ：まさに、おへそがない子は、ここで血を流す必要があった。

ヨリエ：魚が変身した少女だから、いきなり哺乳動物になるには、無理があったのでしょうか（笑）。母ともつながるというか、親ともつながる、普遍的に全部につながるスタートということかしら。納得というか、落ち着く感じです。

## ■ ワークをふりかえって——ヨリエ

この赤い花を描いたときは、インナーチャイルドを描く前に、自分自身の実感をしっかり確かめておきたい気持ちが強かった気がします。ありのままのインナーチャイルドを受け止められるような、女性性、母性性というものが自分の中に足りないように感じて、女性・母性の象徴として「花」を描いたのではないかと。何よりもまず自分の存在を肯定すること、「この両親から生まれた子どもである自分」を受け入れること。

でも、それはまだできなくて、この絵に「いのち（ＤＮＡ）」という題をつけたのは、たぶん、幼少期に感じていたことを消化しないまま大人になった私が、両親に対してわだかまりを持ち続けていて、「両親の両親や、またもっと以前のたくさんのいのちからの流れを受けて、生まれたのだ」という視点に立つことで、何とか自分の「中心」を得ようとする試みだったように思います。

この花の絵は、自分自身への肯定感を得られなかった幼少期の私（傷ついたインナーチャイルド）を救出する試みであって、そういう意味では、インナーチャイルドでもありヒーラーでもあった、と思います。

## リーディングノート

### 第4回　ヨリエさん

今回の花には、中心部のシベがしっかり強調して描かれています。「おへそのない子」が求めているいのちの実感、「女性性」「自己肯定」が、今回は余すことなく描かれた、という印象です。

「DNAのつながり」について、「家族・両親を許し受け入れる」ことが話しあわれていましたが、もうひとつの着目点として、「つながり」「連鎖」という言葉があります。第2回の「鎖で吊された人」でも、第3回の「おへそのない少女」でも、ヨリエさんは「つながり」、「連鎖」、「つながりたい」、と言っています。これが今回は「DNA」と共に出ていることから、ヨリエさんの中に、他者との「つながり」を求める気持ちが強くあることや、その根本には家族との関係があることが、うかがえます。

アクティヴ・イマジネーションによる意識と無意識の対話は、ヨリエさんの〈自覚していない〉ふたつの感情の対立が、この絵の分かりにくさとなっていることを語っているようです。花に迫力や存在感があるのは、無意識からの強い情動があらわれているからのようです。

自分〈意識〉は、親への「わだかまり」を持っているのに、無意識は、親とつながりたいと思っている。そこで意識は、「自分は、親を越えた祖先たちと、DNAで連綿とつながっている。その自分を肯定しよう」と考え、描画のタイトルにしたのでした。

しかし、親への拒否感やそれに伴う罪悪感と、その反対の、親を受け入れたいという、「相反する気持ちの苦渋」が、この花の絵にうかがわれます。花は「よく頑張ったね」というヒーラーでありながら、「痛みがシベから噴き出している」インナーチャイルドのようにも見えます。

また血でできた花は、「女性性と母性の根本的なエネルギー」という、根源的な生命を象徴する半面、「本来の自分を自覚するために、ここで血を流す必要」があるという、二面性を持ってもいるのです。花の語るふたつの感情の対立は、まだ続いているようです。

# 第5回　インナーチャイルドを育てる
## ——インナーチャイルドIII

### ■ワーク——絵と説明：ヨリエ

### □自由にインナーチャイルドをかく

いまの私には、暗闇の中を手探りで進むような、おぼつかない感じがあります。でもこのインナーチャイルドを描いて

①　闇の中での手ごたえ

②　少女Ａ

いるうちに、だんだん手ごたえを感じ始めました。この目隠しの子は、はじめは不安でおっかなびっくりでしたが、物にしっかり触れて、手の「感触」という素朴な力で、自信を得て、前に進もうとしています。足にも力が入ってきて、安定した気持ちがしています。

②は、生まれ育った北国の春の絵です。女の子が地面に座り、泥んこ遊びに夢中です。左のタンポポやクローバーは母の姿、右の椿の木は亡き父のように感じます。父は母に対して手厳しかったのですが、椿の花が地に落ちているのを見て、なぜか父が母に詫びているように感じ、私が長い間、父に抱いていた不満や確執を、少し和らげてくれたように思えます。

描いているうちに、父母と自分の関係や、インナーチャイルドの気持ちが、理解できるようになりました。傷ついた自分を受けとめ共感することで、自信のようなものが生まれてきました。

## ■話しあい１——感じるままに

### □暗闇なのに目隠し

N：暗闇なのに目隠しをして、何かをあえて見ないようにしている？　見たくない現実を「いまは見ないぞ！」っていう、強い意志のあらわれだったりして。

ヨリエ：うーん、何かの不安が、目隠しの絵を描かせたかと思います。

I：でも、逆さに吊されてジタバタしたり、地面にピッタリくっついて寝転んでいたりしていたのが、暗闇に目隠しでも、立ち上がって前に進んでいるんですよ。まさに「前進している」感じがします。

### □父と母、自分の関係

A：②は、お父さんは太い幹のある木、お母さんは小さいたくさんの雑草として描かれていますが、バランスが悪いし、分かりにくいです。

ヨリエ：母に対しては、私は同情心のような気持ちがあります。母はひとりで耐えているようで、その姿が私には雑草の強さのように思えたのです。だから、大きさは違うのですが、それぞれのイメージに近いと思います。
F：女の子のブラウスは赤い花柄で、椿の花みたいです。父と母の両方の要素が、少女の服に使われているんですね。
ヨリエ：母には、もっと子どもらしく甘えたかった。でも母は父のことで精一杯で、心の余裕がなかったと思います。いまは母の心の中に、故郷への強い思いと、自然に対する生き生きした心があるのを感じます。

## ■話しあい2——象徴の意味をとり入れて

### ● 象徴の意味 ●

暗闇：原初の混沌、誕生前の胎児の状態。光が現出する基盤
目隠し：無知、罪、義務を怠ること
目：直感的にものを見る力。悟り、知識、精神、警戒、安定
椿：志操堅固。【日本】突然の死（突然花首が落ちるから）
水：甦らせ新しい生命を吹きこむもの。母胎内の羊水
泥：豊穣と成長の根源。精神的再生をまだ経験していない始原的人間
水差し・水瓶：清純。酒神バッカスの標章
水の入ったバケツ＝甕《かめ》：〈太母〉、受容、豊穣
容器：普遍的な女性象徴で〈太母〉の子宮、保護、豊穣
植物：死と復活、生命力、生命の循環

### □目に見えるものよりも身体の感覚をつかみたい

杉浦：今回の絵は2枚とも、本来のインナーチャイルド、自分があらわれたと思います。目隠しは、「身体、感覚」につながってきますね。この、暗闇の中を目隠しして手探りで動いているインナーチャイルドを描くことは、勇気が必要だったのではないですか。手足を大きく、どっしりと描いていますね。まさにその身体の感覚をヨリエさんは、イメージでつかもうとされています。
ヨリエ：そう言っていただけて、何かほっとした感じがします。初めて大地に立ったおぼつかなさや不安が、サポートされた感じです。

### □父の詫びの象徴

杉浦：前回の赤い花は、五弁の花びらを持っていましたが、その点、今回の五弁の椿につながりますね。ご自身の意味づけでは「父の詫びの象徴」ということでしたが、ということは、自分の中で、恨んでいた父を許す気持ちが生まれた、「恨み」が「許し」に変わるということですね。この女の子は、家族との関係をあらわしていると思うんです。きちんと正座をして自分の感情を抑えている、その象徴が正座ですね。
ヨリエ：私と父母との関係、夫との関係、子どもとの関係にも、正座して自分の感情を抑えている姿が見えるような気

がします。相手に不快感を与えないように、受け身で生きてきたように思います。あらためて人間関係を、自分を抑圧しない関係に作り変えたいと思います。

## ■ ワークをふりかえって——ヨリエ

目隠しについて「現実を見たくないのでは？」と指摘されたときは、ピンとこなかったのですが、いまはそのとおりだと思っています。現実のつらさや、自分自身の弱さに目をつぶって、嫌なことも受け流して生きていくうちに、自分の中心を見失い、生命力がしぼんでいたのかなと思います。

しかし、「頭で理解するよりも、目に見えないものを身体の感覚でつかみたい」という無意識からのメッセージも、得ることができました。

2枚目は、第3回のダルマの絵で心の中で和解できた父の姿を、生命力に溢れている幹の太い椿の木として描き、父が土に還っていくのだと感じたら、少し胸がつまりました。長い間自分の中に認めたくなかった、恥ずかしさや怯えのような感情を、いまはしっかり認めることができます。

## リーディングノート　第5回　ヨリエさん

①の、闇の中で両手足を使って自分の意志で歩いていく様子は、第2回の柱にただ「手を当てて」自分を支えていた姿から、大きな変化が感じられます。目隠しは、「不安」や、目的が定まらない非力な状態ですが、それでも前に進もうとしている姿は、無意識の思いを感じとろうとする姿勢を語っているようです。

②には、子どもが正座する「大地」、「泥んこ遊び」（土と水）など、女性性や太母的な要素が数多く見られます。面白いのは、「太母」の象徴である水の入ったバケツ（水瓶）は、母親である草花の側にあり、バッカスの標章である水差しが、父親である椿の側にあることです。どちらも中央にいる少女に、エネルギーや生命力を与えていることを示唆しています。こうした「守り」のもとで、インナーチャイルドの傷を癒やす作業が進んでいることが分かります。

しかしふたつの感情の対決は、まだ続いています。でも前回とは、大きな違いが感じられます。ヨリエさんのアクティヴ・イマジネーションは〝地面に落ちている椿の花に、なぜか父が母に詫びているように感じた〟と言います。そして、「不満や確執が、少し和らいだ」、「少し胸がつまった」、「恥ずかしさやおびえのような感情を認めることができる」など、さまざまな感情が揺れ動いていることが語られて（意識化されて）います。ヨリエさんの心の中で、まさに「倫理的対決」がはじまっていることが分かります。

左上の山へと続く桜の木（希望）が描かれた道は、「中心への回帰」、「自分自身への回帰の旅」を語っているように思われます。癒やしのプロセスと、その後に広がる世界が垣間見られる、転換点のワークだったようです。

# 第6回　現実の生活を反映するマンダラをかく

## ■ワーク――絵と説明：ヨリエ

### □マンダラをかく

まず大きい円を描き、じっとしていると、心の中に、この数か月続いている人間関係の緊張感、怒りと不快感の混じった強い感情を感じました。それを紫色で円周の下から対極に三角に絞ってぐいぐいと描いていくと、

青い風

その感情がどんどん強くなっていきました。それが一点に絞られたときふっと力が抜け、驚くほど気持ちが穏やかになりました。その穏やかな気持ちを、円周から黄色で下向きの三角に描き、円の中心にはアイビーの葉を1枚、ていねいに描きました。

右側に椿の花と地面を描き、あとでこげ茶色の紙を切って、葉っぱを地面の上に貼り付けました。左の草原の旗が付いている紐は、アイビーの葉の先から遠くの青い山に向かって伸びています。旗を揺らす青い風が山の向こうから吹いているんです。そこから、題を「青い風」としました。

## ■話しあい1――感じるままに

### □紫色の強い怒りの感情

N：紫色の「怒り」は、どんな感じのものですか？

ヨリエ：相手への怒りと、それを伝えられない自分への腹立たしさです。

F：アイビーが紫の三角を2つに割いて、怒りを弱めているみたいに見えます。紫は、怒りの根底にある不安を調整しようとする色だといいます。[3]

### □地面に落ちた椿の花と、こげ茶の尖った葉

ヨリエ：私は、人から攻撃されたり、強く指示されたりすると、拒めないことがあります。それは子どものころから「いい子」になることで自分を守ってきたせいだと思います。椿の花は、そんな幼いときの感情のしこりを思い出しな

がら描きました。

S：絵を回転させて、右側を下にして見ると、前回お父さんの象徴として描いた椿の花が地面に落ちているようで、前回の泥んこ遊びの絵と続いているみたいです。

F：地面にある葉は、わざわざ紙を貼って作った、存在を強調しているものみたいです。細長くて鋭い感じで、第2回③の黒曜石と形が似ています。

ヨリエ：これは椿の葉ではなく、嫌なもの、抑圧した感情のしこりを、「尖った葉」として貼り付けたんです。鋭い感じと言われると、ハッとします。嫌なものである「尖った葉」を、土に埋めるという感じで貼ったのです。

### □これから動き始める、大切な人物たち

K：紫と黄色に塗った部分の上に、いろいろなものが描かれていますね。

ヨリエ：紫の下の黒いかたまりは、第2回の黒曜石に近い、癒やしの性質のものです。左の緑の丸は何となく貼ったので、自分でもよく分かりません。タンポポは思い入れみたいなものを感じて、ていねいに描きました。野の花は母の姿の象徴のように思っていたから、母を描いたのかもしれません。右のチョウチョは、夫のことをうすうす感じて描きましたが、軽い気持ちで、空いているスペースに何か描こうと思ったのです。それからすると、ブドウは息子かしら。

K：こげ茶の葉、黒いかたまり、緑の球などは、これから動き始めるようなリアルな、存在感がありますね。

### □中心に置いたアイビー1枚

I：自分を象徴するマンダラの中心が、アイビーの葉1枚なんですか？

ヨリエ：近所からアイビーの葉を一枚だけもらって、食卓の上の小ビンに挿しておいたら、根が生えてきたんです。小さくてひ弱な感じが自分のインナーチャイルドの感じとマッチして、大切なものに感じられたので…。

N：ヨリエさんは、いま自分の根を作ろうとしているということかしら？

ヨリエ：そうです、そうです。葉っぱ1枚きりだけれど、椿が落ちた地面に、ちゃんとささっているんです。そしてアイビーの先端は、山に向かって声を出しているんです。親にではなく、もっと大きなものに言おうと。

### □山に向かって張りわたした紐

ヨリエ：アイビーの先端から出ている紐《ひも》には、チベットのタルチョーという、お経を書いた旗が付いているのです。心をつなぐもの、という感じです。二本の紐の間は、濃い緑色になっていますが、これは幼い自分が「助けて、私を守って、話を聞いて」と叫んでいる声です。それに、左手の向こ

うから風が、「だいじょうぶ、しっかり守ってあげますよ」と答えてくれて、それを青い馬が伝えに来てくれたと感じました。

A：感動的です。風って、どんな感じの風ですか？

ヨリエ：幼くて弱かった自分が、気持ちを抑えずにはっきりと助けを求めたら、それを風が山のエコーのように、応援してくれているように感じたのです。体の緊張がふわっと和らぐ、うれしくて鼻がツンとする、そんな感じの風です。

A：それって、とても深い安心感や喜びの感じですね。インナーチャイルドとヒーラーのやりとりみたい。

### □円周と中心の関係

I：このマンダラは、紫の三角錐が円の下から外円へと突き出ていて、「中心から外へ」向かう一般的なマンダラのかき方と、エネルギーの動く方向が違っていますね。マンダラとしての、「内から外へ」の構図になっていないのですね…。

ヨリエ：直感的に、他者が円の下の外にいて、怒った声が外から、下から上がってきた気がしたんです。相手の声や言葉の響きが、クギを刺すような、痛い咎めるような感じで、自分の中に強い怒りの感情が湧いてきたのです。

### □現実の生活を反映させたマンダラ

K：このマンダラは、これまでのワーク全体が円の中に収まって、影響しあっているみたいです。自分と外界が調和するプロセスが描かれているような。

ヨリエ：描いているうちに、自分を全体として受け止め、肯定していく力が育ってくるような気がしました。

さっき言われた、「嫌なものをあらわす葉っぱ」は、いま分かったのですが、あれは椿の花とともに土の中に埋めたい、「いい子」の私が抑圧してきた怒りの感情だと思います。今回、ある人間関係をめぐる怒りや不快感が引きがねになって、昔の父との間にあったたくさんの感情が、嫌なものをあらわす葉っぱとして出てきたのだと思います。

F：うーん、まさにコンプレックスというものですね。

ヨリエ：描いているとき心の奥で、「これは相手への怒りだけでなく、自分が小さいころから持っている感情とつながっている」と感じていたのです。クギを刺すような痛い感じ、咎めるようなその声は、昔の父の声でもあるような気がしたのでした。ここまで長い時間がかかりましたが、自分らしく生きるって、感動的なことです。

## ■話しあい2――象徴の意味をとり入れて

### ●象徴の意味●

ツタ（アイビー）：（すべての常緑樹と同様に）不死と永遠の生命。飲み騒ぐ饗宴、すがりつくこと、執着、友情。ギリシャ

神話のディオニュソス（豊穣とブドウ酒と酩酊の神。ローマ神話ではバッカス）の持ち物
紫：権力、威風、正義
黄色：陽光、知性、直感、善
上向き三角形：生命、火、男性原理の象徴
下向き三角形：女性原理、母胎、海、自然界
タンポポ：キリストの受難と悲しみの標章（エンブレム）
蝶：魂、不死、再生、復活
ブドウ：生命の酒、不死。特に酒の神ディオニュソス／バッカスに結びついて
山並→壁：敷居：外部の世俗空間から内部の聖空間への移行をあらわす。また保護と同時に制約でもある聖なる囲い込み
馬：生命と死、知恵、活力
綱：〈日本語〉「綱」は蔦（つた）と同根。血縁、情愛の絆
旗：征服、勝利
風：〈霊〉、宇宙の息吹。生命を保つ霊の力。紐、綱と結びつく

## □ ツタは酒神バッカスの持ち物

杉浦：中心のアイビーは、不死と永遠の生命をあらわしますが、依頼心や執着、愛情や友情も象徴します。またツタは、酒神バッカスの持ち物でもあります。

F：えっ、アイビーが酒神の持ち物とは、すごいことになってきました！（笑）ヨリエさんのお父さんは、10年以上前に亡くなられたそうですが、そのお話は、ダルマのときに、うかがいましたけど…。

ヨリエ：ええ、私は、酒飲みの父との関係で、心に傷を受けたというのが本当のところです。でもそれとは関係なく、依頼心や執着とか、愛情や友情の象徴として、アイビーをマンダラの中心に置いたとしたら、自分では合点がいきます。

私はやむなく自立した「いい子」として生きてきて、そして人とつながろうといういま、本当は甘えや依存を出したいのだけれど、自分のホンネを出せないのです。その自分が、欲しいもの大切なものとして、依頼心や執着とか愛情や友情の象徴であるアイビーを中心に置いたとしたら、大きな成果だと思います。

バッカス[4]

## □ 1枚のアイビーは「1という全体」

杉浦：ツタ、アイビーには、いろんな象徴的意味があるので、その中のどれがご自分にピンとくるかということですよね。また1枚の葉は、1枚きりでも「1という全体」を示すもので、無限大の可能性があり、ものを覆い隠すように成長する、という意味もあります。どちらかというと私は、アイ

ビーは豊穣とか不死とか、バッカスの持ち物であるという意味のほうが強いと感じたのですが。

Ｋ：ヨリエさんには違和感があるようですけれど、私は、アイビーがお酒の問題を持っていたお父さんを象徴する「酒神バッカス」の持ち物だったという、その不思議な意味の一致に、本当に驚きました。ヨリエさんの無意識が「普遍的なもの」とつながっているように感じたのです。そういえば、第5回で描かれた泥んこ遊びをしている少女の横の「水差し」も、酒神バッカスの標章《エンブレム》、象徴するものなのですね！驚くことばかりです。

ヨリエ：自分としては、中心がたった1枚の葉で、そこに自己の弱さ、小ささがあらわれていると感じ、あえてそうしたのです。

杉浦：ところが、このアイビーは、土にちゃんと根の部分が埋まっているんですよね。だから「1という全体」ということで、これから生い茂っていく可能性が描かれている。

ヨリエ：そうなんですか⁉　…それは驚きです。じゃあ、このアイビーがしっかり根を張っていけば、何か新しい世界が開けていくのかしら…そう思うと、元気が湧いてきます。

Ｓ：ブドウも、酒神バッカスとの関連があるものですね。アイビーの絡みつき伸びてゆく性質も、お酒の酩酊と関係がある象徴だと思います。

杉浦：マンダラとしての「内から外へ」の構図になっているのか、という議論がされていましたが、少なくともこのアイビーは「現実の生活を映すマンダラ」の中心として、まさにピッタリの象徴が置かれていると思えます。また、「椿の土を糧として、これから根をはり伸びていく」自分をアイビーであらわしていることに、意味深さを感じさせられますね。

## □ 生命をあらわす瑞々しい緑色の球体

杉浦：マンダラの下の紫の部分にある黒いかたまりは、いい子で我慢している自分で、いまにもワー！って動き出しそうなエネルギーがあり、何かが込められている感じがします。意識してコントロールしようとしてもできない自律的なもの、強いエネルギーを持っているものが、勝手に動き出し、生き始めている印象です。

その左にある球体の緑は、現世を象徴する色でもあるんです。瑞々しいですね。緑は黄色と青の混ざった色、天・知の青と太陽の暖かい黄色の統合されたもので、現実世界の生命の再生と復活の象徴と言えます。

Ｋ：マンダラの草原と山並みは、第3回②の草原ととてもよく似ていますね。「安心の場所」を自分の内側に作り上げることができたから、「助けて、私を守って、話を聞いて」という声をあげることができたのですね。

Ａ：タルチョーというお経が書かれている旗の功徳は、もともと、風に乗って世界中に送られるよう願いが込められているそうです。ピッタリですね。

Ｆ：でも、この旗は2列あって色とりどりだし、実は、洗濯物を干しているようにも見えるんですが……（笑）。この草原の部分は明るい印象で、健康的な母性性の宣言とか願望とかの感じも受けます。

## ■ワークをふりかえって――ヨリエ

アイビーの意味を杉浦先生に教えていただいたとき、「えっ、私が自分のシンボルとして描いたアイビーが、酒神バッカスの持ち物でもある⁉」と驚きました。私の成育歴には、酒を飲んで家族を苦しめた父との確執があり、そのときはまだ十分に気持ちが解放されていなかったので、酒神のシンボルとしてのアイビーを、そこまでは受け入れられなかったのです。そして母を擁護する気持ちのほうが強かったので、ショックを受けたのでした。

しかしその後しばらくして、高齢の母が老衰で亡くなったのです。そして、父の言動に苦しんだ母に対する同情や悲しみが、少しずつ消えていったころ、父に対する思いも驚くほど変わっていきました。母も亡くなって初めて、父への距離と母への距離が私にとって等しくなって、父に対してプラスのイメージが大きくなってきたのです。父は自然体だったとか、物事を直感的に見る人だったとか、孫には優しかったなど、父の良い面もいろいろ見えてきました。そのころになってアイビーの葉の持つ意味が、私の中で変わってきたのです。

いまは、アイビーが酒神バッカスの持ち物だということも、自然に受け入れられます。同じものなのに、自分の中で意味が変化する、これはすごいことだと実感しています。このごろは私も、これはものすごく大事な象徴だと思い始め、このマンダラの全体の意味を受け取ろう、過去をしっかり受け止めてこれからは前向きに生きていこう、という転換のときが来たことを感じています。

### リーディングノート　第6回　ヨリエさん

自分が「怒り」として描いたものの奥に、幼少期から抑圧してきた怒りの感情があったという、心理学でコンプレックスと呼ばれるものは、誰にでも見られます。子どものころにかたち作られた感情（インナーチャイルド）はこのように、現在の生活にも深く関わっているのです。過去の痛みを意識化する（手放す）と、ものの感じ方が大きく変わってきます。自分を深く知ることで、変容が起こるからです。

これまでのヨリエさんのワークでは、「いい子」の意識が抑圧してきた「怒り」や「悲しみ」や、否定され抑圧されてきた「女性性」などが描かれ、意識化されてきました。そして、それらの痛みの根源である父親との関係の癒やしのプロセスが、夢に助けられて展開されたのが第3回です。

それによって、これまでの他者とつながりのかたちが大きく変わった姿が、今回の中央のアイビーです。他者との「つながり」は、ヨリエさんが第1回の「イモ」の絵からずっと、ワークの中で触れられてきた要素です。

けれど、「助けて!」というホンネの声を「親よりさらに大きなもの」に叫び、「だいじょうぶ、守ってあげますよ」と返事をもらったことで、自己受容が起こり、不安が和らいだので、他者にしがみつく必要はなくなりました。自分の内側で、大きな安心感や肯定感、自己との「つながり」が、しっかりと築かれたのです。アイビーの葉が、大切な1枚の葉(セルフ)として、マンダラの中央に置かれたのは、こうしたプロセスを着実に進んできた結果だと思います。

中心の上向き三角形と下向き三角形は、象徴的な意味では、男性性と女性性の「対立物の統合」をあらわすモチーフです。その要因がセルフのシンボルの「1枚のアイビーの葉」であることは、まさにこれまでのワークの集大成のマンダラになったことを、語っています。

ワークの後半で、ヨリエさんがマンダラの中心に描いたアイビーの葉が、酒神バッカスの標章《エンブレム》でもあるということが分かりました。ユングはこのようなめぐり合わせを、「布置《ふち》」と呼んだり、これらを「偶然ではない偶然の一致、共時性(シンクロニシテイ)」として語っています。ヨリエさんは、母の死去が、父に対する自分の(かたくなな)思いを変えた、と語っています。しかし親の死という外的な状況の変化だけでなく、「布置」ということを目のあたりにしたヨリエさんには、内的な変化、人格の根本に働きかける大きな力がはたらいたのかもしれません。

## 全体(第1回～第6回)のふりかえり　ヨリエ

### ■許しの花――トラウマから自己受容へ

ワークの中で父親と和解できたことは、大きな収穫です。父親のことでは、その後自分の中で大きい変容がありました。それは、「酒神バッカス」の神話や象徴性の助けも得て、アクティヴ・イマジネーションのはたらきに力をもらったことです。その結果私は、固着していた記憶のダメージを、大きく変えることができたのでした。

そして、「父親には自然なパワーや開放的なエネルギーがあった」と気づいたことは、大きい転機になりました。母親に対しても、同情だけでなく、女性のモデルとしては不足していたことも、認めることができました。ワークを終えて、過去のイメージと感情が、少しずつ浄化されて来た感じを持てるようになったのは、大変うれしいことです。

また赤い花の絵からは、女性性についても気づかされました。私は、幼児期から父親の影響で、女性らしさをあらわすことは恥ずべきことだという気持ちがあり、ただ耐えていた母親と同じに、女性性を否定してきたように感じています。

私はこの赤い花を、自分の心の痛みの花として受け止めたのですが、杉浦先生は、血でできた花は女性性、母性性の象徴だと言われました。そのとき私は、自分の中の女性性を受け入れ、自分の中心に力をもらったように感じました。象徴的に描かれた花に込められている元型的な意味を知って、自分が女性であるということに対して、自分の気持ちが素直になっているのを感じたのです。

そして個人的な自分を越えた大きな「父性」と「母性」を、「ダルマ」と「花」というかたちで描けたことで、やっと本当のインナーチャイルドがあらわれてきたのでした。そしてこのプロセスを経て、自分の中の小さく弱々しい「1枚の葉」が、「1という全体」を示す、全体性の修復へと、向かうことができたのです。私は再生した喜びと感動を感じています。

無意識からのメッセージや、アクティヴ・イマジネーションの驚異的なはたらきに対する強い信頼は、言葉ではあらわしきれないものです。

# カオル　守りと再生

## 私を変えた元型の力

### 第2回　心の持ち方をかえる
### ——心配ごと撃退法

■ワーク——絵と説明：カオル

(1)「自分が心配している姿」をかき、「心配ごとの上位10項目」を箇条書きする

(2)「いちばん心配なこと」を選び、その絵をかく

①　心配ごと８項目

心配ごと

1）体力に自信がない。病気にならないだろうか
2）夫の身体、病気にならないように、タバコのみすぎ
3）遠距離通勤、仕事が続けられるか
4）ぶどうをうまく育てられるか
5）娘の … いい人生 …
6）バラがうまく育てられない
7）仕事（マニュアル作り）がうまくできるか
8）髪の毛を短く切りすぎた

①は、心配している私の姿で、いちばんの心配ごとは、「病気になること」です。何か気になる病気があるわけではないのですが、幼いころから疲れやすく、体力に自信がありませんでした。疲れやすさは、私の心と身体全体の固さが原因なのかなと思います。

②　三角の身体

②は、こういう角張って固く緊張した自分だと病気になるのではないか、と感じながら描きました。歩いている道の前方（右上）にある黄色（口絵参照）は、未来に何かいいことがありそう、でもいまは足も小さくて、まだ光に向かって歩けない、そんな感じを描きました。

(3)「心配ごとを撃退」しているところをかく

(4)「心配ごとをとり除いたあとの気持ち」を文字で書く

③　緑のトンネル

絵をかいたあとで浮かんだ言葉

ことさら大丈夫と思うこともない。
あのトンネルの中に入ると
身体全体が楽になる。
ゆったり、静かに、のんびり
のんきに。
その上で病気になったら、それもしょう
がないね。

はじめ自分の周りを黄緑色で囲ってみました。描いているうちに、③の黄緑のトンネルになりました。このトンネルに入っていくと、安心というか、なごむ感じです。前から、草や木々の中では、体と心全体が楽になると感じていました。私にとって緑のトンネルは、自分を守るものだと思います。そして、その中の私には炎があると思い、それも描きました。最後に、左手で無意識からの言葉を描きました。

先月、バリ島へ行ってきました。その体験が、今日のワークにつながっていると思います。島の豊かな緑に包まれている心地いい感じと、バリの人びとののんびりした様子に、私は自分の中が大きく変わっていく感じがしました。これまでボロボロに疲れていたことに気づき、「私もボーッとしていいのだ、ボーッとしていたい」と、強く思いました。

バリ島に行く前の私は、②のように、固く緊張して生きていたと思います。まだ感じたものを十分消化できていませんが、自分を解放させる入口にきている感じがしています。

## ■話しあい1——感じるままに

F：心配ごとを「撃退」するのではなく、トンネルという自分を「守る」ものを使って、心配ごとを解消するのですね、面白いです。

カオル：撃退というより、癒やされることで元気が出るということです。

N：ボロボロに疲れていたのは、精神面で？　身体面で？

カオル：両方だと思います。子どものころから体力がないのと、精神的にどこか緊張しているための疲れやすさと、両方あったと思います。

A：②の人物の身体は、3つの三角形できていて、面白いですね。

N：三角形の身体って奇妙な印象ですけど、なぜかすごく心に残ります。

Y：③で、背中に炎があるというのも、面白いですね。

カオル：はじめは後ろ姿だけを描いたのですが、隣のイズミさんが炎の絵を描いているのを見て、「私の中にも炎があるなあ」と思って、炎を描き足したんです。だから、背中というより、体の中にある感じです。

S：グループでのワークでは、他の人の作業で自分の気持ちが動くことって、けっこうありますね。

## ■話しあい2――象徴の意味をとり入れて

### ●象徴の意味●

赤：活動的な男性原理、活力
青：真実、平安。女性原理としての海の色
下向き三角形：女性原理、母体
上向き三角形：生命、炎をあらわす。男性原理
3：二元性克服の前進運動。全体性。魂
黄色：太陽、知性
トンネル→通路：移行
洞窟：洞窟に入ることは〈大地母神〉の子宮への回帰
緑：生と死。生命の再生と復活
炎：変容、生命の甦り、活力
・・・・・

Y：この三角形の身体の人物は、着ている服まで、女性性を象徴する「青」色なんですね。

カオル：下向き三角形やトンネルと洞窟は、〈女性性〉や〈母性性・母の胎内〉という意味があり驚きました。私の中の深いテーマが、意識に浮かび上がってきた感じがします。

杉浦：緑のトンネルに入っていく自分の身体に「炎があると思った」とのことですが、これは無意識から立ち上がってきた、心の中が暖かくなるイメージと、意識化する「意識の光」でもあったと思います。

## ■ワークをふりかえって――カオル

いままでの私は、やらなければならないことがたくさんあるのに、動きたくない、休んでいたい、何も気にすることなく寝ていたい、と思うことがたびたびありました。その疲れは身体的なものだけでなく精神面でも同じで、まさに絵のように三角形で肩を張った状態でした。

本当は、人と関わると疲れるのでひとりでいたいけれど、活動的でない自分を肯定できず、ずいぶん無理をして生きてきたと思います。精神的葛藤による疲れが限界にきているような、大きな曲がり角にきていたと思います。

その頃バリ島に旅行をして、木々の緑の中で、身体の中心から伸びやかになる体験をしました。これまで必死にやってきた自分の生き方に、「それでいいの?」と問いかける気持ちが生まれたような感じでした。子どものころから感じていた木々の緑や、自然のやすらぎに支えられた感じです。

こんな実感に裏づけされたワークでしたが、象徴解釈は私の実感だけに止まらない、さらに深いテーマに、私を導いて

くれました。

## リーディングノート　第2回　カオルさん

①の「自分が心配している姿」は、人物の衣服が〈アニムス〉をあらわす赤と、〈女性性〉をあらわす青に塗られています。「動かなくては」「でも休みたい」という、対立する要素が同時にあることが、示されているようです。

②も、人物の形の下向き三角形と服の青色と足元の茶色は、〈母なるもの〉の力、〈受容・安心感〉など〈女性性〉を意味する要素で描かれています。いっぽう、人物のいる道は、左下から右上へ向かう「上向き三角形の矢印の形」をしており、ここには〈男性的〉な刀であるアニムス（28頁参照）がはたらいていることを意味します。ところが絵全体の構成から見ると、この2つの要素は対立しているというより、自分の中の女性性のはたらきを、「意識化」させるために、アニムスが協調していることが語られています。

③のトンネルは、出口が明確に示されていないので、「通路」と見るより、「洞窟」の象徴と見るほうがよさそうです。洞窟も太母の子宮を象徴するものであり、生まれ変わりや再生の場を意味します。洞窟に入ることで「母なるもの」の力やはたらきによって、癒やしや新たな変化へのエネルギーを得ようとしているのです。

ここでも、アニムスとして身体の「炎」が描かれていますが、全体の構図が②とは逆になっています。②では、自分自身に女性性の要素が付属し、進む道がアニムスで描かれていました。しかし③では、すでに自分の中にアニムスをあらわす炎があり、その自分ごと、太母の中へと回帰していく構図です。

①から③を並べてみると、無意識のエネルギーが自分を癒やす方法を探して、協調しあって動いていることが分かります。

# 第3回　遊び好きのインナーチャイルドをかく――インナーチャイルドⅠ

## ■ワーク――絵と説明：カオル

### (1) 内なるヒーラーをかく／ヒーラーと対話する

① タケノコを守る左半身

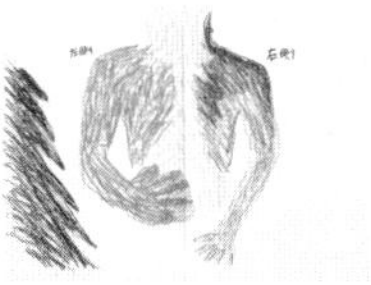

② 緑のおっかさん

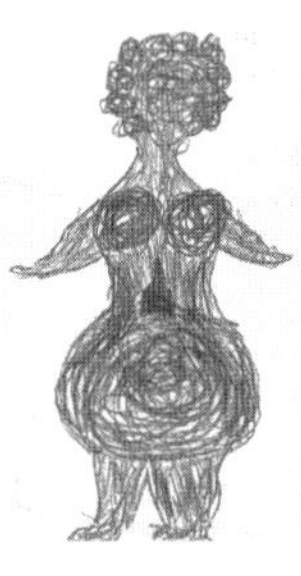

ヒーラーと内なる子どもの感じをつかもうとしていると き、思いがけないイメージが浮かんできました。①は左手が、みぞおちのあたりにあるタケノコを、バーッと守っているところです。身体の感じをそのまま写したので、鏡に映したように、絵としては左右が逆になっています。

実は以前にも、この奇妙な身体の感じをフォーカシング[5]で経験したことがあります。なぜか私の左半身はずっと前になくしてしまって、長い間右半身だけで生きてきたなあ、という感じを持ったのです。しかも右半身は、水を含ませて固めたもろい身体で、崩れそうになるたびに、水を含ませて一生懸命固めて身体の形を作ってやってきた、という感じでした。そしてみぞおちのあたりに、弱々しい、皮をむいてゆでた小さなタケノコがあると感じたのです。

崩れそうな右半身がこの絵の茶色の部分で、ずっと前になくしてしまった感じの左半身が緑色の部分です。なぜ急に、こんな身体のイメージが再び出てきたのかというと、先日ちょっとしたことで、人にすごい勢いで攻撃されました。その人の誤解だと思ったのですが、きつく怒られたことで、傷ついたり怖くなったりする気持ちが強く残ってしまい、尾を引いています。それで今日は、こんなとき自分を守ってくれるものは…と思いながら、ヒーラーを描こうとしました。

すると左半身が出てきて左手でバーッとタケノコを守る、という感じになったのです。私にとって左半身は、子どものころに捨ててしまった部分、感覚的な部分というか…それが甦ってきた感じです。自分が拠り所にできるのは、理屈ではなく感覚的なもの、という気がします。

①の後、②を一気に描きました。なぜかこんな色で描いたのですが、これはヒーラーで、①の緑色の左半身と同じ感じです。埴輪《はにわ》みたいですが、足が太くておっぱいがあって、緑のおっかさん、そんな感じです。そして「そうだ、この人に炎がある」と思ってみぞおちのあたりに炎を描きました。

以前、ゆでたタケノコのイメージが浮かんできたとき、私は「こんなものを自分と思ったら、生きていけないよ」と、心で拒否し続けてきました。でも先月、緑のトンネルに入ったり、今日はヒーラーが出てきたりすると、タケノコと同じ場所が、暖かい炎になるのです。不安や恐怖心があると頼りないタケノコになり、安心しているときはゆったりした炎になるように感じます。

## (2) 遊び好きのインナーチャイルドをかく／インナーチャイルドと対話する

③ シャボン玉

②を描いたら何か軽くなった気がして、③のシャボン玉をしている子を描こうと思いました。どちらかというと子どもよりシャ

ボン玉をていねいに、1個ずつ虹の色をたくさん入れて描きました。

## 話しあい1――感じるままに

### □ゆでたタケノコのインナーチャイルド

S：ゆでたタケノコとは唐突で、これについてもう少し詳しく聞きたいです。

カオル：これは私の中の傷つきやすさ、小ささや、壊れやすさの象徴、インナーチャイルドの姿なんだと思います。この弱々しい内なる子どもを受け入れられなくて、拒否しながらもずっと抱えてきたような気がします。

A：①の絵の左端の、黒と茶に塗られたギザギザは何ですか？　なんかすごく、色も形もリアルです。

カオル：先日、傷ついたときに受けた攻撃をギザギザで描いたんです。そしてヒーラーを感じようとしました。するとこのタケノコや、以前感じた身体の感じが浮かんできました。そしてなくなったと思っていた身体の左半身があらわれて、インナーチャイルドのタケノコを守る感じになったんです。

A：どうして左半身なんでしょう？

カオル：私は右利きなので、右半身は外界に対応するもの、左半身は大切な何かをつかめるものかと思いますが…。

S：体の左右でいうと、イメージをつかさどる右脳は左半身、論理の左脳は右半身とつながっているそうです。体の右側が意識、左側が無意識、という感じですね。

### □「緑のおっかさん」

N：②は土偶に似ていますね。

A：安心しているときは、「タケノコ」がゆったりした「炎」になるとは、思いがけない発想です。①と②は、気持ちの上でどうつながったんですか？

カオル：①の左腕は、私のインナーチャイルドを守った。「守る」という言葉が、私の中にいっぱいになったとき、自分の中にむくむくと力が湧いてきて、②を描きました。「緑のおっかさん」、という感じです。

この絵が緑色なのは、山や木、草の色として感じたからだと思います。いま、私は照れくさい感じで「おっかさん」と言いましたが、私はこの言葉に、もっと大きくて大切な意味を込めている感じがします。

I：「おっかさん」の頭は、仏様の縮れた螺旋《らせん》のクリクリした頭髪みたい。乳房や腰などもマルが強調されていて存在感があって、母性の象徴そのものですね。

### □重たいシャボン玉、歩けない少女

F：③は、女の子の存在感が薄い気がします。足や膝こぞうの向きも変、どうしたのかしら。歩けなさそう。

カオル：たしかに、膝こぞうの向きが変ですね。軽くなった感じがあって、ふわふわしたシャボン玉が描きたかったのです。

I：虹のシャボン玉と言うけれど、重いビー玉に囲まれている感じがするし多すぎます（笑）。「軽さ」以外の、何か表現したいものがあるのでは？

カオル：そうね、「やっと少し軽くなった」ということで、本当に軽くなるのはまだまだ、ということでしょうか。

## ■話しあい2——象徴の意味をとり入れて

### ● 象徴の意味 ●

右：男性的、未来志向的な外向性の原理
左：内向的側面を意味し、過去をあらわす
緑：生と死。生命の再生と復活。希望
タケノコ：日本では永遠の若さ、抑えがたい力の象徴
シャボン玉（泡）：幻、空論。生命のはかなさ
虹：変容、この世と〈楽園〉のかけ橋
膝：ものを生み出す力、強さ
靴：権威、自由
赤：生命力。活動的な男性原理
炎：変容、浄化、力、生命の甦り、保護
円：全体性、原初の完全さ。自己充足
球体：完全性、あらゆる変容の可能性を含む原初の形態

### □ないがしろにしてきた感情野・無意識

杉浦：緑の左半身に守られているタケノコの絵ですね。左半身は感情野を支配する右脳につながり、情緒的なもの・音楽や絵画は右脳で受け取ります。反対に右半身は左脳のはたらきが優勢で、言語野・言葉や計算を司る。この緑の左半身、茶色い右半身は、まさにそのとおりという印象です。いままで右半身、左脳だけで生きてきたというのは、自分の「生命力の喪失」の象徴とも言える感情野・無意識をないがしろにしてきた、と言ってもいいと思います。

### □元型としての「緑のおっかさん」

Y：先日美術展に行ったら、「緑のおっかさん」にそっくりの土偶の写真がありました。

F：「緑のおっかさん」は、ヴィレンドルフのヴィーナス[6]にも似ていますね。母性性を象徴する元型的な絵ですね。

杉浦：ほんとに似ていますね。カオルさんの個人的無意識のイメージが、ちゃんと普遍的なイメージとつながっていることを具体的に示す、格好の例ですね。

カオル：信じられない気持ちです。母性の感じは太古から同じなんですね。

### □インナーチャイルドは、まだ足が不完全

杉浦：シャボン玉の少女は、膝の向きが両脚とも外側を向いていていて、おかしいのですね。ぎこちなく、スムーズに動けない。インナーチャイルドが、まだ足が不完全なことを語っているのですね。足には、〈自由な動き〉、〈自分を支える基盤〉、〈現実的なこと〉などの意味があります。

I：たくさんのシャボン玉と水玉模様の服とで、「円《まる》」が強調されています。円や球の「完全性や女性性、あらゆる変容の可能性を含む原初の形態」という意味は、「緑のおっかさん」にも言えますね。

### ■ワークをふりかえって——カオル

「ゆでたタケノコ」は、自分の傷つきやすさや頼りなさをあらわすのに、ピッタリなものでした。これは「生きていないもの」で、杉浦先生が言われたように、自分の「生命力の喪失」の象徴だったと思います。でもあまりの弱々しさに、これが自分のインナーチャイルド、つまり自分自身の一部分なのだということをなかなか認められませんでした。

ヴィレンドルフのヴィーナス
［6］

でもこのワークでは自分の左半身が、弱く傷つきやすい「ゆでたタケノコ」の私を守ったのです。自分の中にどうしようもない弱さがあると同時に、それを守れる力もあることが驚きでした。

「守る」という思いが新鮮で強烈だったので、次は緑の左半身の力を「緑のおっかさん」として、グングンと描けたのだと思います。このヒーラーを埴輪みたいだと思ったのですが、縄文時代の土偶や、旧石器時代の「ヴィレンドルフのヴィーナス」が私の描いたものと似ていて、とても驚きました。一個人の体験から出てきたイメージが、時代や文化を超えた母なるもののかたち、元型をあらわしていると実感したときの驚きは、身体全体に鐘が鳴り響くような感じでした。

その後、何回も絵を見てアクティヴ・イマジネーションをくり返しながら対話を重ねていき、いまでは私の中で安定した力になっています。

「緑のおっかさん」を描いて軽くなったと思って、「遊び好きの子ども」を描いたのですが、でもこのときはまだまだ、自分の足では歩けないことを無意識は分かっていて、不自然な足の女の子を描いたのだと思います。

**リーディングノート**　**第3回　カオルさん**

①で、傷つき弱っていた自分を象徴するタケノコの痛みを意識化できたときに、「守る」という新鮮で強い力が生ま

れ、②の「緑のおっかさん」という普遍的・元型的象徴、〈母なるもの〉のイメージがあらわれました。「おっかさん」のみぞおちのあたりには、ゆでたタケノコと同じ位置・同じ形の赤い炎が燃えています。これまで抑えこまれ、傷つき弱っていた「自分」が、母性的な庇護の力や安心感を実感し直すことで、癒やしや変容が起こりつつあることが示唆されています。

こうして自分を癒やす「場」ができたことで、インナーチャイルドが姿をあらわすことができたようです。③で描かれたシャボン玉は、不確かでつかめないものですが、ここでは逆に、実体や「重さがあるもの」のように描かれています。その数の多さや、少女の服も水玉模様であることなどから、緑のおっかさんの「円、まる」の持つ「完全性や母性」の力の実感を、くり返し強調しているような印象があります。

ゆでたタケノコの姿をしていたインナーチャイルドが、「太母」の胎内で力を得て、少女の姿になって、「遊び」つまり生きる楽しみを体験し始めたのです。自分を真に癒やす力は、外界からではなく、自分の弱い部分と向き合ったときに自分の内側からあらわれるというプロセスを語る、元型的イメージのパワーが、発揮されたワークでした。

# 第4回　傷ついたインナーチャイルドをかく
## ――インナーチャイルドⅡ

■ワーク――絵と説明：カオル

(1) ヒーラーとインナーチャイルドをかく

(2) インナーチャイルドをかく

① ゆでたタケノコ

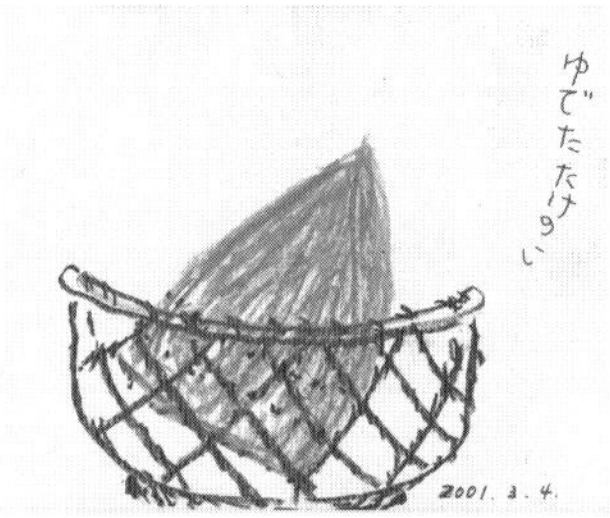


② 竹林の中のゆりかご

今日はもう一度、私の傷ついている内なる子ども、「ゆでたタケノコ」を呼び覚ましてみたい、と思いながら描きました。でも、描いているうちに、ずいぶんおデブちゃんになってしまいました。最初に出てきたタケノコは、もっと頼りなくて、小さくて、ちょっと表面をひっかくとすぐ傷ついてしまうようなものだったんですけど…。今日のタケノコは籠

に入れてあげようかと思い、最後に籠を付け足して描きました。

②は、前回描いたヒーラーに抱かれたタケノコです。これまでは「ゆでたタケノコ＝死んだようなもの」だったのですが、ヒーラーのお腹の中のタケノコは、地面から少し頭を出した、生きているタケノコです。竹林は、竹の根っこがっしり張っているので、地面が安定している。そういう中でヒーラーに抱かれている「内なる子ども」なのです。

## ■話しあい1――感じるままに

### □ゆでたタケノコというインナーチャイルド

F：①のタケノコは、ゆでられてノビてしまっているみたいで、大きいけど存在感がない印象です。タケノコより、同じ竹でできている竹籠のほうが、ていねいでリアルに描き込まれていますが。

I：「ゆでたタケノコ」というインナーチャイルドのイメージは、やっぱり気になります。解釈や理解より、素直にすっと感じることが大切と言われますけど、でもこのタケノコとは、いったいどういうことなのか…。ゆでられたタケノコは、生きているものではありませんし…。

F：ネガティブでインパクトがありますね。でも私も、似た気持ちを味わってきて、この感じが分かる気がします。それは「本来の自分」を、自分育て以外のことに使い果たして来てしまった、自尊感情が痛んでいる感覚です。それが、この無表情な「お面」のような、生気がまるでないゆでたタケノコのイメージに重なります。だけどそのタケノコが、たっぷりした確かさの感じられる、母なる竹製の籠に、すくい上げられているんですね。描画の中で無意識が意図的に働いて、竹籠を描き足した。

### □タケノコの再生

Y：竹籠が緑のおっかさん、ヒーラーとしてのグレートマザーなのですね。

カオル：今日はもう一度、私の傷ついている内なる子どもの「ゆでたタケノコ」を呼び覚ましてみようと、熱中して描いたんです。だから最後に付け足しで描いた籠が、タケノコと同じ竹でできているとは、自分で描いたのに、まったく気づきませんでした。

I：アクティヴ・イマジネーションを使って対話していくと、無意識の意図がわかるんですね。で、②の竹林の絵は、どこから描き始めたんですか？　強調したかったところは、タケノコなのか、それともおっかさんのお腹か…。

カオル：②は最初にタケノコ、それからそのまわりの肌色の部分を描きました。次に緑のヒーラーの頭、胴体と描いたんです。だから胴体は曲がってしまいました。

N：②のヒーラーは上半身を斜めに起こして、ちょっと不自然な体勢だけど、お腹のタケノコをすごく大事に守っている感じですね。

S：この緑のおっかさんは、塗り方がグリグリして、実在している厚みみたいなものを感じます。

Y：このタケノコは先端に緑があるし、下のほうがなぜか赤くなっていて桃みたい…このタケノコ、生きているんですね！

カオル：描いてから、このタケノコの頭に緑を入れたくなったんです。…すると、長年私が抱えて来たインナーチャイルドが、ヒーラーに出会って、再生したということなんですね!? あー、再生なんですねー。

N：うーん、再生って、こういう感じなんですね。感動的です。

A：この竹やぶは、昔話に出てきそう。豊かな茶色い土に、しっかり根を張って、すっくと伸びている感じです。ヒーラーの中で守られているタケノコが、成長するとこんなふうになるのかな。神話の中のイメージが、ここにある感じです。

## ■話しあい2――象徴の意味をとり入れて

### ● 象徴の意味 ●

籠：豊穣と神聖、女性的包容原理。籠の中に置かれた状態は、再生や死からの自由を意味する

揺り籠：新しい生命、新たな始まり

竹：誠実、忍耐力

赤：活動的な男性原理、活力

土：〈地母神〉、母体

・・・・・

### □ゆでたタケノコが語る「死と再生」

杉浦：タケノコの根元の赤い部分も、第2回の身体の中の炎のイメージと同じ、無意識から立ち上がってきた心の中が暖かくなるイメージと、意識化する意識の光かしらと思いました。

竹は象徴としては、仏陀のエンブレム、標章[7]なんです。優雅、誠実、忍耐力、友情などもあらわします。タケノコはいずれ竹に成長しますよね。カオルさんの中にそうした要素が内在していると考えていいと思います。

今回の「ゆでたタケノコ」は、いのちの喪失だけではなく、肌色のおくるみを着た赤ちゃんとも似ているし、自分の

中の何かの〈死と再生〉ということではないでしょうか。

N：「緑のおっかさん」というグレートマザーが出てきたことで、ゆでられて死んでいたタケノコが再生できた。緑のおっかさんが出てこなかったら、つまり自分の中にある「自分を守り育てる部分」をうまく使えなかったら、タケノコは死んだままだった。こういう、無意識が描いているイメージのメッセージがわかるって、感動的です。

S：でも「ゆでたタケノコ」は死んでいるものなのに、芽が出て再生したというところが、いまひとつ、理解しにくいのですけど。

杉浦：掘り起こしたばかりの、水分をきちっと吸った生まれたてのタケノコよりも、ゆでたタケノコのほうがとても傷つきやすいと思うんですよ。死んでいるか生きているかではなく、どれだけ傷つきやすいか、ということをこのイメージは伝えているのだと思うのです。

### □おっかさんの中で生き直す

杉浦：ゆでられていても、このタケノコはかなり豊かな感じですね。そして「緑のおっかさん」に抱かれて生き直すわけです。だからそういう意味では、死んでいる自分だったかもしれないですね。付け足しで竹籠を描いたそうですけど。

F：籠には、〈籠の中に置かれた状態は、再生と死からの自由をあらわす〉という意味があったので、驚きました。

杉浦：死んでいる自分が、おっかさんの中で生き直してきた。この「緑のおっかさん」は、女性性の中でももっともグレートマザー的で、「母性」の持つ力強さがあらわれています。太母以外の何ものでもないと思います。

Y：籠の象徴性、再生と死からの自由ということや、「緑のおっかさん」の絵に描きあらわされている「母性」の力強さによって、アクティヴ・イマジネーションが促進され、実感としてわかってきたという感じです。

### ■ワークをふりかえって——カオル

2枚の絵のタケノコは両方とも、イメージより太ったものになりました。また、集中して弱いタケノコをしっかり描いたつもりでしたが、描き終わってみると2枚とも、タケノコ以外のものをていねいに描いていました。「竹籠」の中のタケノコ、「竹林」の中のタケノコも、共に親に守られている子ども、という絵です。

「守られたい弱い自分」を一生懸命描きながら、それを「守る自分」も描いた。私の中に、守られたい自分と守る自分と、両方がいることが、話しあいによってわかってきました。

杉浦先生に、竹の象徴の意味として「仏陀の標章《エンブレム》」を教えていただき、私がこのワークで描いたものは「親に抱かれたインナーチャイルド」だけでなく、もっと大きな守りの中にいることを描いた、と感じられるようになりました。

**リーディングノート**　**第4回　カオルさん**

タケノコ①が「思ったよりも太く描けた」のは、前回守りの力である〈母性〉を描いたことで、弱いインナーチャイルドに新たな力が与えられたからでしょう。②の緑の太母は、第3回①の緑の左半身と同じく、左手でタケノコを守っています。これは、カオルさんの中の「失われた左半身」の守る力が、タケノコとともに再生されていることを示しているようです。

アクティヴ・イマジネーションによる対話を繰り返す中で、カオルさんは「ゆでたタケノコ」の再生ばかりか、「母性」の再生を、実感として感じられるようになってきたようです。さらにカオルさんの意識は、「母性」の元型イメージ「緑のおっかさん」だけではなく、もっと大きな聖なる守り、「仏陀の標章《エンブレム》」に注目しています。

初回から続いて、自身を癒やす力や受け止める母性が呼び起こされ、変化が起きるプロセスが展開して、深い余韻を残すワークになりました。

# 第5回　インナーチャイルドを育てる
## ――インナーチャイルドⅢ

■ワーク――絵と説明：カオル

□自由にインナーチャイルドをかく

① 赤ちゃんとこわいものたちとオレンジの球

② T字のリンゴ

今日はインナーチャイルドを子どもの姿で描きたいな、と思いました。ハイハイしている0歳代の子どもです。はじめに子どもを描いて、次に黒いサソリ、赤いサソリとカニや昆虫、そしてとぐろを巻いている蛇を描いて、この子の後ろにちょっとお花を描きました。

最後に、この真ん中の大きな丸いものを描いたのです。自分でも、この丸いものが何なのか分からない。これで遊んでいるのかな、と思って描いたけど。赤ちゃんは最初、その丸いもののことも虫や蛇のことも、何だか分からない。気持ちがよいものとか悪いものとかも、分からない。虫たちも赤ちゃんも、お互い分からないもの同士が「え！　なあに？」と言っているような感じです。

次に②のリンゴを描きました。人も虫たちも集まって来て、いちばん魅力あるものは「蜜」と思った。蜜だったら果物。そして私にとっていちばん身近な、郷里のリンゴが出てきたような気がするのですが、そう思う前に、すでにリンゴを描きたくなっていたんです。自分でもなんでリンゴを描きたくなったのか、よく分かりませんが、何かいいものを描いたという感じが残っています。

## ■話しあい1——感じるままに

### □赤ちゃんと恐いものたち

S：赤ちゃんを囲んでいるものは、黒と赤のサソリ、カニや蛇…？

カオル：赤ちゃんの左上はモグラ、オレンジ色の玉の下は虫。とにかく恐いものたちの集まりなんです。でも、かわいらしい感じでしか描けなかった。オレンジの丸いものや花は、赤ちゃんへの応援団。丸いものは、玉という感じです。

I：太古の原始的な生物の世界を感じます。虫たちの不気味さのイメージが重要なんですね、現実の虫というよりも。

N：サソリやカニは、いちおう武器と防具を備えている甲殻類ですね。

Y：でもその「恐いものたち」におどろおどろしさが感じられないのは、「未分化な全体性」、「原初の一体感」をあらわしているためかもしれません。

### □オレンジ色の丸いものは？

カオル：この絵は気持ち悪いものを描いているけど、嫌な気持ちは残っていません。本当はこの虫たちを、もっとおどろおどろしいくらいに描きたかった、もう少し迫力を出したかったのですけど、出せなかった。

Y：この子どもは、「恐い」っていう気持ちはない、色で言うと透明みたいな、「恐い」ものを知る以前の根源の気持ち、という印象を受けます。

カオル：この絵を描くとき、そういう気持ちもたしかにあったと思います。恐いものと対比してみようとする気持ちと、怖さとかを感じる以前の生き物の共通の根源的ないのちを、この赤ちゃんが掴んでいるような感じもしています。

A：オレンジ色の丸いものがあるから、赤ちゃんは恐いもの、汚いものの中に、一緒にいられたように思います。このオレンジ色の玉は、第3回で描かれた「緑のおっかさん」と同じ種類のものなのかと思いました。

N：同感です。この赤ちゃんと玉は、「緑のおっかさん」

とタケノコが、また違うかたちで、胎内から生まれた姿として描かれているように思えます。

F：第4回の竹林の絵のような、直観的に無意識から湧き立ってきたようなイメージの絵と比べると、今回の絵はちょっと印象が違う気がしますが？

カオル：この絵は直感の自由さの中で描いたというより、自分の中の「ある感じ」を絵にしようとして描いたのです。この絵の中で、虫たちに自由に動かれたらたまらない。この時点でのこのテーマでは、この形でしか描けない。それだけでも「よくやったね！」と自分にご褒美をあげたいくらいです。

## □ T型のヘタ付きのリンゴが出てきたのは

A：①を描いたあと、なぜ唐突にリンゴが出てきたのか、もう少し話してくれますか？　丸いもの同士で、オレンジ色の玉と関係があるのかしら。

カオル：リンゴはオレンジ色の丸いものと同じとも言えない、1枚目の絵の総体という感じもします。自分でもよく分からないところがあるのです。

N：このリンゴ、ヘタの先の部分がT字になっていますね。柿やブドウは、こういうT字のヘタですが、リンゴは1本棒のヘタですよね。

カオル：リンゴを描いて普通にヘタを付けたとき、何かそれだけでは足りない感じがして、Tの形にしたのです。

F：アクティヴにもっと見ていくと、①でたくさん出てきた恐いものが、また出てこないように、フタをするようにT字にしたとか？

カオル：そうかもしれません。無理して自分を恐いものに向き合わせようとしたので、落ち着かなくなってフタをしたとも言えるかも。でもこの絵は、ただ恐いというだけではない感じがどうしても残ります。虫たちも赤ちゃんで、オレンジの丸いものは、虫も人間も両方の赤ちゃんにとって魅力のあるおっぱいみたいなもの。恐いなんて思わず、無邪気に「おっぱいだ」と寄って来ているんです。

## □ リンゴの持つ光と影のイメージ

カオル：私はリンゴの産地で育ちましたので、甘いリンゴの香りは、いまも懐かしいものとして心に残っています。赤ちゃんたちの絵に含まれたものを、すべてリンゴに受け取ってもらえたので、絵を描いたあとは嫌な気持ちが残らなかった。このリンゴには、豊かさの感じとフタと、両方あるように思えます。

F：身近な果物だそうですが、リンゴはアダムとイブの話をはじめ、白雪姫の童話など、他の果物よりも付加的な、光と影のイメージがある果物ですよね。このリンゴも、例外ではないと語っているように思います。

Ｉ：その、いいものも悪いものもある両方の世界を、リンゴでまとめた。自分の中への扉を①で開けて、でも開けっ放しにしておけない気持ちがあって、②でフタを閉めた。その象徴が止め金付きのリンゴなのかなあ、と思いました。

## ■話しあい２――象徴の意味をとり入れて

### ●象徴の意味●

蛇：死と破壊、光と闇、善と悪
サソリ：死、破壊力、暗黒
虫：死、溶解、大地
モグラ：暗黒の神々。人間嫌いの象徴
赤ちゃん：「むき出し」の意。かわいい、未熟
子ども：潜勢力の具体化。未来の可能性
オレンジ色：炎、愛、幸福
玉：完全性や人間の理解を超えたもの、絶対性
球：完全性、あらゆる変容の可能性を含む原初の形態、魂
リンゴ：豊穣、愛、知識、欺瞞、死。丸い形から、全体性・一体性をあらわす
T型十字：〈生命の樹〉、再生、隠された知恵、神的な力と支配。雷神の槌

### □光と影の統合

Ｙ：カオルさんはこの絵を描くとき、「インナーチャイルドを恐いものと対比させてみよう」という気持ちがあった、ということでしたね。でもオレンジの玉という「おっぱい・愛」を感じさせるものが出現したおかげで、「赤ちゃん」とシャドウ、つまり「恐いものたち」の対立は、危機的な状況を免れた。

杉浦：まず恐いもの、悪いもの、嫌なものを出せるようになり、それによって自然治癒力が出てきてエネルギーが高まります。そして次のステップでは、良いものを受け入れる。この２枚で描かれている、「恐いもの」と「赤ちゃん」の両方を表現して、「オレンジの玉」でバランスをとるということが、統合のプロセスの最初のステップだと思います。

Ｆ：「統合のプロセスの最初のステップ」とはここでは、恐いものといいもの、光と影の存在の両方を認めて自分のものにする、ということですね。

### □恐いものたちについての話しあいが深まらなかった

杉浦：①の蛇、サソリ、虫などの「恐いもの」が、カオルさんにとって具体的にはどんなものなのか、話しあわれなかったのはなぜですか？　蛇やサソリはコンプレックス、対人恐怖的なものにつながると言われています。「恐いもの」として、虫たちの一つ一つを見ていってもいいし、全体とし

てとり上げてもよかったですね。

カオル：今回の絵は、これまで描いたヒーラーに支えられて、内的に抱えている「こわさ」という感じと対峙してみようとしたものだったと、いまは理解しています。でも恐いものを描くのがやっとで、深めることを避けた感じがあったかもしれません。描きながら、恐さだけではない、絵の全体的な意味を私はつかみ始めていたから、「こわいもの」のそれぞれにあまり意味を感じなかったようにも思います。

F：アクティヴにイメージと対話するなど、試しに少しでも近づいてみるとよかったですね。

### □「T字」のヘタの意味は、守りの力の象徴

I：リンゴに、メロンやブドウみたいなヘタをつけてしまうなんて、どうしても不思議なんですが。

杉浦：リンゴのヘタがT字に描かれている点に、意味があるかもしれません。フタとしてのリンゴの奥に、光と影が内包されているという意見もありましたね。

何が正解ということはないのですが、T字は十字架の古い形で、「タウ」と呼ばれました。キリスト教的には、Tの字のイニシャルが刻まれている笏《しゃく》と言われるもののてっぺんの球形のシンボル上に、十字架としてついているものをさします。これは「帝国のリンゴ」、「T字のリンゴ」と呼ばれ、聖なる力を持つ全世界の支配権の象徴、つまり「守り」ということでもありました。

キリスト教では「T」という文字は「神の紋章」であり、「いのちの危機に関係があり、癒やしや神に属するものである」ことを示し、白血病や脳腫瘍などの重病の子どもの自由画に「T」のモチーフが描かれているのです[8]。

F：日本は、キリスト教が基盤となっていないので、「帝国のリンゴ」、「守り」というイメージは、ピンとこないのですが…。

杉浦：たしかに「帝国のリンゴ」は、西洋的解釈と言えるでしょうね。でも、十字の古い形としての「T（タウ）十字」も、象徴として民族を超えて人類に訴えてくるものと考えられます。

Y：私が第1回で描いたハンマーには、打ち砕く、正義と報復をあらわす、という意味がありました。T型十字の象徴の意味にも、「神的な力と支配」と「雷神の槌、復讐者」の同じ要素の意味が含まれています。カオルさんの①の絵が、「こわいもの」を出したけど直面できなかったということなので、②のT字は、この「ハンマー」の意味を踏まえると、「影を打ち倒すもの」の意味も出てくるかと思います。

T字を家の扉に記しているところ[8]

A：それも面白い見方ですね。

## □十字は、太古から宇宙的な象徴性を持つ

I：カオルさんがヘタをT字に描いたときの感じは、無意識的・直感的なものが大きいと思うのです。帝国のリンゴというのは、キリスト教徒の割合が多くない日本人にとって、キリスト教＝元型というわけではないと思うのですが。

杉浦：十字という形は、必ずしもキリスト教と結びつくわけではありません。十字は太古から宇宙的な象徴性を持つものとして、世界の各地で使われてきています。共通する要素としては、縦軸と横軸を重ねたものとして「自然の二元性の統合」、姿が似ていることから「人間」、どの方向にも無限に伸びていくことができることから「東西南北の四方位」「永遠の生命」など、十字の象徴にはいろいろな意味があります。

## □たくさんの象徴の中から、「これだ!」と選択するのは作者自身

杉浦：カオルさんのT字に描かれているリンゴのヘタは、うっかり描いてしまったなどという、偶然の一致では片付けられない。ただ欧米とは異なって、T字は日本ではあまり出て来ないですから、はたしてこの象徴の解釈がご本人にストンと落ちるかどうかというのは、別ですよね。たくさんの象徴的な意味の中から、「これだ!」と選択するのは作者なんですよ。たくさん言っていただくのはいいのですが、作者が「この意味だったらピッタリする」というものがいいんです。でもフタも、あながち間違いではないですね。このT字のヘタは、「フタ」でもあるし、「守り」でもあるんだと思います。カオルさんご自身は、本当はあそこに「十字架的な自分を守るもの」を描きたかったのではないかしら。

## □超越した守りの力を、無意識に求めていた

カオル：T字についての解釈をうかがってとても驚きました。T字のリンゴのモチーフがすでに古くから「守り」の象徴として用いられていたとは、私にとって、元型的なものにつながっていることが確認できたという、とても大きな意味を感じるのです。

私はゆでたタケノコという、生命力を喪失したようなインナーチャイルドを持っていて、それでも何とかやってこられたのは、実は、子どものころから「悲母観音」のイメージが

狩野芳崖　「悲母観音」

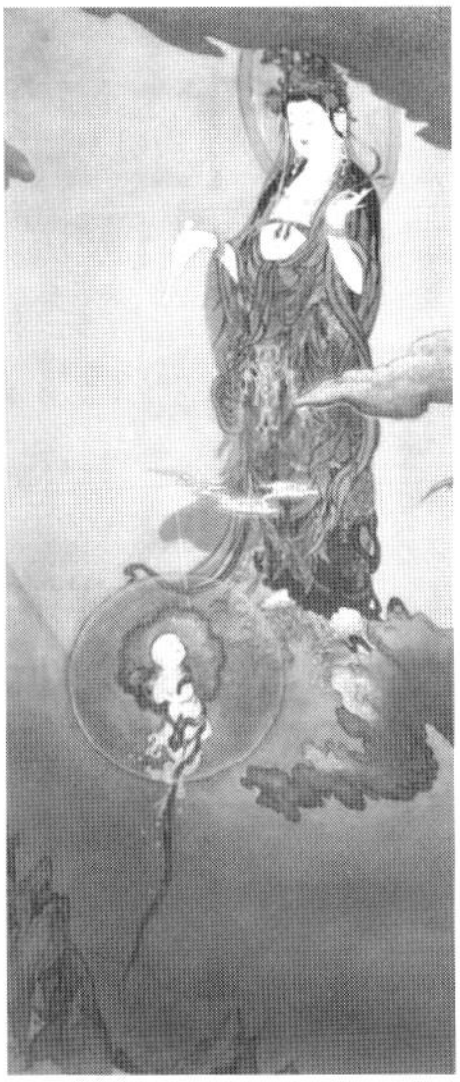

あったからなんです。それは掛け軸の絵で、母方の祖父のものでした。その絵の「人間を超えた力」のようなものが、自分の中の頼りなさの感じと一緒にあって、どこかでこの超越した守りの力を、幼いころから無意識に求めていたのだろうと思います。

I：T字と悲母観音の、不思議な一致です。本人は「何となく足りない感じでT字に描いただけ」と思っても、それが「元型」的な意味とつながっていた、というのですね。無意識の偉大さを感じます。また、象徴解釈だけではない、T字のへタに元型的守りの意味を託したということの奥にも、アクティヴ・イマジネーションの働きを感じます。

## ■ワークをふりかえって――カオル

この回でインナーチャイルドとして人間の赤ちゃんを描き出せたことは、私にとって大きなことでした。時に応じて柔軟に対応する自由な感じを持てない私は、予測不可能で得体の知れないものへの怖さとして、虫たちを描いています。それは私の、未分化な「影、シャドウ」をあらわしていたのだと、いまは分かります。

赤ちゃんと蛇やサソリたちを対立的に見ると、とても怖いものですが、オレンジの玉を描き加えたことで、玉を中心に赤ちゃんも虫も集まって来て、絵は対立的ではない、シャドウと共存できるものになりました。だから、①を描き終わったとき、何か豊かな気分になったのだと思います。

②では、リンゴの持つ両義的な面を言っていただき、①に表現した「赤ちゃん」と「恐いもの」の両面をあらわすものとして、リンゴがまさに適切なものだったと、驚きながら納得しています。

杉浦先生にうかがったT字のシンボルの象徴解釈は、さらなる驚きでした。ヨーロッパでは、重病の子どもは、絵に「癒やしや神の守りをあらわす」Tのモチーフを描き、無意識に神の守りの中にいる自分を表現することがあるそうですが、私も心理的には重病のような状態にいたと思います。このことを知り、驚き、畏怖の念とはこういうことなのかと感じました。さらに、この解釈を自分のものにできたことは、本当に大きなことだったと思います。

この絵を見るたびに、意識だけではない大きな流れの中に自分がいることを、深く感じさせられます。

### リーディングノート　第5回　カオルさん

①は、光（未来の可能性の象徴としての赤ちゃん）と闇（シャドウとしての蛇や昆虫やサソリ）という対立するものが、ともにオレンジの玉にひきつけられています。この玉は球体で、「対立物が統一された完全状態」、「未分化な全体性」などの意味があります。あらゆるものを分け隔てせず慈しみ

育てる原初の母という、まとめる働きを持つものです。アクティヴ・イマジネーションの働きによってこれらが、カオルさんの中で明確になってきました。

　オレンジ色は象徴的には「炎」をあらわしますが、第2回③の自分の中（背中）や、第3回②のおっかさんのお腹の中に描かれた、「内なる炎」と同じ性質のあたたかいものを感じさせます。ここには、すべてを受容するオレンジの玉を中心に、大きな自己受容・自己肯定へと向かう心の動きが感じられます。

　リンゴは幼少期の記憶と結びつく果物であるだけではなく、完全性や赤いアニムスの力も感じさせるもので、光と影を内包する「自分自身」の象徴と見ることができます。

　そこにT字のヘタがついたことは、①で自分の中への扉を開けたものの、でも開けっ放しにしておけない気持ちがあって、②で元型的な「守り」を描く必要があったのです。しかしこの「守り」によって、光と闇が統合されたというより、互いの存在を受け入れつつも、いったんフタをした、ということでしょうか。

　普遍とつながる「守り」の出現は、カオルさんにとって、今後の統合へと導かれるためのものかと思われます。

# 第6回　現実の生活を反映するマンダラをかく

## ■ワーク——絵と説明：カオル

### □マンダラをかく

二枚貝と波と矢羽

絵をかいたあとで浮かんだ言葉

私は海底の貝。しっかり閉じて、ゆっくり眠る、
しばしの眠り。上では波がうねっている。
遠くに聞こえる
波がだんだん近づき、波に守られる。
そしてその波の力をもらう

　今日の自分は、海の底でずっとじっとしていたい、という気持ちです。最初に描いたのは中央の貝で、青・紫・緑・茶色など、色をたくさん使って、相当ていねいに描きました。次に貝の周りの黄色や緑、次に海の部分。波を描き始めたら調子が出てきて、何回も何回も波のところを描きました。

　オレンジ色の3つの半円は家族、夫と娘2人のつもりです。左右のグレーの部分は漠然とした社会とのつながりで、上の扇形のところは仕事上のストレスというか、ゴタゴタした感じをあらわしました。
貝は波に翻弄されていると思い、調子にのって波を描いているうちに、だんだん、貝が波に守られているような気がしてきました。さらに描いていくうちに、その波の力をもらうという感じになってきました。そして言葉が浮かんできて、それを紙の裏に書きました。

## ■話しあい1――感じるままに

### □守りの力としての波

N：絵の上下左右が欠けているけど、マンダラなのですね。貝を囲んでいるクルクルした波は、第3回の「緑のおっかさん」の髪の毛とかバストやヒップと同じ、原初の母性の力強いエネルギーを感じます。

カオル：最初はこの貝は閉じて、じっとして、「どんなに海の上がうねっていようと知らん」という自分かなあ、と思っていたんです。でも、描いているうちに、「エネルギーをやりとりする」というか、自分の中でアクティヴに動いていくものがあって…波の持つ「守りの力」を感じたのです。

### □「3つ」を強調している、オレンジの半円

S：下のオレンジの半円3つは、前回のオレンジの玉とは、違う性質のものですか？　家族って言われましたけど。

カオル：同じ色を使っているから共通性があるかもしれないけれど、前回のオレンジは、もっともっと、「守り」という感じのものです。

F：夫と娘さん2人ということですが、それにしてはこの半円は大きさや形や色が同じで、「同じ性質のもの3つ」、を強調しているように見えます。宮沢賢治の絵に「赤玉のある絵」という題の絵があって、やはりオレンジ色の半円3つがテーマになっていました。

A：知っています。黒い、不幸をあらわすようなギザギザの線が描かれていて。マンダラではない絵です。

カオル：マンダラを描くという意識は、中心の貝と波を描いて終わっています。それで周囲に、日常のあれこれや仕事のこと、家族のことを、こんな感じだなって気軽に思うままに付け足していったので、半円といっても、理屈では説明しきれない感じです。

### □自分を中心に置き、自分の意志でフタを閉めている

I：リンゴとこの貝は、描画の細い線のタッチが似ていますね。貝はいまの自分ですか？

カオル：ええ、そうです。自分を描いたという点では似ているけれど、リンゴは自分の全体的な感じ、貝は自我という気がします。貝はピシャッとフタを閉めている。フタを閉めていれば安定していられる、ということです。

N：そうそう、リンゴのT字のヘタにも、フタをしたという感じもあったのでしたよね。面白いです。

Y：マンダラを描く最初の経験として、その描き出しの感じはとても新鮮で、きっとすべての要素がここに描かれているように感じます。現在の自分の状態を、自我を中心として描き切ったのですね。

カオル：結果としてはフタを閉めているんだけれども、閉めるっていう意志を、ちゃんとはたらかせている自分がいるっていうことは、しっかりした自分と言えるかもしれない。怖いものを感じて、いったん閉じ、守る。そういう生き方を選んでいるんです。そうしたら、波に翻弄されるのではなく、守られているんだという感覚が起こってきた。

F：絵を描きながら、意識と無意識の対話がおこなわれていて、イメージが動いているんですね。

I：この貝の状況が納得できればできるほど、逆に周りの違和感のあるいろいろなものは、何か無意識が情報を伝えたがっているようです。

Y：上の矢の先端が集まる先に、ちょうど中心の貝がありますね。社会の圧力である矢の1本1本が自分に向いている大変さを、貝はどこかで予感している？

カオル：ほんとにそう見えますね。矢は自分を脅かすものだけど、私の周りすべてにあるのではないので、扇形の部分の両脇に、茶色の幅広の「区切り」をつけたんです。

## □ 根っこにある怖い感じや無力感

カオル：イメージを絵で表現すると、あらためて自分の怖さや不安の大きさが感じられます。これまでうまく表現できないできましたが、貝が抱えている怖さと不安は、いつも私の中にあったものです。この感じを抱えているのはつらいので、どうして怖い感じや無力感が根っこにあるのかと、考えてきました。

私は第二次大戦のさなかに生まれ、母からよく、生まれたころの戦禍の大変さを聞かされました。圧倒的な無力感と怖さ、不安のいちばんの根は、その辺とつながっているように感じています。幼いころのことで具体的な記憶はないのですが、根っこにある感じは、イメージとしてなら表現できます。微妙なものや深いものは、言葉より絵で表現するほうが、ピッタリします。

F：怖さや不安の根って、幼少期の、人との関係の問題が考えられがちですが。

カオル：人との関係もあると思います。戦禍で怖さや不安を体験したとしても、その感情を人との関わりの中で解消することができなかったわけですから。ですから一時期は親に対し、不満や怒りを持ったこともあります。

F：一般的に、安心感の基礎となるものが足りない、環境や対人関係も土台が不十分で不安やストレスが多いということは、よくあることです。戦時中ならなおさら。

カオル：でも私の根源的な怖さや不安は、親に対する感情といったものよりも、もっと圧倒的に大きなもののような気がしています。だから親も私も、共に巻き込まれた戦争体験が根にあるのかなあ、と思うのです。

## □「守られているという安心感」の欠如

N：どんな体験だったのか、聞いてもいいですか？

カオル：母親からよく私は、「あなたは生き延びたから、生命力が強いんだ」って言われてきました。戦禍と栄養不良とで、私は死ぬかもしれないと母親は思っていたみたい。でも、考えてみると、何とかしてこの子を助けなきゃいけない、といったメッセージが伝わってこなかった。

Y：戦禍の中で、母親は子どもを守る余裕はなかったのかもしれませんね。

カオル：たしかに産後の母は、ずっと体調がすぐれないところがあったそうです。私はいったん泣き出したら泣きやまない子だったと、母はよく言っていましたが、それを聞いて「赤ん坊の私は、死ぬわけにはいかないって泣いていたんだ」と私は思ったんです。

普通乳児期は、最初の安心感の中で受け身的にケアされて、それからハイハイができるようになっていきますけど、私はたぶん、最初の安心感の中でひたすらケアされるというあたりが欠けていたことを、体全体で知っていたんだろうと思います。

S：お父さんは一緒に住んでいなかったのですか？

カオル：父は役所勤めで、空襲警報が鳴ると職場へ飛んでいかねばならなかったそうです。

I：空襲警報が鳴ったときこそ、お母さんは支えが欲しかったでしょうね。

A：このマンダラでは、お父さんはどこにいるのかしら？

カオル：父は感じられない。父親に対しては、思春期にあれこれ思ったぐらいで複雑な思いはありません。私の中の「怖さ」の感覚は、父親と自分というテーマが出て来る以前の、胎児期、乳児期のものだからかもしれません。

## □狩野芳崖の「悲母観音」に感じた守り

カオル：優しい母親でしたが、戦禍の中で幼い子どもたちを抱えて生き延びるのは、大変だったと思います。でも状況はどうあれ、私自身の守られなさの体験は原点に近い感じで、根本的な不安や怖さのように感じるんです。

Y：私もそうですが、その頃は、多くの人が同じ思いだったと思います。

カオル：私は幼いころ、たまたま狩野芳崖の「悲母観音」の絵を見て、「あ、私はこうして生まれたんだ」と思ったことを、いまも鮮明に覚えています。慈愛に満ちた観音の手のひらから垂れる糸の先に、光に包まれた赤ん坊がいて、観音を見上げている絵です。自分に頼りなさと不安を抱えながらも、天上の高い人に「守られている」感覚があったから、やってこられたかなと思っています。

自分の根源的な不安を、言葉のレベルではなかなか出せないのですが、絵に描いて表現するというやり方は、ずっと出しやすいと感じます。

N：私も同感です。言葉より絵に描くほうが出しやすい。

## ■話しあい2――象徴の意味をとり入れて

### 象徴の意味

貝：女性的な水の原理、誕生、再生
波：有為転変、変化、動揺
6（波の数）：平衡、調和
渦巻き：生命や自然のエネルギーの源泉。創造力の中心
海：あらゆる可能性を含む生命の源。無意識
矢：突き刺す力としての男性原理。攻撃
灰色：陰鬱、死、悲しみ
下半円：方舟《はこぶね》→方舟：女性原理、生命を産む者、子宮、再生
3（下半円の数）：多数、統合。魂
オレンジ色：炎、火、愛、幸福
お椀：水の入った椀は、女性的受容の原理および豊穣
緑：生と死。生命の再生と復活。希望。変化

### □エラの下に息づく体内

S：この半円や扇形についても、もう少し分かりたいのですが。

カオル：半円は、家族3人です。最初は、昔の記憶の母と姉と私の、女3人を描いたと思ったのですが、自分は真ん中にいる貝と思い直し、この3つの半円はいまの家族である夫と娘2人かな、と。

F：オレンジ色の半円から私、魚のエラを連想したんですよ。エラの下にこんな鮮明な色の、息づく体内が見えるイメージが離れません。ひとつのマンダラに、自分をあらわす貝と、不安な「女3人組」を感じている自分がいても、おかしくないのでは？

N：賛成です。なぜか、ナマナマしい感じを受けるんですよね、下半円の象徴的意味あいは、方舟《はこぶね》、女性原理とか再生という意味もあります。

カオル：そう言われると、何か「内臓」という言葉が浮かびます。母と姉は数年前に相次いで亡くなったのですが、そのとき私だけ取り残され、引き裂かれたように感じました。密着した身内との関係は、私の拠り所だったのです。

A：そうすると、マンダラ全体の感じはどうなったのかしら。怖さや不安を感じますか？

カオル：上の扇形のところは、攻めよる「戦火」という気がしてきました。

I：でも扇形のところもリアルというか、不自然な感じがします。形や色とかタッチが、意味ありげというか。

## □あとになって分かった、怒りの表出の矢

カオル：このマンダラを描いた当時は、扇形の社会的な圧力に、力のない自分（貝）が外部から脅かされているイメージだったのですが、先日この扇形のところを見て対話をしていたら、これは外部から中心に向かって脅かすものではなく、中心の貝から発する怒りかもしれない、と思いました。そこで紙を足して、中心から発する怒りの感じを、円の外の方向に描いてみました（口絵参照）。

描きながら、「怒りがマンダラの円周にぶつかる」、「ぶつかった怒りは、円周の層に吸われてゆく」、と思いました。また、怒りを吸ってくれるのは、宇宙に通じる空色と、悲母観音に通じる薄紫色の層だと感じ、その色を円周上に描きました。さらに下の黄緑色の部分を描いたら、安心する感じがしました。この部分は「緑のおっかさん」につながるものだ、という感じを持ちました。

F：中心の貝から怒りが出て、聖なる力に統合されたというのですね。驚くような展開です。

N：そのお椀のような感じの下の黄緑色は、第4回の竹やぶの竹も同じ緑、生命や希望、歓喜を象徴する色ですね。

F：「水の入ったお椀」という言葉の象徴解釈に、〈女性的受容および豊穣〉という意味があったので、驚きました。

## □閉じることのできた円

杉浦：カオルさんは、みんなとの話しあいで気がつくことがずいぶんあって、気持ちが動かされたのですね。そして最終的に、矢羽と思った部分は、外からの圧力ではなく、自分の中から湧き出てくる怒りだと気がついた。

A：矢の裾部分に、奇妙に小波がくるっと絡まって描かれていたりするあたり、波の「守り」が強く感じられます。

杉浦：緑は、まさにこの世の色なんですよね。自然の色。反対に紫は、スピリチュアルな領域というふうに思ってもいいと思うんです。矢羽のほうの側が精神性とすると、下のほうは現実性とか身体性でしょうか。

現実の自分はこうなんだが、まだこの先が分からない、というところでマンダラを描いた。そのときは円を閉じることができなかったけれど、イメージとつきあっていくうちに、その部分も自分のものとして統合された。2年後のいまになって時機が熟して、閉じることができ、統合のマンダラとなった。それは現実の問題が解決された、現実の生活のマンダラとしての統合ができたということですね。

### □象徴の持つ「多義性」

杉浦：象徴的に描かれるものには、同時にいくつもの意味、多義性があり、正反対のものを表現していることもあります。外部からの矢、圧力でもあり、同時に自分の内部からの怒りでもある。意識レベルでは外から脅かされるものとして描いても、無意識では内的な怒りだったりするのです。カオルさんははじめ、この内からの怒りに気づいていなかったということですね。

同時に波の象徴も、怒りや脅かすものであったり、また揺り籠や母の子宮などの意味があったりもします。

### □象徴に込められている多義的な意味

杉浦：第3回に描かれた「ゆでたタケノコ」のインナーチャイルドは、死んで再生不能なものですが、死は再生に通じています。この時点でカオルさんは、自分の象徴をあえて生きていないもので表現したかったのだと思います。そして第4回の、「緑の太母」のお腹の中の「ゆでたタケノコ」には、緑色の葉が少し出ているのですよね。

それらのプロセスがあったからこそ、このマンダラの周りの黄緑が描けて、怒りも出せたのですね。その怒りを、あとから描き足した空色や薄紫の部分が受け取ってくれることで、円が閉じられた。薄紫色は、「悲母観音」につながる、カオルさんが持っているスピリチュアルなものなのでしょう。

カオル：このマンダラを描いた時点では、周りから脅かされる怖さを描いたということ以外、自分で何を描いたのか、さっぱり分かりませんでした。

杉浦先生が言われたように、象徴の中に込められている多義的な意味を思うと、この絵の語っていることがよく分かります。また、表現されている「無意識からのもの」は、「描き手の意識を超えているもの」だと、実感できるようになりました。アクティヴ・イマジネーションのおかげです。

## ■ワークをふりかえって——カオル

私はずっと、自分ではどうすることもできない無力感に悩まされてきました。それは、私が胎児期、乳児期に体験した戦争と、どこかでつながっているように感じていました。

扇形の部分は、中心から発する私のすべての怒りが入っていると思います。小さく弱い存在だった私を、守り、安心感を与えてもらえなかったことへの怒り、また、私を保護してくれるはずの親も共に巻き込んだ戦争や理不尽さへの怒りです。その怒りを描き加えたら、マンダラの円を閉じることができました。

円形のマンダラを描けたいま、とても気持ちが豊かで安定しています。日常生活でも、感じていた外側から脅かされるような怖さが、ほとんどなくなりました。私はこのアートセラピーで「死と再生」のテーマに取り組み、再生したと感じています。

**リーディングノート**

**第6回　カオルさん**

中心の貝は、緑のおっかさんの胎内で再生した「タケノコ」が、自分を守る美しい殻を持った姿のようです。青い波の渦は〈母なる力〉をあらわし、貝を守り、育んでいます。

この大きな「守り」と、自分自身の守りである貝の「殻」を持ち得たことで、個人的無意識の領域にある、痛みの原点とも言える部分が、姿をあらわしたようです。

カオルさんのこれまでのアートセラピー全体は、無意識からのメッセージや、元型的な象徴に助けられながら、大きく変化していくプロセスが語られてきました。

さらなるアクティヴ・イマジネーションによる対話や対決のすえに、カオルさんは驚くような結果に、たどり着きました。内からの怒りを放つ矢を描く（倫理的対決）ことができたのです。そこで意識が抱える「不安」と、無意識が伝える確かな「安心」がひとつになり、緑のお椀が「生命の再生と復活」を意味する、全体性を獲得したようです。

## 全体（第2回〜第6回）のふりかえり　カオル

### ■ 守りと再生――私を変えた元型の力

私がこれまで悩まされてきた無力感は、人生初期の基本的信頼感や安心が得られなかったことや、そこに由来する体のしんどさが、原因だったと思います。

小さい頃からいつも、ただ受け身でいた私でしたが、心の中ではもっと積極的になりたいと思っていました。だから活動的になれない自分を認められず、ずいぶん無理をしてがんばってきた気がします。でもそれは限界にきていました。

幼いころの私は、ボンヤリしながら、ただ直感的に感じるものを真実だと思っていることが多かったように思います。「悲母観音」の絵を通して、人間を超えた守りを感じてきたこともそのひとつです。

アートセラピーを通して私は、心の中にずっとあった「自分の力が及ばない怖さから来る無力感」を見つめることができました。そして、「緑のおっかさん」や「竹」、「T字のリンゴ」など、描いたものが大きな守りの象徴であったことが分かりました。それは「怖さを感じるだけの弱い自分が、大きな守りの中にいる」と感じさせられると同時に、描いた自分の中に「力強く守れる自分もいる」、と分かってきたことでもありました。

繰り返し「守られる」体験をし、さらに「守れる自分」を体験して、私は再生することができました。この体験は、私に力を与えてくれました。そしてその力は、人生初期の基本的信頼感を得ることができなかったことへの怒りと、その状況にならざるを得なかった不条理への怒りとして出てきて、マンダラとして統合されました。

自分の中から怒りを発することができたことは、私の根本を変え、態度変容をさせてくれるものでした。そして、自然な自分をとりもどし、肯定できるようになり、楽になりました。それは、本当の「自分自身」になるためのプロセスの体験であり、能動的な生き方を知る体験でした。このアクティヴ・イマジネーションによって得た力は、確実に私の中で根を張っていることを感じます。

私たちのアートセラピーでは毎回のように、描かれた絵には、意識が理解するより、遥かに大きな無意識からの問いかけが表現されていることが分かり、アクティヴ・イマジネーションの技法に感嘆し続けました。

絵として表現されたものはその時々、描き手が対話や対決できるものを示し、描き手が成長して無意識とさらなる対話ができるものが深まると、同じ絵がまた別の面を語りかけてくることを体験しました。実際には、描かれる絵には、無意識からのメッセージのすべてが表現されている、それがアクティヴ・イマジネーションによるアートセラピーならではの素晴らしさだと思います。

# ナツコ　光からの解放

## みにくい魚を受け入れる

## 第1回　感情を紙に写しとる

### ■ ワーク——絵と説明：ナツコ

#### (1) 気分にあわせてかく

①は、最初に青のサインペンで、左右にはずみをつけて描きました。波に揺られているみたいで気持ちいいなと思い、楽しい気分になってきました。次にその気持ちを、オレンジ色のクルクルしたリズミカルな線で描きました。

②は、①の青の線が気に入ったので、もう一度同じ動きで描き、さっきの渦巻きを、さらに描きました。

①（無題）

②（無題）

#### (2) ストレスとつきあう

③のいちばん上は、ストレスや不安のイメージを描きました。でも、自分が変わらないとストレスは消えないと感じて、自分の中心に光を持ってきて中心から変えようと、真ん中の部分を描きました。下は、自分が光のような存在になってどんなストレスが来てもはねのけられるように、という気持ちで描きました。

③　変化していくストレス

④　波打ち際の流れ星と生垣

#### (3) 音楽にあわせてかく

④は曲の旋律が水のイメージだったので、波打ち際に流

れ星がシューっと降ってくる映像が浮かびました。これはガラスのような透明な球体に包まれているんです。下半分の黄緑色の部分は、密集した葉っぱに水が滴っていて、雨の日の生垣みたいな感じを描いたんです。

### (4)　自由に踊ったあとでかく

⑤は、曲にあわせて身体を動かし、リラックスしてくると、星空に白っぽい光のカーテンのようなものが、ヒューッと上っていくのが見える気がしました。絵を描いている間中、静かでゆったりとして、気持ちよく感じました。

⑤　上昇する光

### ■話しあい1――感じるままに

I：①も②も、左右の動きは発散するエネルギーで、渦はまとめようとする動きのようです。青の線は、波に揺られているみたいで気に入ったのですよね。

ナツコ：青の線は発散というより、気持ちを揺り動かすというほうが近いかな。渦は、言われてみるとたくさんの気持ちをくくった感じもあります。

③のストレスの絵の中で感情として実感できるのは、いちばん上の濃い青の「不安」です。下の2つは、「こうなるべき」と考えて描いたかもしれません。

A：青は前も使われていましたが、ここでは不安をあらわしているのですね。

ナツコ：①でも最初に青を塗ったのですが、それも不安の象徴だったのでしょうか。同じ色を使ったことって、意味があるのかな。

K：①の青と③とでは、青の色や重ね塗りのようすが、全然違います。

A：④や⑤の青は、静かで落ち着いた感じを受けます。

ナツコ：静かな曲だったので、気持ちもずいぶんおさまった気がしました。

S：④は、真ん中に波打ち際があるのですか？

ナツコ：上の海の部分は俯瞰《ふかん》図《ず》で、空中から星が海に落ちていくのを見ているイメージだったんです。下の生垣は側面から見た絵です。自分でも謎なのですが、曲から2つのイメージが浮かんできたので。

F：流れ星が透明な球体に包まれているとのことですが、流れ星って、古い自分の死や新たな誕生を告げ、祝福しているみたいです。星が落ちるのが、海と陸地の境目というのは、意識と無意識の境目という意味だと思います。

Y：生垣はしっとり濡れている感じです。星や無意識をあらわす海が、こちら側に飛び出さないように、守っている。

S：⑤の「自由に踊ったあとでかく」は、光が上っていくんですか？　天から光が降ってくるのではなく？

ナツコ：自分が浄化され、天に吸い上げられていくイメージを持ったんです。

## ■話しあい2――象徴の意味をとり入れて

### ● 象徴の意味 ●

波：変化

黄色・明るい黄色：知性、直感、信仰

渦巻き：エネルギーの源泉、拡大と収縮、誕生と死

青：知性、女性原理としての海の色

緑：生と死。歓喜、変化、天と地（青と黄）が混ざった色

光：神性の顕現、原初の知性、生命、真理

下降：知恵、再生。子宮退行

流星：死や誕生の告知

生垣→壁：保護、制約。外部（世俗空間）から内部（聖空間）への移行、新しい世界への参入

植物：死と復活、生命力、生命の循環

海：〈太母〉。無意識。潜在的可能性の源

上昇：超越。再統合。暗黒から光への通過

・・・・・

F：④の「生垣」という意味は、象徴辞典になかったので、生垣は「植物」で作られた「壁」、「境界・敷居」ということと捉えました。海に生垣って、かなり変ですよね、これはもう、壁か境界・敷居ということだと思います。意識と無意識とその境界を、もっとアクティヴ・イマジネーションを用いて見ていくと、どうなるでしょうか。

A：もっと象徴の意味を、分かりたい思いがあります。ブラインドタッチと言うか、意味の分からない象徴やイメージが、勝手に動くのは、実りが少ない気がします。

K：①と②の「渦」は象徴としては、螺旋と同じ「母性性」という意味があるのですね。で、〈女性原理、太母〉をあらわす「青」が、①～③では、「快いもの」としても「不安」としても使われている。

S：女性性を示す青が「不安」で、それを知性の色である黄色が、蹴散らすということでしょうか。

F：青と黄の対決のようですけど、この青は他の青と違って、「ストレス」というテーマで描かれたものだし、色にしても塗り方にしても、この青だけは作者の思い入れが、強く込められているみたいです。いつかこの「ストレス」と、対話したくなることが起こるのかもしれません。そうでないと、象徴解釈といっても、それだけではしっくりこない感じというか、これで目の前がパッと明るくなったということで

はないですよね。

## ■ワークをふりかえって――ナツコ

パッと浮かんだものを紙に描いただけなのに、色や形に象徴的な意味があることに驚きました。いろいろな意味にあてはめて考えることって、興味深い感じです。

何気なくイメージが湧いた生垣を「敷居」と見る見方もあって、「外部の世俗空間から内部の聖空間への移行をあらわす」という意味合いや、さらにそこに、いままでの古い自分の死や、新たな誕生を告知し祝福する流星が出てきたという解釈に、ぴったりだと驚いています。自分の理解が深まっていくのを感じます。

### リーディングノート　第1回　ナツコさん

①と②では、青、渦巻き、波など〈太母〉や〈女性性〉を象徴する要素と、「知性」や意識を意味する黄色との、相対する要素の葛藤が起きているように見えます。

でも、ナツコさんは、象徴の意味としては〈無意識〉や〈太母〉である「青」を、③ではストレスの色と感じ、それを〈意識・知性〉である「光の黄色」で打ち破る、という対処法で乗り切ろうとしています。「感性」（ココロ）と「知性」（アタマ）の戦いという感じです。

穏やかな海辺の④では、「波打ち際」という、無意識から意識へのぼる境界に落ちる「星」が描かれ、徐々に自分の内にある何ものかに、注目しつつあることがうかがえます。海と波打ち際とは、垣根という壁で隔たれ、意識の世界が守られていますが、「垣根」も〈太母〉と関連が深い「植物」でできており、無意識の世界が、ぐんと意識化に近づいているようです。

ところが⑤では再び、青い色を蹴散らすように広がり上昇していく「光」が描かれています。「上昇」は男性性に属する動きで、意識・自我に向かうことを象徴します。④で無意識の意識化が始まってしまったことに対し、再び「上昇」して「知性」のコントロールをとりもどそうとする反動的な動きと見ることができるようです。

5枚の絵には、心の動きが物語のように、継時的に語られています。それらは互いに、対立する要素を抱えていて、これから意識と無意識との深いやりとりが始まっていくことを示しているようです。「知性」の光も、「無意識や女性性」の青も、共に鮮やかで美しく、力強さや臨場感が感じられます。この2つの要素がどう折り合いをつけていくのか、今後の展開が楽しみです。

# 第2回　心の持ち方をかえる
## ——心配ごと撃退法

■ワーク——絵と説明：ナツコ

(1)「自分が心配している姿」をかき、「心配ごとの上位10項目」を箇条書きする

(2)「いちばん心配なこと」を選び、その絵をかく

①は、心配ごとを抱えてイライラしている自分です。背後にある赤い波線はイライラです。不安をあらわす青があって、アタマのわきの赤いクチャクチャしたのは、心配ごとで緊張している感じをあらわしています。

②は、①で書いた心配ごとの8)を選んで、「自分が本来いるべき場所からずれてしまう感じ」を描きました。いるべき場所は黄色い光の中なのですが、いろいろなことに流されたり、時間に追われたりといったストレスの渦があって、中心に入っても弾き飛ばされてしまう。何度トライしても安定してその場にいられず、翻弄されている感じです。

① 心配ごと10項目

心配ごと

1) 旅のしたく
2) 時間がない
3) 新しいテーマ
4) 友だちにメール
5) 自分がなくなりそう
6) きちんとしなければ
7) HP自分でやらなければ
8) 本来の自分からのズレ
9) 売り上げ（バイト）
10) 流されているかな？

② ストレスの渦

(3)「心配ごとを撃退」しているところをかく

(4)「心配ごとをとり除いたあとの気持ち」を文字で書く

②で描いた、渦に弾き飛ばされてしまう自分を「守る武器」は何かな、戦うのも大変そう、という思いも出てきました。すると、真っ白なマントが見えてきました。そうだ、武器じゃなくても自分をガードしてくれるものならいい、と思って③を描きました。シルクのようにつるんとしていて、それを着ていればどんなことが起こっても、さらりとかわせるような気がします。ただ少し意識的な部分がはたらいて、きれいにまとめすぎちゃったかなという気もしています。「気持ちを文字で書く」ことはしませんでした。

③ 白いマントの少女

## ■話しあい1――感じるままに

### □「赤」の意味

K：①の耳の上の赤いかたまりは、具体的には何なのですか？

ナツコ：これは「緊張」なんです。緊張すると頭の横がキュッと力が入る感じになるので。血液の流れが滞るというか。

A：うーん、いかにもそんな感じです。人物の右上の黄色い線は何かしら？

ナツコ：ここは自分が本来いる場所というか、聖なる場所なんです。

S：②では、ナツコさんはどこにいる、どれなのかしら？

ナツコ：たくさん描いたんですが、赤い玉みたいなのが自分なんです。黄色は自分が本来いる聖なる場所、青やいろんな色はストレスです。

F：前回は、波やたくさんの渦巻きが描かれていましたけど、今回の②の渦巻きは、何かすごいクリエイティブなものを作り出す「渦巻きシステム」に見えます。それをフル回転させて、赤い玉を弾き飛ばしているみたい。第1回③の、黄色で青のストレスを弾き飛ばしている絵に、似ています。青と黄色がこの絵では、ひとつの「渦」の動きに集約されていることが、興味深いです。

### □青や紫や黒も含んだ渦全体

A：ナツコさんにとって「ストレス」は、自分と切り離さなければいけない、悪いものなのかしら？

ナツコ：そう思ってますよ。つらいし、無いほうがいいじゃないですか。

F：実際には誰にでもあるものだけど、「ストレスはあってはいけない」と否定しているから、ストレスに翻弄されてしまった？

I：この赤いかたまりを黄色の中に取り込んだら、どんな色になりますか？

ナツコ：えっ！　…赤を黄色に取り込むとは、考えてもみなかったことです。

赤いかたまりのままだと嫌な感じだけど、赤が黄色と混ざってオレンジに変われば、耐えられそう。そうすると、自分は黄色の中にいることになるんですね。

Y：黄色だけじゃなく、青や紫や黒も含んだ渦全体がナツコさんなのでは？

ナツコ：ええー！　何だか話が壮大になってきたみたい。ちょっと実感がないけど、どうなのかしら。「渦巻きシステム」って言葉は気に入ってますけど。

□ **隠すドレス、見せたいドレス**

S：③の少女の白くて長いドレスは、清純さの強調というか、ウエディングドレスとか、聖歌隊の衣装みたいです。

ナツコ：とりあえずドレスで身体ごと守ってしまった。

A：身体ごと守る… つまり、このドレスは「鎧《よろい》」なんですね⁉

I：この女の子は、ドレスで身体が覆われていて、身体の実感が感じられない印象です。ドレスの下で本当は傷ついているとか？（笑）それとも傷を覆うものがドレスなのでしょうか？ それに、ハダシなんですね。

ナツコ：傷ついた自分をまだ受け止めていないのかもしれません。まして人に見せるのは、という感じ。それにほんと、素足ってチグハグですね。

いま気づいたのですが、このドレスは自分を守るつもりで描いたのですが、「人からこう見られたい」という気持ちがあったと思います。何があってもくじけずがんばる、健気な自分をアピールしたかったのかも（笑）。

K：おすましなポーズや、ドレスの裾に星や玉がちりばめられているのは、「よそゆき」だから、っていうことかしら。

■ **話しあい2——象徴の意味をとり入れて**

● **象徴の意味** ●

赤：活動的な男性原理、熱意、怒り

黄・明るい黄色：知性、直感、信仰

渦巻き：生命の源泉、拡大と収縮、誕生と死→螺旋

螺旋：偉大な創造力、解放を象徴。外に広がると同時に内に収縮するものとして、太陽の力の増大と減少、月の満ち欠けをあらわす。成長・拡大と死・収縮、中心への回帰

青：知性、平安、女性原理としての海の色

白い服：白い長衣は純粋さ、貞潔、肉に対する霊の勝利

・・・・・

A：黄色の象徴の意味に、「知性」があります。聖なるものって、ナツコさんには「感情的ではなく理性的なもの」みたいな意味があるのかしら？

K：①の人物は、「本来いるべき聖なる場所からずれてしまう感じ」ということでしたけど、「ずれる」というより、この人は黄色に「背を向けて」います。つまり、黄色＝知性（意識）と反対側である感情のほうを向いていて、それで不安やイライラを感じて、緊張やストレスが生じているのではないかしら。

ナツコ：そういわれると、そんな気がします。

Ｆ：渦巻きには、螺旋と同じ母性性、成長や拡大と同時に何かの死や収縮を示すという象徴性があるそうです。ナツコさんは最近、離婚されたと聞きました。そのことと関係があるのでしょうか。②の渦巻きシステムは、弾き飛ばしたりとり入れたりして、回っているみたいです。これを、アクティヴにイメージと対話していくと、どうなるでしょうか。

ナツコ：真ん中の黄色い光の中が、本来いる場所なんですが、赤い玉の私が何度トライしても、青いストレスの渦で弾き飛ばされてしまう。黄色の中心に入っても、安定してそこにいられず、翻弄されている感じなんです。

Ｋ：赤い玉のナツコさんと、青いストレスの渦の対立なんですね。青いストレスの渦って、どんなものかしら？

Ｆ：「話しあい1」のときナツコさんは、「渦巻きシステム」という言葉は、気にいったと言われましたけど、それはどうして？　私には、黄色と青やいろんな色が、そろってぐるぐる回っている渦巻きのイメージがありますけど。

ナツコ：システムというのが、私にはまったく思いがけない発想だからです。それだと、青いストレスは黄色と一体みたいな印象があります。それは、思ってもみなかったことで。ちょっと、この渦には、何かありそうな感じがしてきました。

Ｙ：ナツコさんは第1回のストレスの絵③で、濃い青を「不安」をあらわす色として使っているけれど、それはどんなイメージとつながるのかしら。青にはいろいろな意味があるそうだけど、母性の象徴として海の色とか空の色というのは、もっともなじみがあるかと思うのだけれど。

ナツコ：何となく、青を用いて不安な気持ちをあらわしたんです。

## ■ワークをふりかえって――ナツコ

黄色の象徴に〈知性・直感・信仰〉という複数の意味が含まれているとは、大きなことでした。そこに背を向けていることで、実は感情に翻弄されている自分があらわれていたということに、時間がたったいまは、納得しています。

自分では気づかなかったことなのですが、今回もまた渦巻きを描いているとは意外でした。渦巻き、螺旋のいろんなふくらみのある象徴の意味と、「ストレスは切り離すのではなくとり入れて再生していく」、ということの気づきは、自分にとって大きなもので、このことは、離婚に伴ういろいろな辛い経験を乗り越えるための原動力となりました。

③の白いドレスの少女は、自分が「いい子」だったことを気づかせてくれました。それまでの自分は、人からどう思われるかをとても気にしていたと思います。このドレスを着たままでは、本来の自分は隠されたままだったと、いまは思

います。

**リーディングノート　第2回　ナツコさん**

自分にとっての「聖なる場所」＝「知性の場所」に立って、不安やイライラから抜け出したいのに、そうはいかないようです。そして①の、色の塗られていない人物の表情やこめかみの赤から、この人は「感情と向き合うことのつらさを感じている」ようです。

②では、さまざまな感情が大きな渦を巻き、新しい何かを生み出す動きが始まっていることがうかがわれます。でも「うまくいかず、自分はストレスに弾き飛ばされている感じ」で、第1回で見られた、青（無意識）と黄色（意識）の相対する感情の動きが、ここでもせめぎあいをしているようです。

③は、「他人からこう見られたいのかも」とナツコさんが言っているように、罪や穢れのない純粋さ、潔白さなどをあらわす「白」で全身が覆われています。②で描かれた渦の大きな動きに揺さぶられてつらくなったのかもしれません。

最後には、白いドレスは「隠すもの」であり、「見られたい姿でもあるのかも」という気づきが得られています。いままで気づかずにいた自分に少しずつ出会い受け入れていくプロセスの始まりのようです。

## 第3回　遊び好きのインナーチャイルドをかく――インナーチャイルドI

### ■ワーク――絵と説明：ナツコ

#### (1) 内なるヒーラーをかく／ヒーラーと対話する

①　炎の柱

**意識（右手）とヒーラー（左手）の対話**

右手：あなたは誰？
左手：あなたの中の強い意志よ
右手：私の言動が、ある人を傷つけて、自分もとても苦しいし、胸のあたりに真っ黒なモヤモヤがあって嫌なの
左手：だいじょうぶよ。この炎で焼いてあげるわ
右手：自分がとてもちゃらんぽらんな性格のような気がして、落ち込んでいるの
左手：もっと自分に自信を持っていいわよ

最近友人から、私の言動が彼女をすごく傷つけたと言われてショックを受けました。今日のワークでは、そのときの心のモヤモヤを消したいと思っていました。するとヒーラーとして、周りを螺旋状の火焔が取り囲んでいる太い光の柱が浮かんで、「自分の中の汚い部分を焼いてしまいたい」と強く思いました。彼女を傷つけてしまった私の黒くて嫌な部分を、燃やして消えてしまえ！って。（涙）黒いモヤモヤは、

紙が燃えるみたいに炎に焼かれて、そのカスが光の柱と共に上に飛ばされていくような気がしました。心が大分軽くなった気がします。

対話は、自分と①のヒーラーとのものです。ヒーラーだと思った光と炎の柱は、私の中の強い意志だと言っています。ヒーラーは、もっと奥底に潜んでいるのかもしれません。

### (2) 遊び好きのインナーチャイルドをかく／インナーチャイルドと対話する

② 真夏のなっちゃん

子どものころ、近所にお気に入りの木があって、友だちとよく登っていました。その頃はこの木にすごく安心感があって、何のためらいもなく登っていたなと思います。かつてはのびのびと遊んでいた自分を思い出し、自分の中にはこうした部分もあるのだなって、うれしい気持ちです。

### ■話しあい1――感じるままに

#### □涙ぐんだときの気持ち

K：①の柱の両脇の青は空の色みたい。表現力の豊かさに圧倒されます。

F：光の柱は、柱の輪郭が描かれてないので、柱っぽくない、何か別のものの感じがします。

K：これは柱といっても、火柱みたいな「光の柱」だからではないかしら。炎の柱について話したとき、どういう気持ちで涙ぐんだのですか？

ナツコ：すみません…。自分でもびっくり、涙が出るとは思わなかったのだけれど。自分の中の汚い部分を燃やして消したい、と思って涙が出てしまったのだと思います。彼女を傷つけたことで、自分が加害者みたいな気がして…。

A：ナツコさんの思いが理解しにくいというか、逆にそれはポイントだと思います。

I：同感です。「あなたに傷つけられた」と言われると、普通は逆に、傷つくのではないかしら。「私を責めないで！」と怒りが起こると思うんですが。

ナツコ：怒りで泣いたというのとは、違う気持ちがします。彼女の話を聞いたときのショックが残っていた、という気持ち。彼女も同じように傷ついたんだな、つらかっただろうなとも思うんです。

F：ヒーラーとして光の柱のイメージが浮かんだから描いたのに、無意識との対話で、光の柱と思ったものは、「あなたの中の強い意志よ」「大丈夫よ、この炎で焼いてあげるわ」といった。ということは、無意識が防衛しているとか？　火炎はこの「白い柱」のようなものに恨みがあって、燃えて締め上げるというか。その方が自然に理解できます。

## □自分の気持ちを出すのは、怖い気もする

K：もっと、自分の気持ちを出してもいいと思うのだけれど…。

ナツコ：うーん、すっごく醜いものが出てきたりして…（笑）。怖い気もする。

A：でも何にしても、涙が出るほど傷つくという、その自分の気持ちをいたわり大事に扱うことって、忘れてはいけないと思うんですよ。

ナツコ：傷ついた気持ちを大事に扱うって、いままであまりやってこなかったです。そういう気持ちを持つって、自分にとっていいことのような気がします。

本当に描きたかったのは炎のほうで、その炎を使って自分の嫌な部分を燃やして消してしまいたい、という感じが強かったです。でもやっぱり私って、人から「いい人」と思われたい、という意識が強いなと思います。だから、嫌な自分は認めたくないし、消してしまおうと。

Y：光の柱が「あなたの中の強い〝意志よ〟」と言ったということは、「意志」つまり「意識」の部分がヒーラーなんでしょうか。

ナツコ：もともとというかワーク全体を通して、私は黄色で「光」としての黄色、「聖なる」色を表現したつもりがあったと思うのです。「知性」とか「意志」というより、「聖なるもの」が持つ力を追い求めたりすがりたい気持ちがあって。でもこの、私自身の無意識との対話では、光の柱が「あなたの中の強い〝意志よ〟」と言っているんですよね。なんか…自分自身でもどうなっているんだか、分からない感じがあります。

## □おちゃめな少女は、インナーチャイルド？

F：②は、「お気に入りの木に登ってよく遊んだ」という、自由でのびのびしているワンダーチャイルドのイメージでしょうか。

S：木は「保護」を象徴するとも言われますね。

A：この子は、おちゃめで周りからエネルギーをいっぱいもらっているみたいだけれど、手足なんか枝から離れていて、危なっかしい感じもします。

ナツコ：子どものころの思いがベースになっているのだけど、元気なインナーチャイルドを描くならこんな感じ、と安

直に描いちゃったかな…？

## □木は母性？　それとも父の象徴？

K：母性的な木に包まれて安心して楽しそうだけれど、木としてはバランスが悪いです。幹がずん胴というか、根も寸詰まりで浮いている感じです。

Y：バウムテストやHTPテストという心理テスト[9]だと、木は自己感をあらわすと見るんですよね。その見方だと、木の上部や左右、葉っぱも含めて木の全体像が描かれていないのは、未来のビジョンが見えていないということ？

ナツコ：たしかにいま、将来に対する具体的な展望ってない感じです。とりあえずいまの自分がつぶれないように、不安なことは半ば見ないようにして、元気にふるまっているって感じかな。

I：両枝と根っこが平行に左右に広がっていて、人の手や足のようにも見えます。自己感とか母性性というより、この木は幹や枝が野太く強調されていて、筋骨隆々のお父さんみたいじゃないですか？（笑）

## □父に支配されたくない思い

K：筋骨隆々のお父さんが、少女を取り込んでいる？

ナツコ：画家同士なので、父に支配されたくないとは思っていますが…。

F：父上は存在感の高い方で、高名な画家でいらっしゃるのですよね。

Y：母性を象徴する木に抱かれてヤンチャしているとも、筋骨隆々の父性的な木に取り込まれているとも、見えます。

A：でも母性にしては、葉っぱはスカスカで、むしろ空のほうが色がしっかり塗ってあります。

Y：同感です。①の柱の両側の青もこの空の青も、何か意味があるみたい。

ナツコ：葉っぱから透けて見える空に、憧れていたと思います。私にとって空って、「いいことあるかもしれない」という希望のイメージなんです。

S：葉っぱで外界から隔てられ守られるより、むしろ空につながっていたい。

F：陽気なこの子のキャラクターは、ナツコさんそのものです（笑）。

## ■話しあい２――象徴の意味をとり入れて

### 象徴の意味

黄色：知性、上昇志向、聖なるもの。欺瞞、臆病、嫉妬
光：神性の顕現、原初の知性、善の源泉
螺旋、日や月、男女双方のエネルギーをあらわす渦巻きとしての
螺旋：創造力、解放。成長・拡大と死・収縮、誕生と死 ↓

竜巻↓旋風：上昇と下降
柱：樹の象徴とつながる。聖なるもの崇敬されるものを世俗の日常的なものよりも高くかかげる
火：変容、浄化。幻や不浄なものを焼き払う、原初の純粋さの回復
オレンジ色：愛、嫉妬
青：知性、霊的存在。空の青としては〈天空神〉としての〈太母〉
空：全知全能の創造主としての神。母権社会では天空神は女性
木↓樹：宇宙軸。女性原理の象徴、庇護者としての〈太母〉、〈太母〉の母胎と力
赤：男性原理、火、熱意、怒り

・・・・・

### □「光」としてかいた「黄色」の意味の二重性

ナツコ：私のこれまでのワークで、「光」として描いた「黄色」の意味、黄色が二重の意味を持つということを、自分ではまだ分かりきれずにいます。

杉浦：明るい「黄色」は、太陽に象徴される男性性の高い色、つまり、知性、上昇志向といった意味や、聖なるもの、高貴という意味があります。また、欺瞞、嫉妬、など異なる意味もあり、象徴として重複する意味を持つ色です。いっぽう「光」は、聖なるものを意味します。

K：黄色で描かれた光は、「聖なるもの」をあらわすこともあれば、「欺瞞」や「嫉妬」をあらわすこともある、ということになるのでしょうか。

杉浦：そうです。こうした意味を手がかりにして、描かれたものや描いたときの気持ちなどから、何をあらわしているかを描いた人自身が読み解いていくのです。

### □感情を浄化させる、火や炎

K：①の「黒い思いを燃やしたい」、「描き終わって少し落ち着いた」というのは、感覚的にも分かります。象徴としての火の持つ意味は、〈滓《かす》を焼き払うことによる原初の純粋さの回復〉とか、〈虚言や不浄なものなどを焼き尽くす〉などがありますが、カタルシス、感情の浄化的な側面ですね。

F：本来的な感情を否定し、反対に聖なる光とか理性・知性とか〈正しい〉方向へと自分を規制していく力を持つことを、解決法に用いるというのはどういうこと？　感性の本来的な思いを閉ざして、社会的に期待される知的な自己像を生きるという考えにつながるように思いますが。

ナツコ：ずっしりとくる言葉です。

K：ナツコさんのワーク全体を通して、「汚い黒い自分はあってはいけない」「聖なるものに助けてもらいたい」という、「神的なもののイメージ」とのつながりや関わり方を強く求めるという気持ちは、分かるように感じます。

## □「螺旋」は太母的、「螺旋状の光の柱」は老賢人的

杉浦：渦や渦巻きとしての螺旋は、太母的なものと同時にファルス的なものという両義的な意味合いがあります。ナツコさんの第2回の渦巻きシステムの渦巻きは、女陰、洞穴、集中、凝集、下降のイメージで、中に入り込んで渦巻いていく、太母的な「螺旋」の象徴を感じさせます。

A：渦巻きシステムの渦は、たしかに内側に巻き込んでいくような印象です。

杉浦：螺旋がファルス的なものの場合は上昇を意味し、高次のエネルギーに発展していくという方向性を示唆していきます。いっぽう螺旋状の光の柱は、自分の中の強い意志だと言うことでしたが、象徴解釈では「光の柱」は老賢人的なものと言えます。上昇を意味し、高次のエネルギーに発展していくと考えてよいでしょう。

F：ファルスとは、男性性器、男根のこと。すごく発展的なイメージですね。それで、男女の性器の連想から、渦巻きシステムの渦巻きは女性性の下降イメージの渦巻きで、この螺旋状の光の柱は男性性の上昇のイメージだということなのですね。

Y：ナツコさんのイメージは、「螺旋状の光の柱」ではなく、光の柱に「螺旋状に火焔が巻きついている」ものでした。

杉浦：螺旋にも柱にも、ファルス的なものを象徴する意味合いがありますから、ここでは「螺旋状の光の柱」と見てよいでしょう。

## □女性性と男性性、グレートマザーと老賢人

S：螺旋の光の柱というと、地面から立ち上がる竜巻の動きに似ていますね。第1回にも、竜巻のように上昇する光の布のイメージが出てきましたが。

杉浦：そうですね、渦巻きに対比される竜巻は上昇していくものですから、男性的な老賢人の象徴でもあり、未来の明るい見通しはあるが、竜巻はかなり危険を伴うものです。ナツコさんのこの光の柱も同じ意味があると思われますから、老賢人的、アニムス的なものでしょうね。ですから、渦巻きと光の柱は、女性性と男性性、またグレートマザーと老賢人、の象徴と言えるでしょう。画家同士ということですが、精神的伴侶として、お父さんのイメージが強かったのではないかしら。ここまでのワークを通して見てみると、光の柱、守るもの、ヒーラー、ストレス退治も、この精神的伴侶が中心のテーマになっていますしね。

K：下方に向かうエネルギーである渦巻きは女性性を象徴し、上昇していくエネルギーを示す光の柱は男性性を示す。それらはグレートマザーと老賢人的なはたらきをしている、と見ることができるというのですね。

## □ 同時に起きているグレートマザーと老賢人の働き

ナツコ：うーん…壮大な話になってきた感じです。渦巻きは、そういえば光の柱を上から見たイメージだったのです。象徴性のすごさに驚いています。私の中で、第2回に出てきたような渦巻きの下降と、光の柱のような上昇が同時に起こっているのかな。

杉浦：グレートマザーは、すべてを受け入れると同時に、「個」を飲み込んでしまう力でもある、「母なるもの」「受容」の力です。老賢人は対照的に、「個」を分断していく力、「これとこれは違うもの」というように、判断し、分かつ力を持ちます。グレートマザーは女性性・無意識や感性・下降・夜や闇を象徴するもの、老賢人は男性性・意識や思考・上昇・太陽や光、という意味があります。

F：象徴の雄弁さに、言い負かされたというか…（笑）。

Y：なんかすごいことになってきました。グレートマザーと老賢人のはたらきが、ナツコさんの中に同時に存在するということは、具体的にはどういうことなのですか。

杉浦：渦巻きが同時に螺旋の柱でもあるというのは、「分ける」力である男性的なものに、同時に「包含する、飲み込む」女性的な力があることになりますね。つまり、お父さんの強いパワーに対抗するものは、お父さんからナツコさんを「分離する」力と、ナツコさんを「包み込む」力と、両方が必要だったということでしょうか。下降と上昇の光の渦巻きで神的存在（聖なる存在）を表現できたことで、父の呪縛から逃れることができたのではないでしょうか。

ナツコ：うーん、合点がいくというか、理解できる感じです。いまは、この絵を描いたころから少し時間を置いたので分かることですが、光にこだわったのはやはり父の存在が強かったからだと思います。強烈な父のパワーに対抗できるものは、神という存在以外にはなかった、神的な存在と人間とのバランスや距離の取り方を模索していたのかな、とも思います。

F：ずいぶん思いきった対話や倫理的対決ができ、感動です。象徴性とアクティヴ・イマジネーションの力を借りなければ、こんな本質的な問題は語れなかったと思います。

## ■ ワークをふりかえって――ナツコ

ヒーラーのワークでは、まず自分の意志で何とかしようとしていたこと、感情に向き合うことが苦手な自分がいるということに気づかされました。

そんな自分もありつつ、光の柱の持つグレートマザーと老賢人のはたらきが、自分の中で同時に起こっているということに、無意識からのメッセージの凄さを感じました。

遊び好きの子どものワークでは、父との関係性を読み解いてくれたことに驚きました。今では、父とはある程度距離を置けるようになり、かなり楽になりました。また、太母の象徴である「空」とのつながりを意識することで、だいぶ自己受容できるようになったと感じています。

## リーディングノート

### 第3回　ナツコさん

ナツコさんは、友人を傷つけたことがひきがねになり、自分が「加害者になること」への怖れがあると語っています。また、根底には「加害者になったり、醜い部分を持っていると、自分は存在を許してもらえない」、という根源的な怖れがあり、それをナツコさんは火の持つ「純粋性を回復したい」「炎で浄化されたい」と感じているようです。

そして、「ヒーラー」として登場した声が、自分は「強い意志」であると言っていることは、「癒やし」の方法が根源的な自己受容や肯定ではなく、「存在を許してもらえる行動をとる、自分を肯定してもらう」というやり方であることを示しています。しかし、アクティヴ・イマジネーションによる対話や対決の結果、第2回②であらわれた「渦巻きシステム」の動きが、今回は光の柱に組み込まれ、ただ「無意識や感情を、意識や理性が打ち破る」「火による浄化、純粋性の回復」というだけの意味あいの絵ではなくなってきました。

螺旋の柱は同時に渦巻きでもあるということは、父から自分を「分離する」力と、自分を「包み込む」力の、両方が必要だったという意識化につながりました。そしてナツコさんは、下降と上昇の光の螺旋で神的存在（聖なる存在）を表現でき、画家同士である父の強い影響から、逃れることができたのでした。

庇護者かつ支配者の要素は、②の「真夏のなっちゃん」にも、見られます。この木は、「筋骨隆々」なたくましさと、母性的な守りの要素を併せ持っています。

ここでの注目点は、木の全体像がはっきり描かれていなく、幹や枝の筋骨隆々とした抱え込む力が強調されていることと、「少女自身」ではなく、アニムスをあらわす「赤い服」だけが、くっきり塗られていることです。ですから、少女も木も、生き生きのびのびと描かれていながら、両方とも「浮いているよう」に見え、実在感が感じられない印象です。

そのかわり、本当の受容を与えてくれる「太母」のイメージが、青い色の「空」として、しっかり描かれています。ナツコさん自身も、「葉の間から見える空に憧れた」と語っていることから、無意識の中でナツコさんは、太母とのつながりを築き上げているのではないでしょうか。すべてを包み込み守る太母の力を象徴する「空」は、この時期のナツコさんの変化を助ける存在のようです。この「空」の色は、「炎の柱」の絵でも強調されている点も、注目したいと思います。

# 第４回　傷ついたインナーチャイルドをかく　――インナーチャイルドⅡ

## ■ワーク――絵と説明：ナツコ

### ⑴　ヒーラーとインナーチャイルドをかく

### ⑵　インナーチャイルドをかく

私は子どものころとても引っ込み思案で、そんな自分が嫌でした。子どもながらにすごくコンプレックスでした。自分を出せないいらだちもありました。

自分の子ども時代をふりかえると、「いい子」を演じることばかりに気持ちが向いていて、弱くて臆病な自分を見ないようにしていました。インナーチャイルドを描くことは、そんな自分とも向き合うことなのかな、と思いました。

①　（かき損じ）

**絵との対話**

左手：いるよ
右手：おじさんみたいな顔になってびっくりした

②　元気な子と小さい少女

**絵との対話**

左手：だいじょうぶだよ
右手：何がしたいの？
左手：外につれてってあげるよ

インナーチャイルドって私にもいるのかと、自分の心の奥をじっと見ていきました。すると①のような人が出てきて、「いるよ」って言ったんです。でも左手で描いたので、おじさんみたいな顔になってしまい、びっくりしました。

ちょっと怖い気がして、途中で描き直したのが②です。今度は、にっこり笑った男の子のような元気な子です。その子に「だいじょうぶだよ」って言ってくれました。その子に「何がしたいの？」って聞いたら、「外に連れていってあげるよ」という答えが返ってきたんです。

その途端、「本当の私は他にいるな」という気がしたんです。そうしたら、男の子の向こう側に、おとなしそうな小さな女の子が座っているのが見えてきました。それで、ピンクのワンピースを着た女の子を左端に描きました。

## 話しあい1——感じるままに

### □ 3人のインナーチャイルド

S：②の男の子と小さい女の子は、どちらが自分に近い感じがしますか？

ナツコ：どっちの要素もあるんですよね。②の小さい女の子は、自分でもなるべく見ないようにしていた、気弱な自分のような感じです。だから遠慮がちにこんなに小さく、遠くにいるのかな。それを、別の自分が元気にガードしているって感じかな。ということは、気弱な子が本当の私…？

Y：その子はそれぐらいの大きさが居心地がいいんですよ。小ささや、か弱い感じも、その女の子が表現している要素のひとつなんでしょうね。

I：もうひとりいますよ。最初に①で描いた、おじさんみたいと言った子。

F：①はよく見ると、整った顔の美少年に見えますよ。ただとてもリアルだから、怖いと感じたのかしら？　②の笑顔の子は外向的で「いい子」みたいです。

K：①が怖いっていうのは、分かる気がします。そのまま描き続けたら「内面を出しすぎてしまう」と思ったかもしれない。シャドウって、こういう存在のことを言うのですよね。見たくない認めたくない自分と、ふっと出会ってしまう。

### □ 自分を守るための子

F：①の子は迫力があって、何か語りかけているみたいです。それで、その存在に耐えられるぐらいの、②のすごくにっこり笑った子が出てきたのかしら。ヒーラーというより、自分を守るための子みたい。小さい女の子も、たとえどんな自分でも、それが自分の真実というかOKなんだ、と言うのですね。

ナツコ：「自分を守るための子」っていう言い方、すごくピッタリする気がします。小さな女の子はそのままでいい、と認めてもらって、やっと本当の自分を出してもだいじょうぶ、という気がしてきました。

F：何か実感がこもってないというか…（一同笑）。

ナツコ：本当にそう感じたんです…。あれっ、やっぱりそうでもないかな？　もの分かりが良すぎちゃっているかしら、私？（一同笑）

K：そういうところにナツコさんらしさ、素直さを感じます。

Y：「とりあえず安心する結論」に走りやすいというか、過剰に反応してしまうところがあるかな。

ナツコ：うーん、痛い言葉です。今日は、自分の「生き方のくせ」みたいなものが、はっきりしました。いい子の枠にはまりやすいし、「とりあえず安心したい」と急ぐという…。このワークが、これからの生き方にどう影響していくのか楽しみです。また、まとめすぎてるかな？（笑）

## ■話しあい2――象徴の意味をとり入れて

### ● 元型の意味 ●

この回は、元型について話しあいました。
シャドウ：第1部27～28頁参照
ペルソナ：第1部28頁参照

・・・・・

A：①の子は、やっぱり「シャドウ」なのでしょうか。

K：「シャドウ」って、意識化されていない自分の一側面ですね。無意識の中に住む「影の人格」、自分の意識が「自分」と思っている人格と、反対の場合が多いのですよね。

Y：それで今度はその反対の、にっこり笑って手を振っている男の子のような子が出てきたけれど、こっちは社会的な顔、周囲の期待と自分らしさとの妥協点である「ペルソナ」の要素が強く感じられます。

I：3人のインナーチャイルドのうち、「本当の私は他にいる」と思って描いた小さな女の子が、本来的なインナーチャイルド、ということでしょうか。

ナツコ：何となく描いた絵なのに、シャドウとかペルソナとか、心がざわざわする感じです。

杉浦：こういう「いい子」を描かないと、小さい頼りない女の子が描けないっていう、この対比が面白いですね。

A：ナツコさんは、こういう感じの核心をついた絵がさらっと描けるのですね。

## ■ワークをふりかえって――ナツコ

このワークでは、無意識がポッと3人の子どもを描いてしまったという思いがあります。杉浦先生は「まずこういう子を描かないと、小さい頼りない女の子を描けなかった」と言われましたが、いまではそのことを納得しています。3人でワンセットという気持ちです。自分の描いた絵が、シャドウやペルソナをあらわしているとは、驚きます。でも、「それでどうなのだろう」という、まだしっくりしないところがあります。もっと、無意識との対話が必要みたいです。

また話しあいの中で「どんな自分でもOK」だと言ってもらえて、安心したのと同時に、「いい子」の自分でもいいの？　というとまどいもありました。でもいまは、時には「いい子の自分」の存在を許して成長を待とうとしている、一回り大きくなった自分を感じています。

### リーディングノート

#### 第4回　ナツコさん

①の子を描き続けられなかったのは、「見知らぬ自分」が出てきて、「他人に認められている自分」とは違う違和感や抵抗が、働いたのかもしれません。①の子と②の笑顔の子は、中性的あるいは男の子のような印象ですが、小さい子はピンク色のワンピースや長い髪で、女性性が表現されています。この小さい少女の「内気で引っ込み思案、こんな自分じゃいけない」という気持ちは、第2回①の「心配している自分」の抱えている「不安、ストレス、緊張」の状態と、共通するものが感じられます。

「シャドウ」は自覚していない自分の側面なので、誰にとっても、受け入れがたいものです。けれど、否定したい自分と向き合い、受け入れることは、より自由になり、本当の自分自身に気づいていくプロセスでもあります。今回のワークでは、思いがけずシャドウやペルソナと出会ったことで、自分の内面に向き合い、無意識との対話が始まったようです。

# 第5回　インナーチャイルドを育てる——インナーチャイルドⅢ

## ■ワーク——絵と説明：ナツコ

### □自由にインナーチャイルドをかく

今回は気にかかることがあって、心の奥の思いを呼び覚ますことに集中できず、インナーチャイルドというより、自分がこれから行く予定の場面を描いてしまいました。実はもうすぐシーカヤック、カヌーをやりに行くのです。この絵はカヤックを漕いでいる自分を上から見たところです。

シーカヤック

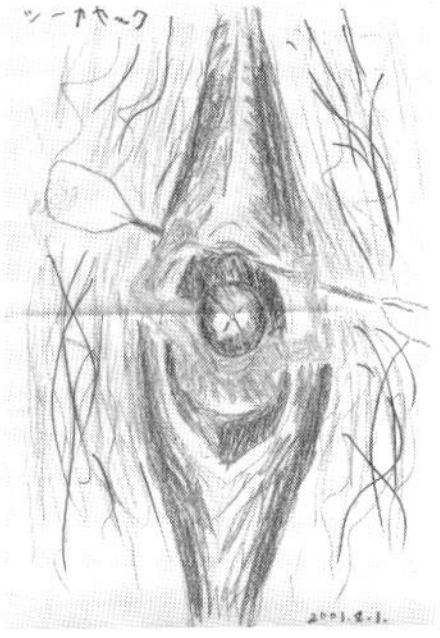

## ■話しあい1——感じるままに

### □カヌーは女性器に見える

I：海や水は、無意識の象徴です。でもこの絵は水の中ではなく、表面に浮いている絵で、無意識を体感しているわけではないですね。

S：海って、〈大いなる母〉というイメージもあります。だから直接海に触れていなくても自分に還ることができる、という感じなのではないかしら。

K：なぜ真上から見たところを描いたんですか？　普通、カヌーを漕ぐ絵を描こうと思ったら、横から見た絵を描くように思いますが？

ナツコ：なぜって…ただ描いたら、こうなってしまいました。あえて言うなら、自分を客観視したかったのかも？

Y：行動的で積極的な自分を見つめることで、いろいろな不安を乗り越えようとしている。ナツコさんのアニムスが、不安の波をかき分け「カヌーを漕ぐ」という行動で自分をあらわしているみたいです。この人物には、女性らしい感じもありますね。それに私には、カヌーが女性の性器に見えてしまいます。（一同、驚く）

K：ほんと、女性器に見えます。カヌーの先端と後ろの尖っている部分が画面からはみ出しているので、余計そう見えるのです。

ナツコ：そう言われるとびっくり！…この絵を描いた頃は、彼との関係が崩れていく中で、女性性も含め、自分のあらゆることが否定された気がして、自信喪失していたんです。自分では意識していませんでしたが。

Y：カヌーを漕ぐという行動的な面と、同時に海は生命を育む場でもあるので、女性性を大事にしていくという感覚の両方があらわれているのですね。

### □ 遊び好きのインナーチャイルド

A：今回はインナーチャイルドのワークでしたが、ナツコさんは「インナーチャイルドでなく、これからおこなうことを描いてしまった」と言われました。

F：テーマとは別な思いがあると、そちらに心がいってしまって、そちらの気持ちを描きたくなるんですよね。でも実際には、インナーチャイルドというテーマは却下されたわけではなくて、カヤックを漕ぎに行くワクワク感を感じているナツコさん自身と、無意識から出てきた「女性性の舟をこぎ出すインナーチャイルド」の両方が、この絵に描かれていると思います。

## ■ 話しあい2 —— 象徴の意味をとり入れて

### ● 象徴の意味 ●

櫂：力、知識

カヌー：月に属する小舟、三日月 → 月：女性的な力、〈太母神〉、〈天の女王〉

舟：探検、人生行路への旅立ち。変容の（女性的）器

オレンジ：炎、火、贅沢

海：混沌。無意識、あらゆる可能性を含む生命の源、〈太母〉
波：果てしなく動く水として、有為転変、虚妄、動揺
帽子：権威、力、思考
・・・・

### □アースカラーは、太母の力

杉浦：カヌーはオレンジ、帽子は茶色、服は緑で、アースカラーを多く使っていますね。アースカラーが連想させるのは大地の力、太母的な力です。ご自身は気づいていないかもしれないけれど、そうした生命力につながる力を、すでに絵に描きあらわしていますね。無意識のなせるわざですよね。

K：舟は「月に属する」もの、月は女性性を象徴する。するとカヌーも、女性性・母性性をあらわすアイテムですね。

### □2通りに描かれた波

杉浦：よく見ると、波はサインペンとクレヨンで、2通りの描き方をしています。サインペンのほうが、線がヒョロヒョロして、弱々しい印象です。ナツコさんの不安な気持ちがあらわれているのではないかしら。

カヌーに乗っている人の、帽子と体の描き方にも違いがありますね。帽子はしっかり色が塗られているのに、身体はぎこちないし輪郭や色がはっきり描かれてもいない。帽子には物事を整理するとか、左脳的論理的に考えるという意味があります。アタマで物事を整理して対処しようとしているけど、実際にはまだ問題が解決したわけではないので、身体はぼんやりとしか描けなかったのでしょう。

### □過去を整理し、未来に希望を持つ

杉浦：このカヌーを人物の前と後ろの方向に分けてみると、塗り方にも違いがあります。カヌーの後ろのほうがしっかりした線や色で描かれているのに対して、前方は紙の上端も1cmぐらい塗り残しがあって、線も乱れています。

人物の後ろ側が過去をあらわし、前方が未来をあらわしているのではないかしら。過去に整理をつけ、未来に向かおうと。けれども不安も抱えているので、こうなった。よく見ると、前方には希望の色である黄色も塗られていますね。

ナツコ：とても驚きます。自分のいまの状況にピッタリです。

### □女性性とアニムスとの統合

Y：驚いたことは、カヌーが俯瞰図《ふかんず》で描かれたこと、その結果、カヌーが女性の性器に見えることです。

杉浦：舟が女陰の形というのは、わりによく出てくるイメージなのですよ。ご本人は単にカヌーを描いたのだけれど、無意識はもっと奥底の問題を表出させたのですね。その描かれた女性性がアースカラーですから、まさに太母的と言って

もいい、すごい力を秘めているのではないでしょうか。そして、この女性性の力を発揮するためには、自分の中にある男性性の力が必要になってくる。海原に舟を漕ぎ出そうとする意志がまさに男性性・アニムスで、この絵には女性性とアニムスの両方の力が内在していると思います。

F：ナツコさんの中の女性性と男性性の力が、統合されての船出なのですね、素晴らしい。対立していたものが統合されたのだと、やっとわかった感じですが、ホントによかったと思います。

ナツコ：いろいろ盛り込まれた大きなワークになり、充実感でいっぱいです。

## ■ワークをふりかえって――ナツコ

ちょうどこの絵を描いた時期、直面していた離婚問題でかなり気持ちが揺れていました。話しあいの中で、この絵がまさに不安の波をかき分けて私のアニムスがひとりで漕ぎ出そうとすることのあらわれだ、とメンバーが読み解いてくれたことに感謝しています。自分ひとりでは、なかなかここまで分からなかったと思います。

杉浦先生のコメントにも、とても勇気づけられました。たしかにこのワークでも、私のテーマ色、未来への希望を示す黄色が、さり気なくカヌーの先端部分に塗り込められています。自分の力で何とか漕ぎ出そうとしているのです。私にとってとても大切な絵になりました。

### リーディングノート　第5回　ナツコさん

今回の絵は、第1回⑤「上昇する光」と、第3回①「炎の柱」と、構図や「無意識と意識のせめぎあい」というテーマは同じですが、変化が分かりやすいものになりました。

この変化は、第3回②の「真夏のなっちゃん」で無意識から提示された新しいやり方、つまり、「自分のすべてを受容・肯定する」母性原理に基づいた心の持ち方を理解していったことによるもののようです。不安で落ち着かない状態から、自分と向き合うことのできる、安心できる「場」やゆとりが、心の中に生まれたのかもしれません。

3枚とも紙を縦に使い、周囲は〈太母〉の色である青で塗られ、中央にテーマが描かれています。第1回⑤の「上昇する光」では、「無意識に陥らないよう〝知性〟のコントロールをとりもどそう」とする意識の動きが強くあらわれ、第3回①の「炎の柱」では「否定したい部分を焼き尽くしたい」という、意識化途中のプロセスでの大きな動きやエネルギーが描かれていました。今回の絵では、そうした意識と無意識のせめぎあいの結果、「自分そのものを包含する太母の受容の力に包まれて、混沌の海を渡る」という、解決策が生み出されたことが語られています。

カヌーの絵では、女性性や母性をあらわす色が、アースカラーとして使われています。舟出のシンボルと言える櫂は、海（無意識）を渡るときに自分の望む方向（意識）へ進んでいくための道具で、櫂の意味する「力、知識」は、男性性に属する力をあらわします。しかしこの櫂は樹木の色ですから太母的な力とも関連があり、ここでも「女性的な守りや受容・無意識の力」と「男性的な論理や思考・意識的な力」を併せ持つ象徴として描かれています。

　しかし、櫂そのものには色が塗られておらず、くっきり描かれていないのは、まだこの「新しいやり方」「新しい見方」の意識化や理解が、十分に進んでいないことを示唆しているようです。この絵にゆっくり向き合い、何度も眺め直すなどを通して、実感が湧いてくるかもしれません。

　俯瞰図で描かれたこの絵は、まさに母なるものから生まれ出る、誕生の瞬間を描いたようにも見えます。これまでの、黄色や光が象徴する「男性性・知性・理性」と、青の象徴する「母性・無意識・女性性」が、対立をやめて統合へと向かったことで、「新しい自分」が生まれつつあることが示唆されているようです。

## 第6回　現実の生活を反映するマンダラをかく

### ■ワーク――絵と説明：ナツコ

#### □マンダラをかく

こうなったらしあわせ

　コラージュ製作は初めてでしたが、たくさんの写真や絵の中から自分の気持ちに合う絵柄を見つける作業は、宝探しみたいで楽しいものでした。

　画面左上のカヌーは、ポジティブに行動する自分の象徴。左下の花は、花の絵を描くのが好きで仕事にもしているので、ここに置きました。

　右下は、自分が暮らしたい場所です。犬やネコとともに海の見える自然の中でゆったり過ごしたい、という気持ちで貼っていきました。右上は人のカテゴリーで、自分を取り巻く友人や知人のことを思って貼っていきました。ここまで作ってきて、心の中にちょっと乾いた箇所がある気がして、何かないかと探したら、小さな砂漠の写真があったので、右端の真ん中辺に、付け加えました。

中央は、自己の「高次の力」の象徴として、光の柱をあらわすつもりで、花火の写真を切り取って二重に重ねて貼ったのですが、あまり成功しなかったかな？　自分では、ちょっと弱かったかなという感じがしています。

## ■話しあい1――感じるままに

### □隠れていた、2匹の魚

K：マンダラの真ん中は、花火の写真の端を細かくギザギザに切って作ったんですね。自己の「高次の力」って難しい表現です。イコール「光の柱」という聖なる要素を、ナツコさんの意識がここに持ってきて貼ったのですね。でも、「高次の力」の象徴にしては、パワーが感じられない。あれ？　この下からはみ出ているのはシッポ？

ナツコ：実は…、中心の光の下に魚がいるんですよ。はがして見ると、こんな感じの熱帯魚…しかもけっこう存在感のある魚で。ちょっとグロテスクで、2匹が寄り添っているんです。（一同：驚く）

A：ほんと、びっくり！　この魚、光の下に隠れているのはなぜ？

絵の中心の魚の拡大図

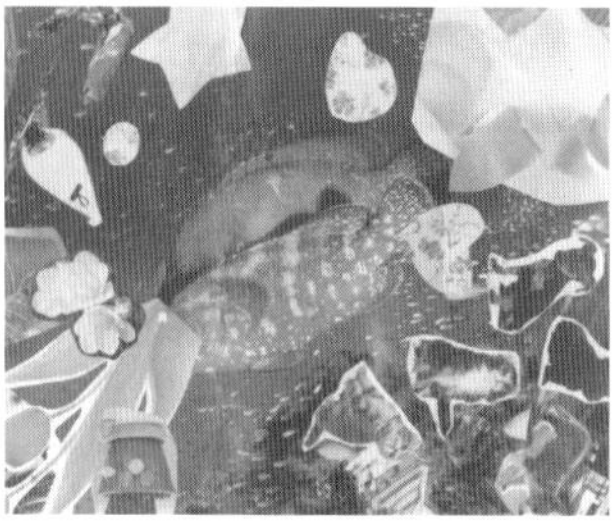

ナツコ：マンダラ全体を覆う海の絵柄が欲しかったので、カレンダーのこの写真を選んだのですが、紙のちょうど中心の位置に、たまたまこの魚がいたんですよ。何だか色も生々しいし形もグロテスクだったので、上に光を貼って隠してしまえばいいと思って、使ったんです。

Y：でも全部を隠していないのね。魚を切り取ってしまうのでもなく、魚のシッポまで隠れる大きな光を、ノリ付けして隠すのでもなく、この、ちらりとはみ出して見えるところが、とても興味深いです。意図的にではないかもしれないけれど、セロテープでただチョンと光を貼ってある。シッポが少しだけ見えるような格好であえて中心に置いたのは、無意識のなせるわざ？

ナツコ：うーん。…とすると、この魚が自分…？　それも2匹って、何だか嫌だな。

### □「出てきたもの」を持ちこたえる勇気

F：去年ナツコさんは、パートナーだった彼と別れたのですよね。で、この2匹の魚は、ナツコさんと彼なんですか？

ナツコ：…いま思うと、夫婦で寄り添って支えあう関係を求めていたのかもしれません。

K：コラージュを作った頃は、本当は彼とやり直したい気持ちが強かったのかな？

ナツコ：そう言われるとそんな気がします。現実には夫婦関係は壊れていたのに、無意識は寄り添う魚を選ぶんですね…。

F：赤って、戦うことや行動力、あるいはヨーガの第1チャクラ[10]の同族関係をあらわす色ですよね。単に彼への未練だけじゃなくて、「赤くてグロテスクな魚が2匹」ということに、無意識からのメッセージがあるのではないかしら。美しくもなく調和的でもない。けれど、寄り添っている。それを、あえて中心に置いているのですよね。

I：ちょっと分かりにくくても、この無意識から「出てきたもの」を持ちこたえる勇気って、大切だと思います。

## □「ここにいるよ」と無意識は伝えている

ナツコ：さっきから魚が話題になっていますが、中心にはいちおう、魚の上に光を貼っておいたんですよ。それも一重では足りない気がして、光の形にギザギザに切り抜いたものを重ねて貼ったんです。

A：現実を反映するマンダラは、自分を象徴するものを中心に置くのだけど、この光がナツコさん自身なんですか？

ナツコ：自分は光の中にいるけど豆粒みたいに小さくて、それでは不安なので、「聖なる光」が自分の周りに、ポジティブにバリアーを張って守っているイメージだったのです。でもちょっと弱くて、成功しなかった…？

F：でも、光はちゃんと着脱できるようにしてあるのが驚きです。意識は「いい子でない醜い魚」を隠そうとしたけれど、無意識は「赤くてグロテスクな魚2匹」、つまり「いい子でない魚」と無意識界のがんばる魚「アニムス」がひとつになって、セルフ・全体的な自己を表現した。

それをナツコさんは光であらわそうとしたけど、まだ「未熟」で光は「高次の力」にはなれず、単なる「防衛」、バリアーになってしまったとか？（笑）

K：「ここにいるよ」と魚は言っている。2匹の魚はセットで、自我とアニムスを統合したセルフになったということですね。それなら謎が解けた感じです。

## □中心の光のゆくえ

ナツコ：…いま、絵を見ているうちに、だんだん魚に耐えられるようになってきたみたいです。この光を、花束の先、左下に置きたくなってきちゃった。ここに置くといい感じです。

F：えっ、それってすごいことかも。フタの役目が「終わった」、防衛が要らなくなったので、無意識のくず箱に捨てるということ？

ナツコ：ひとつのステージが終わって、ここからまた新しいことが始まるということかな。そうなるといいなと思います。

## 話しあい２――象徴の意味をとり入れて

### 象徴の意味

花火→火花：生命原理、魂、火

魚：多産、繁殖、生命の再生と維持。２匹の魚は世俗的権威と霊的権威をあらわす

４：完全性、全体性、完成

花：受動的な女性原理。また、壊れやすい特性や、生命のはかなさをあらわす

ウサギ：月の女神や大地母神と結びつく

・・・・・

### □ユーモラスなウサギの力

Ｆ：画面を４分割したとき、左上は精神性が表現されやすい場所だそうです。マンダラは、内円と外円の中に表現されるものが問題にされるけれど、ナツコさんのコラージュは、マンダラの要素と描画法の４分割した要素の両方の表現法が用いられていますね。

Ｙ：ウサギは「母性・女性性」を象徴しますが、この左上のマンガのウサギは、深刻になりがちな「意識」を笑って、ひょうきんさや軽やかさで場面を軽くする存在なのかしら？

ナツコ：この時期の私は、たしかにわざと明るくふるまって、不安定なものを何とか見ないようにしていたようです。

Ｆ：そういうポリシー、持ち前の精神性で明るく生きてきた。このユーモラスさは、「ポジティブに行動する自分」の象徴という感じの、ペルソナに近いもののようです。

Ｋ：軽やかなキャラクター的な要素って、いい意味でナツコさんには不可欠な要素じゃないかしら。

ナツコ：う～ん、複雑な気分です。いいことなのかな、まずいことなのかな。

### □現実の生活を映すマンダラ

杉浦：現実の生活を反映させるマンダラの場合、生活の中でいちばん大事だと思っていることが中心にきますから、ナツコさんの魚の場合、最初は「彼と自分」というエゴの象徴であったのかもしれませんが、その魚を隠した光を装着することによって、魚がセルフに昇格した、と言えるのではないでしょうか。絵を描いていく過程で自己治癒力がはたらいて、エゴがセルフに変化した、ということではないかと思います。このように、現実の生活を反映させるマンダラの場合、中心はいつもセルフなのではなく、まずは現実の生活を反映させる関心事＝「自我」が置かれる、というところがポイントですね。

Ｆ：内的な意味づけが変化して、普遍性のあるセルフ、自己というものになったということなのですね。

杉浦：そうです。ですからマンダラの光が、セロテープで着脱自在なかたちで貼ってあったということは、素晴らしい発想ですね。そういう、力の枠組みを外すことができる自分がいるということ。それで最終的には、フタや守るものとして、光を用いる必要がなくなった、というところまでワークが進んだのですね。マンダラの周りには自分を取り巻く４つの世界を配置した。４という数字はそれだけで統合をあらわします。４つの世界を表現し、統合したのです。

F：ここまでワークが進んだことのひとつに、補助自我グループによるアクティヴ・イマジネーションがうまく機能しているときは、当事者の自我をメンバーが共有できる、このことがすごいと思うんです。

K：アクティヴ・イマジネーションは観察的態度を促すので、自己開示することがそれほど苦しくなくできたり、当事者の自我の問題も、観察的に見ることができるように思います。

## □ 中心の魚は、アニムスでもあるセルフ

A：ナツコさんは「光はバリアー」と言っています。まったく異なる発想で、「魚はシャドウ、光はシャドウを隠すもの」と見る見方はどうでしょう？

杉浦：作者が言われていることに、いや違う、とは言えないわけです。たしかにこの魚は、シャドウの要素もあったかもしれないけれど、でも、無意識の世界まで降りていって考えてみたら、アニムスでありセルフでもあるのではないか、ということです。

ナツコ：この魚の色や形から、何か象徴的なものはありますか？

杉浦：赤は感情、情熱の色という意味もあります。形や、何という魚か、どういう習性があって…、などが分かると、また情報が多くなるのですが。エネルギッシュな印象の魚ですよね。一般的に魚は無意識の中にある生命体、エネルギーです。それが海の中で、無意識の中で動いている。そしてこれから何か生み出す。どう発展するか、いろいろな場合があるわけです。

## ■ ワークをふりかえって――ナツコ

中心に置いた光の下の赤い２匹の魚は、私は最初、彼と私のイメージだと思いました。整理しきれていない彼への想いをこんな魚の形で選んだものの、やっぱり私の意識は、光でフタをしたのだと思います。

でも話しあいをしていくうちに、私の無意識からのメッセージは、「２匹の魚はもっと普遍的な意味を持つアニムスを語っていて、さらにそれはセルフを象徴している」と言っていることを、私はだんだん受け入れられるようになりまし

た。現実的には彼とは決別した私なのですが、自分を映す他者を通して初めて、無意識の思いを理解し、折りあっていくことによって、私は自己意識を獲得したのです。

話しあいの途中で私は、マンダラの中心の光をはがして、左下すみの空いているところに置きたくなりました。杉浦先生はそれを、「フタや守るものとして、光を用いる必要がなくなった」と言ってくださいました。自分でもそういう気がしています。光のイメージに頼らなくても、自分の内面に育ちつつあると確信できる自己、内面の力があると感じるからです。

**リーディングノート**　**第6回　ナツコさん**

2匹の魚が、普遍的な元型の意味を持つセルフとして、意味づけが変わっていったプロセスには、次のような流れがあったと思われます。

意識が「赤くて醜い魚」と感じたものと同じ意味合いは、第2回の少女が白いドレスの中に覆い隠したもの、第3回で「焼いてしまいたい」と感じたものなど、意識が「存在を否定」したものとして、あらわれてきました。これらを、「醜い、嫌だ、消してしまいたい」と感じる自分（意識）の「ストレス」に対抗するものは、「神的なものへの希求」しかなかったといいます。しかし、「ストレスの渦」（下降する渦巻きシステム）と「炎の柱」（上昇する渦巻き）が、大きな気づきをもたらしました。

ナツコさんは、「渦巻きの下降と、光の柱の上昇が、同時に私の中で起こっているのかな」と、感じるようになっていきます。対立物の統合と言うプロセスです。そして、画家同士で精神的伴侶でもあった父親に、「強烈な父のパワーに対抗できるものは、神という存在以外にはなかった」と、語っています。「意識化」は、問題に巻き込まれている状態の人に、その流れから自分を切り離す選択の力を与えます。人はこのようにして、「全体性」（意識と無意識の統合）を獲得するといいます。

創造的で、深い感銘を受けるワークになりました。

## 全体（第1回～第6回）のふりかえり　ナツコ

### ■ 光からの解放——みにくい魚を受け入れる

アートセラピーのワークや話しあいは私にとって、自分を見つめ直すターニングポイントになりました。別居から離婚という不安定な時期に私は、無意識からのメッセージが分かるにつれ、本来の自分の姿が見えてくるようになりました。

そして、彼とのことを整理できただけでなく、「いい子」、過剰適応的だった自分の生き方全体を問い直し、新たな生きる力を得たのです。「新たな生きる力」とは、私の中にあるセルフに触れ、実感することができたことからくる、「根源の力の存在」であると感じています。

ふだんの、意識を優先させて生きている自分にはない、「無意識からのメッセージを、アクティヴ・イマジネーションによって深めていったもの」として、私のワークでは次のものがありました。第2回での、渦巻きシステム、白いドレスの少女。第3回の、光と炎の柱、木の上の少女。第4回の、リアルな子、いい子と小さな少女。第5回の、シーカヤック。第6回の、光と魚のマンダラ、です。

何気なく描いた11枚の絵のうち8枚に、いわゆる「常識」的な描画を超えた、無意識からのメッセージが語られていました。それらと対話、対決し、最後にはセルフへと達することができました。それはどれも、自分の価値観や存在に対する、深い部分での気づきを得させてくれたものばかりです。こうした気づきはひとりで得られたものではなく、杉浦先生、グループの仲間が真摯につきあってくれたおかげだと、感謝しています。

# イズミ　新しい自分へ

私の身体再生図・マンダラ

## 第2回　心の持ち方をかえる

——心配ごと撃退法

### ■ ワーク——絵と説明：イズミ

(1)「自分が心配している姿」をかき、「心配ごとの上位10項目」を箇条書きする

(2)「いちばん心配なこと」を選び、その絵をかく

私は毎日忙しく過ごしていて、自分と向き合う時間がとても少ないと感じています。①はそんな私の心配ごとを8つと、心配ごとの5番にあげた「固くなっていないか」について、思いつくままに描きました。

②は心配している内容でもあり、心配している自分の姿にもなりました。自分をひとつの容器とすれば、ピッタリのいいものを入れたいけれど、入れようとしているものがゴチャゴチャしていたり、①の氷みたいに固くなっていて、容器にピッタリ収まっていないのではと心配しているのです。

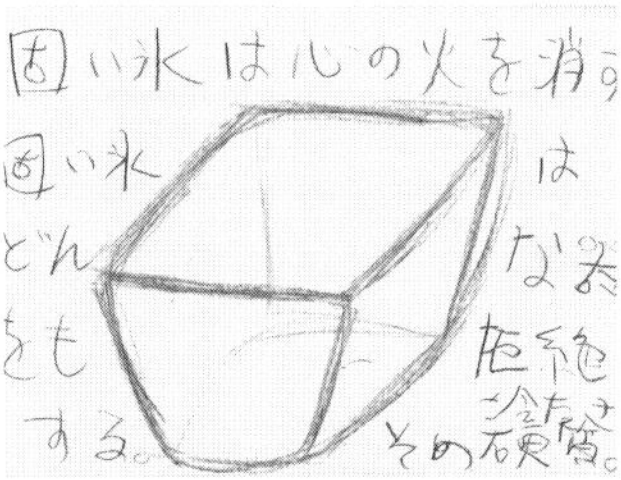


① 固い氷

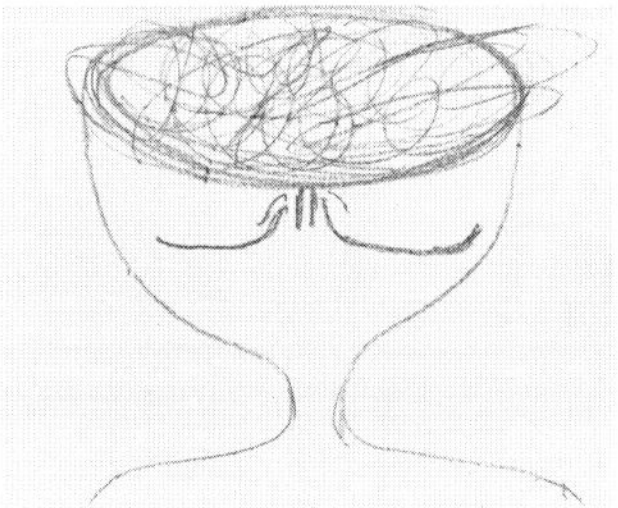

② 心配しているグラス

**心配ごと**

1) 心の火は灯っているか
2) ぴったりの器は見つかるか
3) 自分の器を相応しいもので満たしているか
4) 風通しを悪くしていないか
5) 固くなっていないか
6) 居場所
7) 経済力
8) 音楽

**絵をかいたあとで浮かんだ言葉**

固い氷は心の火を消す
固い氷はどんな器をも拒絶する
その硬質

**(3)「心配ごとを撃退」しているところをかく**

**(4)「心配ごとをとり除いたあとの気持ち」を文字で書く**

次に、③の炎が描きたくなりました。これは心配ごとの一番にあげた「固い氷は心の火を消す」ということに関連しています。固い氷もやわらかく溶かす炎が私の中にあれば、容器にピッタリのもので満たすことができます。けれど「心の火」は、私の中にというよりは私の外に、遠くにあるような気がしました。そしてこの火を自分に取り込むには、私自身があまりに弱い、と感じました。③の、炎の左端に薄く描いてある透明な人物は私です。

④は、自分の肉体的・精神的な「弱さ」を撃退することを思いながら描きました。それらを全部受け止められるのは、他でもない自分自身の身体だと思ったのです。首も腕も足も胴もどっしりとした身体なら、弱さすらもこの身体で受け止められる気がしました。頭の中のゴチャゴチャしていたものや、ネガティブなものまできちんと整理して入れられていて、目をしっかり開いて外のものを取り込んで、口からいっぱい出す、というように風通しも良くして。

でも、描いてみたら足が萎えた感じになり、フットワークが悪そうだと思って、肩のところに薄い桃色の羽を描き足しました。ちょっと見えにくいのですが、この重たい身体をしっかり飛ばしてくれる大きな羽があったら、もう恐いものなし、と。この絵を描いたら、大分すっきりした気持ちになりました。

⑤は、左右が非対称でちょっと傾いていたり、上半身のわりに下半身はちょっと頼りなかったりとか、まだアンバランスな部分もあるのです。でもそれもいいかな、と思うことができました。

③　心の炎

**絵をかいたあとで浮かんだ言葉**

火はまだ燃えているかもしれない
燃えていたとしても遠くの火だ

④　身体！　からだ！　カラダ！

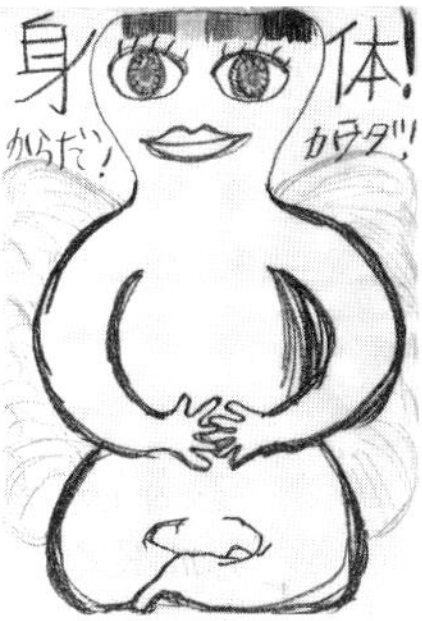
身
体!
からだ!
カラダ!

⑤　立っているネ！

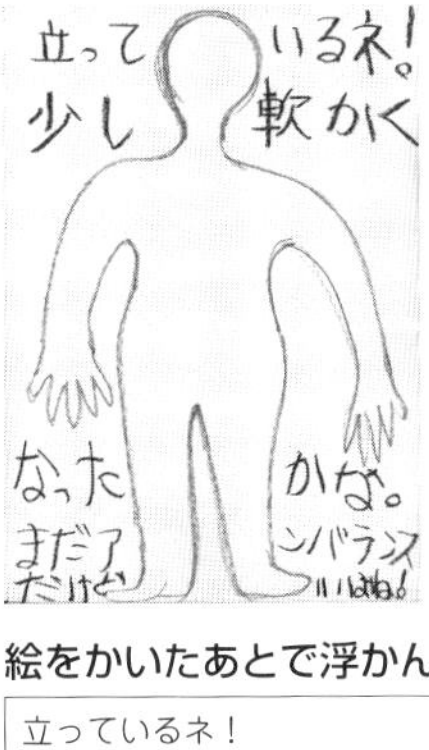
立って
いるネ!
少し
軟かく
なった
かな。
まだア
ンバランス

**絵をかいたあとで浮かんだ言葉**

立っているネ！
少しやわらかくなったかな。
まだアンバランスだけどいいよね！

■ 話しあい1——感じるままに

イズミ：②は、入れようとしているもの（①）が固くて、容器にピッタリ収まっていないのではないかと心配しているのですが、いまは、「入れようとしているのも私なのだ」と思っています。カチカチに固めてしまっているものを、カチカチに固めてしまっているのも私なのだ」と思っています。

この「自分がどこにあるか分からない感覚」が、自分を混乱させる気がします。

S：イズミさんはまだ20代後半ですよね。その時期に迷いや混乱はつきものだと思うけれど、それに気づいたこと自体が、発見ではないかしら？

イズミ：…その混乱をどうにか整理したいと、必死で模索しているように思います。

K：③の炎は、大きくてパワフルに見えるけど、どこか虚ろで熱そうじゃない感じです。「遠くの火」というのは、イズミさんの意識がそう言ったのですね？　熱や光を実感できていないということかしら？　炎の中心部も、火ではないものに見えます。

A：④は美人でかわいくて、肉感的なところが惹きつけられます。でも、ボディは「どっしり」というより、風船のように膨らんでいる？（笑）

N：何かがたくさん詰まっているようにも見えますね。「自分の身体」を道具にして、心配ごとや不安を取り除こうとしたのかな？　背中の淡いピンクの羽がやがて成長して、この身体よりもっと力のあるものになるのかしら。

イズミ：私としては、思いつきで描き足した羽には大して意味はなくて、存在感のある身体を描いたときのほうが、描けた！という爽快感がありました。

K：たしかに、羽があってもどんと座り込んでいて、飛ぶ気はぜんぜんなさそうです（笑）。

Y：身体は膨らんでいても、「身体を獲得した」という実感は、これから？

イズミ：そうかもしれません。⑤で「まだアンバランスだけどいいよね」と書いたとおり、完全には解決したわけではないけれど、とりあえず今回はここまで、と自分で仕切ったのかもしれません。

いま、順番に見てみると、容器の自分と氷になった中身、その水を溶かすための火、その火を取り込むための立派な身体と、ひとつずつ前の絵の問題に答えるような感じで描いていっているから、最後の⑤はそのまとめになるはずだったのかなと思います。でも、こうして見ると⑤は、他の絵に比べてずっと印象が弱い。本当はこれから、もっと何かが続くのかなという気がします。

F：それって結果的にかもしれないけれど、意識的・論理的な捉え方ですね。そうでなく、たとえば④の人物の額のカラフルなところなど、無意識が何かを訴えているような印象的なところに、注目して対話できるといいのだけれど。

## ■話しあい2――象徴の意味をとり入れて

### ●象徴の意味●

立方体：静止状態
器：普遍的な女性象徴。内面性と内面的価値
氷：硬直、弾力性に欠けたもろさ。心の頑なさ
火：変容、浄化、生命の甦り、活力、保護、破壊
目：直感的にものを見る力。悟り
口：引き裂きむさぼり喰うものとしての太母の象徴。地下の世界の入口
羽→翼：神性、霊性。風、精神
→風：宇宙の息吹、霊の力。捉えがたいもの。精神性

・・・・

杉浦：④は、「心配ごとを撃退している自分の身体のイメージ」だそうですが、字もすごいですね、身体に目覚めたという感じね。目も見開いて。そして次に、足が萎えているのを確認している。テーマにとらわれずに、無意識から立ち上がってきたイメージとシンプルに考えていけば、インナーチャイルドがまだ自由に動けていないぎこちなさが、あらわれている絵だと思います。

Y：エロチックな赤い唇、大きなパッチリした目、カラフルな額など、乳房は描かれてなくても、とても女性的ですね。

杉浦：この絵は、「からだ、からだ」というメッセージですよね。ともかく「からだ」を主張している。口紅などの感じから、この身体は女性だろうと思うけれど、無意識は「女性です」とは言っていない。ここであえて、女性と言わなくてもいいんじゃないかしらね。

Y：なるほど。目をしっかり描いているので、知的な感じがしますが？

杉浦：この目の「見る」は、「身体を使って見る」のですね。この時期、身体に目覚めることが必要だった。「見る」行為はアタマと結びつきやすいけれど、ここでは身体を感じて、身体を使って分かる体験をしたのだと思います。

K：いままで頭で考えていたのが、「あ、身体もあるんだ！」と気づいて、頭が一生懸命、自分の身体を確認しているみたいな感じなんですね。

F：でもこの人物は、どこか空虚さを感じさせます。イズミさんの意識のネライに反して、無意識のメッセージは、「身体！　からだ！　カラダ！」と強調しながらも「空虚なからだ」を伝えている。堅く閉じている「口」の意味には、〈貪り食うものとしての太母〉という、びっくりする象徴性

もあるけれど、やはりこの身体からは、女性性とか母性との関係がなにかしら暗示されているように思います。

N：うーん、痛い指摘だけど同感です。イズミさんの将来のテーマでしょうか。

## ■ワークをふりかえって――イズミ

私は音楽の勉強をしてきて、それを仕事にしていますが、このワークをしたころ、ピアノを弾くたびに自分の身体や音に硬さを感じていました。ピアノの前に座ると肩に力が入って、硬い音で四角四面に弾いてしまうのです。どうしたら心のままに、しなやかに弾くことができるのだろう？と悩んでいました。心で感じることと身体とが一体化していないもどかしさや混乱は、そのまま、自己実現しきれないもどかしさと重なっていたと思います。

絵を描いた当時は分からなかったのですが、私は自分の身体感覚を絵にあらわせたことで、「私ってこんなに膨らみすぎているの！」とか、「私ってこんなに足がナヨナヨしているの！」と、モヤモヤと心の中に抱えていた不安を、大声で叫んでカミングアウトしていたのです。

絵を描き向き合うことで、不安がっている自分に気づけたと思います。そして、不安を抱えていると不快で落ち着かない感じだけれど、不安がっている自分がいることが分かると、すっきりしたような気持ちになりました。このころから私のワークの焦点は、身体感覚に注目することに定まったように思います。

### リーディングノート　第2回　イズミさん

イズミさんのテーマは、「『本当のわたし』を実感したい」ことのようです。そのために、炎の持つ〈活力や変容〉の強い力が求められています。

「自分の弱さを全部受け止めることができる器」として描かれた④の「からだ」は、大きな体で一見頼もしい印象ですが、細かく描き込まれているのは「頭」の部分だけで、身体は真っ白です。また〈新たな世界への入口〉である「口」は、ここでは閉じられ、足や、空洞の性器のあたりにも、力のなさが感じられます。変化のスタート地点として、「空虚な身体の感覚」に気づくことが無意識からのメッセージのようです。

いっぽう、この人物のピンク色の翼（羽）は、その前に描かれた炎と同じく「心の灯」を象徴するものと思われます。イズミさんは、「思いつきで描き足した羽には大した意味はない」と言っています。しかし、薄い色ではあっても、大きな翼には〈神の息吹〉、つまり内的な力やサポートなどをあらわす「風」という象徴的な意味も含まれます。これはイズミさんが「自分を満たしたい」と思っている「中身」の部分、つまり精神性や感性、柔軟な「心」などを意味しているようです。

強調して描かれている「目」は、「感覚での理解や実感」の欲求を示していますが、同時に、「意識や思考が強く、身体感覚が弱い」こともあらわしているようです。

イズミさんにとっての初回であるこのワークでは、「自分に足りないもの、必要としているもの」が明示されました。今後どのようなプロセスをたどっていくのか、楽しみです。

## 第４回　傷ついたインナーチャイルドをかく
## ——インナーチャイルドⅡ

### ■ワーク——絵と説明：イズミ

**(1) ヒーラーとインナーチャイルドをかく**
**(2) インナーチャイルドをかく**

私にとって、初めての参加の第２回の「身体」のワークは、心の中のモヤモヤをパチッと断ち切るための作業だったと思います。今回のワークでは、ふと立ちどまってみたい心境がありました。そして、何かもっと自分の中の不確かな部分の、小さな声に耳を澄ましたくなりました。

たとえば、クレヨンでぐいぐい輪郭を描くと、「前に進もうとする力」が自分の中にある気がして安心するのですが、逆にその力が「本当に訴えたい何かを描き出す」ことを、邪魔しているような気がしてきたのです。

最初に①の、くっきりとしてこわばった線の人を描きましたが、気持ちと合わない感じがして、描き直しました。もっと不確かで無防備で傷つきやすいものと思い、そのイメージを探ってゆくと、ぼんやりとした輪郭から、だんだん人の

①　（かき損じ）

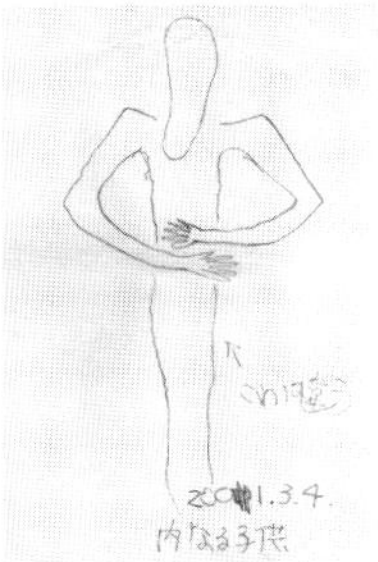

②　足の無い人

**絵をかいたあとで浮かんだ言葉**

内なる子どもは寒い
寒いの？

「寒い。寒いし、ここはプラスチックの箱の中みたい。風もない。出口もない。恐くて恐くて縮み上がってしまう。身体をどんなに震わせても、この寒さが癒やされることはない。足がすくんで、すくみ上がって、しゃがみ込んでしまう。しゃがみ込んで耳をふさいで、少しでも楽になるかと試してみる。けれど心は（立っているときよりも）いっそうこわばっている。たすけて」

どうすればいいの？

「暖かくしてほしい。心が寒い」

心に火を灯したら？

「うん」

誰が灯すことができるの？

「あなた」

？？　私？

かたちが浮かび上がって来ました。それが②です。

幽霊みたいな存在感の薄い人物を描きながら、何か寒さを感じたので、絵の人物に「寒いの？」と聞いてみると、「寒い。…たすけて」と、これは助けを求めているインナーチャイルドなんだ、と気づきました。立っているのもつらそうなので、しゃがみ込んでいるところも描きました。

でも、対話をしてみると、聞いているのも、「寒い」と言っているのも、そして「心の火」を灯すのも、私だと言うのです。どうしていいやら、途方に暮れてしまいました。

## ■話しあい1——感じるままに

### □寒さに耐えるインナーチャイルド

Y：①は強そうな肩やこわばった固い線で、ちょっと驚きました。

K：②は、第2回の「身体」の絵と感じが違いますね。確かでない、実体がはっきりしないものって、本当に自分が感じている本質に近いもの、ですよね。

F：②を描いたあとの言葉は、弱っているインナーチャイルドを無用心に呼び出した感じが伝わる対話だと思います。傷ついているから本当は全部包んでくれるヒーラーとか、守るもの、癒やすものを一緒に描きたくなります。周りが淡いピンクで、癒やしのエネルギーが描かれてはいるけれど、弱っているインナーチャイルドを包む力はない感じ。弱い本来の自分と直面することに、イズミさんはよく耐えたと思います。

N：本当の自分を隠す鎧みたいなものが①で、②は鎧を外したインナーチャイルドの姿を描いたのかしら。

S：だけど面白いですね、ナツコさんとイズミさん、今日に限って2人とも絵を描き直すとは。

### □足が描けていないことの発見

Y：第2回の「身体」の大きな人物も、今回のインナーチャイルドも、足がちゃんと描かれていないんですね。でも、その足を覆い隠してはいない。

イズミ：いま、…足のことを指摘されて、ハッとしました…（涙）。…上半身はいつも、手の指の数まで数えながら描いているのに、…足はほとんど意識していませんでした。

A：それが、発見なのですね。足が描けていなかったことに、イズミさんのつらさとかテーマがあるのかしら？

イズミ：インナーチャイルドが寒さを訴えるとき、「ああ、支えがなくて、ひとりで立つのに耐えきれなくて、震えているんだな」、と思いました。

…私は小さいころから、家でも学校でも手のかからない「いい子」でした。「しっかりしている」と人に言われてしまうと、じゃあがんばらなくちゃと思い、甘えたり頼ったりできませんでした。そのせいか、漠然とした拠り所のなさを、いつも感じていました。それがあまりに漠然としているから、どれくらいの不安かも分からないんです。だから、しっかり地面を踏みしめて立つべき足が、描ききれなかったのかもしれません。

A：涙が出た理由がよく分かります。「不安をいつも漠然と抱えていて、それがどれくらいの不安かも分からない」と気づけたのは、大事なことです。

## ■話しあい2――象徴の意味をとり入れて

### ●象徴の意味●

青：真実、知性、女性原理としての海の色
マント：保護と同時に、人間の本性を隠す。天空の女王としての〈太母〉のマントは空色
水色→水：母胎内の羊水。甦らせ新しい生命を吹き込むもの
足：自由な動き

・・・・・

N：②の立っているインナーチャイルドの足元に、水色のマントが描かれていますね。

イズミ：でもこれは、付け足しみたいな気分で、描いたんです。

K：前回も背中の羽を付け足しだと言っていましたね。付け足したことに、どんな意味があるのかな。

Y：人物は、女性性を象徴する青で描かれていますね。このマントは、寒さから身を守る「防寒具」だけれど、象徴解釈での〈太母〉のマントと同じ水色なんですね！　無意識は、「甦らせ新しい生命を吹き込むもの」としての水色のマントを着せている。そうした〈太母〉の「守り」を必要としている、と言っているのかしら？

イズミ：うーん、そういうことは、思ってもみませんでした。そうなのでしょうか…。

## ■ワークをふりかえって――イズミ

このワークでは、自分のネガティブな面に近づいていくことになりました。第2回で描いたような、膨らんで肥大した自己イメージを、解体して整理し直してみたくなったのだと思います。あの風船人形を針でつついてぱちんと割ってみたら、こんなふうに不安がっているインナーチャイルドが中にいるような気がする。そしてその、不安や弱さと向き合ってみたいと思ったのです。

話しあいで、足をちゃんと描いていないことを指摘されて、ハッとしました。それが、私の中に押し込めていた不安のあらわれだと気づかされ、堰を切ったように感情がこみ上

げ、涙が溢れてしまいました。

私の中にこんなに震えて不安にすくんでいるインナーチャイルドがいたのだと、いまでもこの絵を見るたびにせつなくなります。私は小さいころから、自分の弱い部分や未熟な部分には目を向けず、受け入れずに来たように思います。だから、「弱くて未熟な自分」は、閉じ込められたままだったのです。

この絵がターニングポイントになって、ガチガチの殻に閉じ込めておいた中身を、だんだん出していけるようになりました。このインナーチャイルドに向き合い、育てることが必要なのだと、いまは思います。そしてメンバーが言ってくれたように、新しい生命を吹き込むものとしての水色のマントを、このインナーチャイルドは着ていたのかもしれないと、感じています。

**リーディングノート**　**第4回　イズミさん**

無意識の中に隠れていた「寒い」という声が聞こえたのは、傷ついたまま無意識の中に隠れていた自分と出会い、回復や変化の第一歩が始まった、ということのようです。

第2回で、「からだ」は「本当のわたし」ではない、と気づいたことで、「豊かな身体を手に入れ、意識を納得させる」ことをやめ、「本当のわたし」の姿を、捉え始めることができたのです。

第2回の羽と同様、今回は水色のマントを、意識が「何気なく描き加えた」そうですが、それは「何か足りないと感じ、それを補うモチーフを描き加えた」、つまり加える必要があった、と言えるかもしれません。その水色のマントは、「太母のマント」、つまり母性的保護の象徴でもあります。インナーチャイルドの「寒さ」や「不安」に対処するには何が必要か、見えてきたようです。

# 第5回　インナーチャイルドを育てる
# ── インナーチャイルドⅢ

## ■ ワーク ── 絵と説明：イズミ

### □ 自由にインナーチャイルドをかく

数日前から、「次のワークでは、霧の中にいるインナーチャイルドを描くのだろうな」と思っていました。そのインナーチャイルドは、霧を嫌い、払おうとしているような感じがしていました。

けれども描く直前に、霧に対抗せず、アメーバみたいにビローンと伸びたりして、霧と一体になって遊んでいる子どものイメージが浮かびました。それが①です。はじめは霧を嫌っている感じだったのが、「霧の中でもいいじゃん」とイメージが移っていったのが、自分でも意外で驚きました。

②は最初、「身体！　からだ！　カラダ！」の絵のような、でんとした顔と体と耳と赤い頭巾を描きたくて、イメージも描く前からはっきりしていました。帽子、顔、耳飾り、袋の順で描いたのですが、途中で、身体まで描くとニセモノっぽくなりそうな気がして、結局、袋をしょっている大黒様、というところでストップしました。大黒様という「ラベリング」をする前から、膨らんだ身体のイメージがあったのです。

描いてから、この袋を水色に塗っていることに気づきました。1枚目の霧と同じ水色のクレヨンを使っています。この霧は、払いたいもの、無くしたいものだと思っていたのですが、②では大黒様がこうして水色の霧の袋を財産みたいにしょってしまってニコニコしているというイメージが浮かびました。

①と②ではずいぶん違った絵になったのですが、②を描き終えたら、これは自分の中から湧き出てきたものではなく、「いわゆる大黒様のイメージをひっぱりだしてきて、考えて作ってしまった絵なのかな？」と思って、ちょっと自信がなくなりました。

最後に描いた③は、いまここにいる自分自身のイメージで、巨大な水色のホンモノではない部分が、大半を占めています。その中に小さな小さな本当の自分、あるいはインナーチャイルドがいる、というイメージです。

③を描く直前までは、本当の自分の小ささに対して、水色のニセモノ部分があまりに大きいということに、ほとんど絶望という感じでした。でも③では、インナーチャイルドが手を頭の上で輪にして、片足を曲げてダンスをしているんです。自分の周りを覆うものの巨大さや、それに対する自分の小ささなどを、あまり気にしていないような、ちょっととぼけた感じのインナーチャイルドが描けて、うれしかったです。

①　霧の中でもいいじゃん

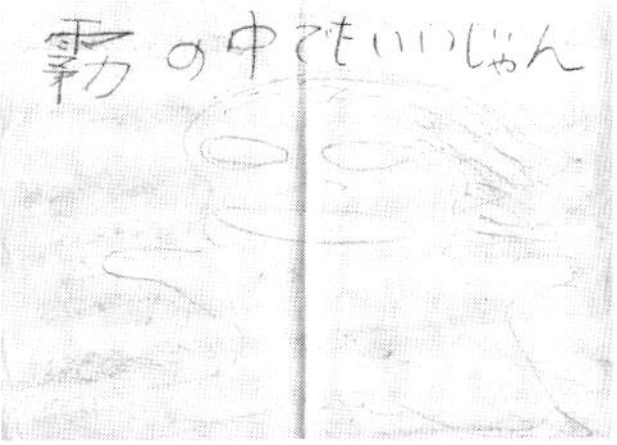


②　大黒様

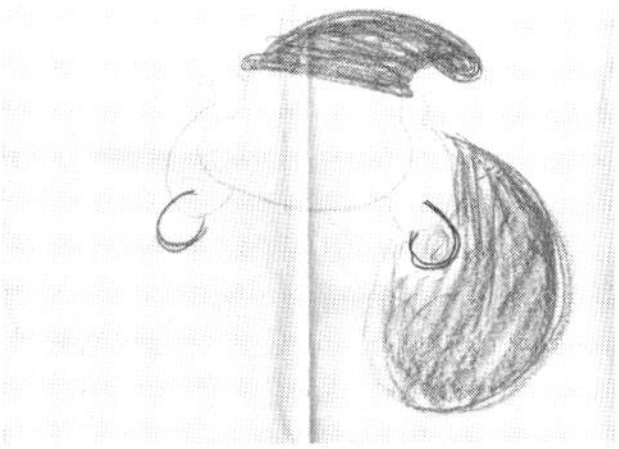

③　針金の子

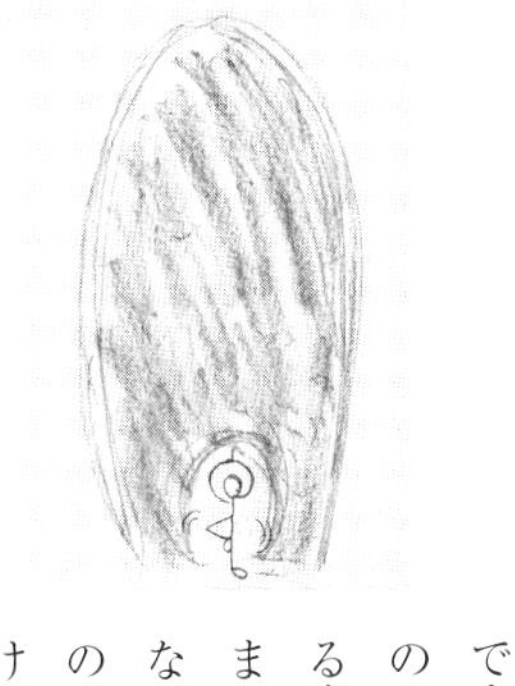

■話しあい1――感じるままに

## □水色の部分は、私の中の辛いもの

N：霧の中に、まさに駄々っ子というか、自由なインナーチャイルドがいる。

S：①はちょっと、羊水の中の胎児みたいな感じもあります。

イズミ：3枚の絵の水色の部分は、私の中の辛いもので、その辛い中に私のインナーチャイルドがいるんだと思っていました。だから、もっとせつない絵になるはずだったんです。ところが実際に描いてみたら、霧の中でインナーチャイルドがブワッと広がったり遊んだりしているイメージが出てきて、じゃあ、こういう霧もあってもいいものなのかな、という気持ちになってきました。

N：「せつない感じ」って、具体的にはどう思っているのですか？

イズミ：この子は霧の中でもそれなりに自由にやっている。でも、霧の中ではやはり孤独なんです。この子を霧の中にしかおいてあげられない、もっとお花や動物や別の人物の中に一緒においてあげられない、そういうせつなさです。

S：インナーチャイルドのせつなさを、描き手のイズミさんがよく分かっているから、インナーチャイルドは姿をあらわすことができたんですね。

イズミ：この絵を描く前に感じていた「こんな霧、イヤ」というつらさが、描きながら「霧の中でもいいじゃん」と変わって、そうしたらこの絵を受け入れられる気持ちになったんです。

## □インナーチャイルドかヒーラーか

A：②は、赤い帽子と袋からサンタクロースを連想します。身体は見えない。手だけが見えている…？　でも大黒様なんですね？

イズミ：これは手じゃなくて福耳、耳飾りをつけた耳なんです。身体の輪郭は、あえて描きませんでした。サンタより、もっとどっしりした感じ。いつもなら顔と体を先に描くのですが、うまく描けないし、余分なものも描きたくないしと思って。

N：福耳が強調されていますが、しっかり色が塗ってあるのは袋と帽子と耳飾りで、それらをなぜか意識的に伝えたかったのですね、インナーチャイルドそのものよりも。

S：調べたのですが、大黒様はもともとは農業の神で、福耳だけれど耳飾りはしていませんでした。福耳に耳飾りって、無意識は「福」を招く力や守りを強調したのかな。

K：福の神ということは、ヒーラーなのかしら？　でも、顔が下膨れで子どもっぽいというか、かわいく見えるし、でっぷりした身体は、①や第2回の膨らんだ身体とつながるイメージだから、やっぱりインナーチャイルドかしら？

F：同感です、ふっくらして、どこか霧の中の子どもに似ています。その子が霧を袋にまとめて担いでいるのでは？

### □やっと生まれたホンモノの子

S：③の針金みたいな子は、「水色のニセモノ部分」である巨大な霧の中から生まれて来たのですね？

イズミ：そうなんです。①や②のイメージは、描く前からあったのですが、描いたら違う感じになりました。そして、本当の自分の小ささだけが気になって、それだけを思って描いたら③になった、という感じです。

K：①のように、払いきれない霧の中にいる状態では、誰だって辛くて生きにくいですよね。でも③の針金のような人は、無限の霧を何とか有限のドームの中にくくって、受け止めているんだと思いました。記号化した人間を描いて、情感をストレートに出さないようにしているのかしらね。

N：イズミさんの場合は、せつなさや孤独という感情が、とても深いところにあって、簡単には触れられないし、描くと偽物っぽくなってしまうように感じて、あえて針金のような線で描いたのかしら。でも、楽しそうに踊っていますね。

イズミ：ええ、回って動いているところが気に入ってます。

S：③の子は、イズミさんにとっては、ホンモノの子という感じなんですね？

イズミ：そうです。やっと生まれた、という気がしてうれしいんです。

## ■話しあい2――象徴の意味をとり入れて

### ● 象徴の意味 ●

霧：未来への漠然とした不安。原初の混沌。密儀宗教の通過儀礼では、魂は霧の闇と混乱を通り抜け精神的光明に到達しなければならないとされる

赤：活動的な男性原理、火、太陽、活力、生命の再生

三角帽：自由。自由の記章。男根象徴

水色→水：甦らせ、新しい生命を吹き込むもの

袋：すべてを包む女性原理と豊穣、秘密、包容、隠匿

耳：垂れた耳たぶは吉相の一つ

（耳飾りの）輪：永遠、連続、神性、生命

洞窟：生まれ変わりの場。大地母神の子宮

・・・・・

### □赤い三角帽は、アニムスや自由さの象徴

杉浦：①の「霧の中でもいいじゃん」と言っているのは、やんちゃな感じですね。開き直りというか、腹を括ると

いうか、そういう力がはたらいているともとれます。するとこの子には、〈やんちゃ、前進、勇敢、主張する〉など、女性の中にある男性的な面、アニムスの要素がありますね。

N：ビローンと伸びたこの子の身体は、第2回の膨らんだ身体が、ちょっと崩れて、リアルになってきた印象です。

K：②は顔が描かれていなくて、耳飾りが強調されています。耳飾りの「輪」は、〈束縛〉という意味と〈束縛から自由にする〉という、両方の意味がありました。〈通過〉の意味もあり、新しい何かへの移行を強調しているのかな。

F：帽子の赤い色は、男性的な力、勇気や行動力などを象徴する色ですね。そして帽子の形は三角帽で、象徴の意味は、〈自由〉です。

## □無意識から湧き出てきたイメージ

F：「大黒様」は、「身体！　からだ！　カラダ！」の絵の連想からネーミングしたのでしたよね。無意識は「自由な、真の自分」を強調するインナーチャイルドを出そうとした。けれどうまくいかなかった、ということかと思ったのですが。

杉浦：大黒様みたいなこの人物には、老賢人的なイメージも感じられます。

F：インナーチャイルドが、同時にヒーラーだったり、老賢人だったりすることもあるのですか？

杉浦：この絵は左手で描いてもいるし、無意識から出てきたと考えていいと思います。ヒーラーとかインナーチャイルドというネーミングを外して、「無意識から湧き出てきたイメージ」とシンプルに考えれば、元型的なものもずいぶん出てくるわけですよね。インナーチャイルドというテーマがあっても、テーマそのものがシンプルに出てくるとは限らない。テーマに焦点を絞って描こうとしても、無意識に表現したいイメージがあれば、そちらがあらわれてくる。

第2回の膨らんだ「身体」の絵は、テーマにとらわれず無意識から湧き出てきたイメージとシンプルに考えると、「まだ自由に動けない、ぎこちないインナーチャイルド」と見ることができるとお話しました。この絵もイメージだけをシンプルに捉えると、老賢人的なイメージも持っていると見ることができるわけです。

イズミさんの4回目の「寒い」というインナーチャイルドのイメージは否定的な印象でしたが、今回は「霧の中でもいいじゃん」と言ったり、明るい印象の大黒様のイメージもあり、肯定的に変化して、立ち直っていっています。

F：大黒様はヒーラーというよりも、秩序や形を与えるものという意味合いのほうが強いように思うのですが。傷を癒やすというよりも、霧の中で身体の輪郭がはっきりしない子どもに、身体の形を与えるという感じです。

杉浦：まさにそれが、老賢人に象徴される老成した権威、秩序を示す父性のイメージの特徴だと言えます。

F：なるほど、納得です。ところで、「霧の中の子ども」から「霧の袋をしょった子ども」、「霧から出て踊る子ども」までの3つを、インナーチャイルドの成長のプロセスとも見ることができる気がするのですが。

杉浦：それも、自然な流れのように思えますね。②は、帽子や耳飾りははっきり描かれているのに、身体の感じがつかめない。はじめは、顔や身体のイメージもはっきりしていたのに、霧の中から姿をあらわそうとしたらうまくいかない。でも水色の霧のイメージが、袋やドームとして、括られてきたんですね。

ただそれと同時にご本人は、「大黒様が水色の霧の袋を財産みたいにしょってニコニコしているというイメージが浮かんだ」ということも言われていますから、同時にこちらのイメージも尊重したほうがよさそうです。まあそれくらいにして、あんまり説明的にならないほうが、絵の感じが自由に語れるように思います。

## □ 洞窟は、生まれ変わりの太母の場？

イズミ：③で、本来のインナーチャイルドにやっと行き着いた、という感じがあります。小さな本当の自分、これこそいまここにいる自分自身なのだと感じられて、満足に思っています。たとえ針金みたいでも、のびのびと踊っている。自分の小ささとかを、あまり気にしていないような、自由なインナーチャイルドが出てきて、うれしかったです。

F：水色のドーム型の部分は、インナーチャイルドが出てくる洞窟のようにも思えます。洞窟は〈生まれ変わりの場〉、〈大地母神の子宮〉の意味がありますし、水色は「霧の中でもいいじゃん」と同じ、羊水の色にも思えます。

K：イズミさんは最初、「ホンモノではない巨大な水色の部分が大半を占めていて、その中に小さな本当の自分、インナーチャイルドがいる」と言われましたが、象徴の意味を見ていくと、水色、袋、洞窟など、どれも太母的な要素をあらわすものですね。…イズミさん、どう思いますか？

イズミ：自分では、「大黒様が…」と、思ったのですが。赤い帽子や耳飾り、洞窟など、私の無意識が語っているものの象徴の意味を知ると、それもなるほどなあ、と思えます。

## ■ ワークをふりかえって――イズミ

第4回で描いた「寒い」と言っているインナーチャイルドの「不安」が、その後どんどん大きくなっていくのを感じていました。パンドラの箱のように一度開けたら、あとからあとから出てくるのです。だから、とにかくもう一度インナーチャイルドの不安や孤独を描いてみることにしたのです。

そうして描いた①では、インナーチャイルドは、無限の霧に取り囲まれて、ほとんど霧と区別がつかないほど、ぼやけた像として存在しています。

②のふくよかな身体は、第2回の「身体」の絵と重なるものだったと思います。そして「ポジティブと感じていた自分」が、「本当の自分」ではないのだ、と気づき始めていたから、身体を描けなかったのだと思います。私が「大黒様の頭巾」と思った帽子を、メンバーが「自由の象徴の三角帽子」と言ってくれたことの意味が、いまは、はっきりと分かります。このインナーチャイルドが同時に、「つらいもの、払いたいもの」である水色の霧の袋をしょってニコニコしている大黒様、つまり老賢人のイメージも併せ持っているということも、私にとっては、なくてはならなかった二重の意味だったと感じます。

そして③では、霧のドームに囲まれたインナーチャイルドは針金人間ですが、もう不安がってはいません。肥大した「優等生」の中から、生まれたてのヒナのような、新しい自己像を発見したうれしさを感じました。

## リーディングノート　第5回　イズミさん

これまでの自己像が崩れてしまったために、「混乱」や「未来への漠然とした不安」という、居心地の悪さに直面しつつ、今回はついに、「本当の私」の骨格・土台に行き着くという、大きな変化の得られたワークでした。

3枚の絵に共通している水色の部分について、イズミさんは「自分の中の辛いもの」と言っていますが、霧の中の子どもは、「羊水の中の胎児」のようにも見えるとの指摘もありました。霧には〈原初の混沌〉という意味もありますが、「包み込むもの」であることや「水」色であることから、母性の要素も併せ持つという見方もできます。つまり霧は、「辛いもの、混沌」と、「包み込むもの、甦りと誕生」という、ネガとポジの対立する意味合いを持っているようです。

「こんな霧、イヤ」というつらさの感じが、「霧の中でもいいじゃん」と変わることができたのは、この対立する2つの要素が折りあって、生命力のあるインナーチャイルドが誕生したことを語っているようです。

②は、大黒様とインナーチャイルドのどちらをも思わせる絵になっている点が、面白いところです。霧を、老賢人的なはたらきが、キュッと袋にまとめていますが、「袋」には〈子宮や女性性〉の意味もあり、また羊水を連想させる水色でもあることから、ここでも大黒様の男性的な力と袋の太母的な力が共にはたらいていることが見られます。

赤い帽子は「自由」を象徴するアニムスの行動力や力強さ、意識の力も感じられる上向き三角形ですが、帽子の先が曲がっていたり、顔が描かれていないなどは、そのはたらきが弱いことを示しているようです。

③の霧のドームは、洞窟のようにも見えますが、子ども

が「開口部から出て来た」ことからも、母胎からの誕生も連想されます。また、頭頂部がいくぶん尖っていて根元が少しすぼまっているところからは、ファルス（男根）の象徴とも見え、ここでも「男性性」と「女性性」の両方の合一が起こっていると見ることもできます。そして、ここから躍り出てきた針金の子は、「ホンモノの『私』がここにいる」という誕生の喜びを、全身で表現しているようです。

## 第6回　現実の生活を反映するマンダラをかく

### ■ワーク——絵と説明：イズミ

#### □マンダラをかく

今日は、静かに待ってから描くというより、「今すぐ描かなきゃ」という気持ちで、ぐいぐい描き始めました。

自由でしなやかな人

はじめに、マンダラの丸い「枠」を意識する間もなく、しなやかに踊る自由でエネルギーに溢れた人物が浮かんで、その人物の輪郭を紙の中央に大きく白い線で描きました。

気に入って眺めていると、この人物が外につながったり伸びたりするイメージが膨らみました。はじめは絵の右側の、足から頭のほうへつながる緑色の線が見えてきて、それを描いている間に次の線が見え…とイメージが動いて、気がついたら、それらの緑色の線がマンダラの枠のようになっていました。

描いているうちに線がどんどん太くなって、線の間の空間に、いろいろなものを足していきました。ひととおり空間を埋め終わると、なぜかとても疲れました。色を使いすぎたせいかもしれません。そのとき、手の先から渦を巻いている黒の部分が目にとまって、ほっとしました。

最後に、ツタか鎖のようなものが描きたくなり、茶色で描いていったら、あちこちの部分がつながった感じです。まず、人物の頭の部分から、絵の左側のオレンジの渦の中心部分へと鎖を描いたのですが、それがとても気に入りました。けれどその後、少し作為がはたらいてしまって、最後に描き足した、絵の右側の頭から伸びている鎖は、ちょっと蛇足だったような気がしています。

## ■ 話しあい１――感じるままに

### □ しなやかでエネルギーに溢れる、踊っている人

イズミ：真ん中の人物から線が延びていって、最終的に枠のようなものができたということで、この絵は正確にはマンダラではないんです。私にはまだマンダラは描けないのかな、と思いました。

S：自己を象徴する「中心の小円」は、ハートなのかしら？

イズミ：とにかく、自由に踊っている人を真ん中に描こうと思ったのです。この人は、白というより透明な感じの人です。この踊っている人は、中にいろいろなものを抱えているけど、閉じてしまうのではなく、その周りにも取り巻くものがあります。だから、片方のかかえ込んでいる渦は閉じて、もう片方のオレンジの光の渦は、外へ広がっているんです。

### □ 鎖は部分をつなぐもの？

S：この茶色は、ツタのような鎖のようなものと言われましたが、その役目は何ですか？　それぞれをつないでいますが、縛られてもいる？

イズミ：金属の鎖ではなく、鎖状のもので「つないでいる」つもりです。

N：ツタとか鎖は、「つなぐ」というより「束縛」のイメージが強いですが。

Y：イズミさんは、自由でエネルギーに溢れたイメージと言われましたが、この白い人に存在感や実感は薄い感じです。この人は、周辺のものを自分の中にとり入れたいけど、できなかったので、鎖でつないでおいた、というような感じです。まだ、実感としてつかんでいるものではないような。

イズミ：そう言われると、…そうなのかなあ、と思う気持ちがあります。

F：私には、白い人がマンダラの中心にいるように思えます。「しなやかに踊っているエネルギーに溢れた人」を描いたのに、空虚だなんて「あんまりよ！」と抗議していいと思うけど、作者自身もそうかなあと思ったりしている（笑）。実際は、両方の面があるのではないのかしら。

A：存在感は薄いとしても、この人物は、前回のハリガネの子ども、しなやかに踊っているエネルギーに溢れたあの子と重なります。霧の中の子どもも、この白い人と同じように「ブワッと広がったり遊んだりしている」イメージがありました。

### □ ２つの渦

N：オレンジと青と黄色の渦、右側の黒と黄の渦は、２つの「目」のようにも見えます。

Y：黒の渦は、エネルギーや重みを感じさせます。イズミさんはピアノをやってらっしゃるので、黒のほうは、ピアノを連想してしまいます。こちらは閉じている感じで、左のオレンジの渦のほうは動いている感じですね。

N：分かる気がします。黒い部分は、外から来るエネルギーと直接つながっていないけれど、鎖でちゃんと囲まれている。静かな感じで、何かもう終わったもの、内に抱えている大切なものの象徴みたいです。

S：そういえばイズミさんは、ひたすらピアノを弾いていた時期を過ぎて、いまはいろいろな音楽や楽器に熱中しているのでしたよね。

イズミ：ええ。以前は音楽の「形」にすごくこだわっていました。それが最近、ガムランなどのいままでとまったく違う音楽に触れてみて、どんな音楽でも、音と人との響き合いこそが肝心なのだと実感できたのです。

S：左の渦の外側の細かい線は、渦の真ん中と同じオレンジ色ですね。

イズミ：周りがオレンジ色に光っているんです。この渦って何だろう？　オレンジと青の中心があって、渦としてまとまりにはなっているのです。

### □ カラフルで円形のピアノの鍵盤

A：足の間、緑と黄色の楕円を7つの色が囲んでいます。ドレミは7音だから、ここはピアノの鍵盤だったりして？

イズミ：これが鍵盤!?　思ってもみませんでした。以前は、私にとってピアノは頑なで、ずっしりと重くのしかかるものでしたが、最近はピアノとおしゃべりができるような感じで、軽やかさややわらかさを感じてはいるんです。

F：ピアノの鍵盤という連想を、思ってもみなかったとは意外です。イズミさんはこれと似た鍵盤を、第2回でかいていますよ。膨らんだ「身体、からだ」の額の部分に。あのときはピアノを「硬い音で四角四面に」弾いてしまうと言われていました。あれがここでは、輪になった感じです。

Y：そういえば、あのカラフルな額と、色の使い方が似ているというか、そっくりです。あのときはたしか、ゴチャゴチャしていたものやネガティブなものまで、きちんと整理して入れている感じなのだ、ということでした。

イズミ：そういえば、あれもちょっと、鍵盤みたいな描き方だと思ったかもしれません（笑）。自分ではぜんぜん、意識していなかったのですが。

### □ アクティヴ・イマジネーションが伝えるもの

Y：この絵は、身体が感じとったものを、自分のものにするプロセスが描かれていて、「実感」はまだ身体の外にある感じです。本当に自分の心が「感じること」を、自分の中にとり入れていくのは、これからじゃないかしら。

イズミ：この絵のイメージが浮かんだとき、すごくうれしくて、これだ！とひたすら描いたんです。くっきり思い浮かんだのが、人物の曲線的な身体のイメージでした。そうか、第5回ではマッチ棒みたいな線の身体しか描けなかったのに、いまはお肉を持った（笑）、しかも曲線の身体で描けたんだ、と。

F：なるほど。今回は「身体の感覚を自分のものにする、心や感受性のプロセスワーク」、ということですね。このマンダラには、2つの渦をはじめとして、すごくリアルな、臨場感というか迫力というか、本当に無意識からあらわれたイメージの力強さみたいなものが感じられます。

K：グリグリの2つの渦の感じも、前回までとは、迫力が段違いな気がします。描かれたもの全体は空虚じゃない感じです。左肩の上の赤は内臓や血液を連想させるし、周辺の緑やツタはリンパの流れみたいですが、何なんでしょう。

F：内臓や血液などと見ていくと、何か大きな意味がありそうです。ただ「肉体」という意味の「身体」や「実感」ということだけではなくて、いつかイズミさんに時期がきたら、血脈や家族のテーマがあらわれてくることの、無意識の予告というか…？

イズミ：そう言われると、何となく分かるような気もします。

Y：中心に青を持ってきたのは、意味があるのかしら？

イズミ：私はいままでも青を中心に持ってくることが多いみたいです。

K：マンダラの中心の心臓が青なのは、ちょっとサイボーグみたいなので、赤で囲んでよしとしたみたいです（笑）。

F：青は母性の色で、左の渦でも大切な要素になっているけれど、中心にしては弱い印象です、心臓としてはリアルさが感じられないし。それで、この肩の後ろのピンクや赤の色や形が、エンジェルの羽みたいに、中心の弱さをカバーしているとか？

## □満たされた顔のような、そらまめのような

K：私、この絵全体の形が、そらまめみたいに見えてきました。いっぱい栄養が詰まっている。ツルもあるから、これがまだどんどん伸びていく。

イズミ：そらまめかあ…（笑）。たしかにそうですね。内から外へと広がろうとしているような、それがまさにいまの私なんだなあと。納得です。

N：絵全体が、顔みたいにも見えます。左右の渦が目で、白い人の足の間のカラフルな部分が口。耳も、髪の毛もありますよ！（笑）

イズミ：全体が顔のように見えるということが、統合的なものが描けたことを意味するとしたら、うれしいです。これが私の身体の中で起きていることなのかな、すごいものを描

いたぞ、ヤッタ！という気持ちがあります。アクティヴ・イマジネーションって、まさにこういうことなんですね。

## ■話しあい2――象徴の意味をとり入れて

### ●象徴の意味●

渦巻き：生命の源泉→螺旋：創造力、解放。成長・拡大と死・収縮、誕生と死。二重螺旋（閉じる渦と広がる渦 S）は2つの旋回の交替のリズム、生と死の循環

鎖：束縛、隷属

ツタ：不死と永遠の生命。執着→束縛：綱、紐、足かせ、手かせ

青：真実、知性、忠節、節操。女性原理としての海の色

黒：原初の暗闇、太母の暗黒面

黄色：陽光、知性

オレンジ：炎、火

・・・・・

### □閉じる渦と広がる渦

S：渦とは、象徴解釈では生命の源泉、女性性、創造力、を意味しますね。イズミさんは、この人はいろいろなものを抱えていて「渦は片方は閉じて、片方は広がっている」と言われましたが、この2つの渦についてもっと知りたいのですが。

イズミ：渦は感覚的に描いたもので、具体的な何かをあらわしているんではないんです。でも、ほんとに、何だろう……（笑）。

N：象徴辞典[1]によると、いろいろな形をした二重螺旋があるそうですが、それらの象徴するものは、「生と死の循環」ということ、いろんなものが死んでまたあらたに生まれるということのようです。でもここでは、白い人が2つの渦を抱えていて、2つの渦自体の循環が感じられます。イズミさんが、変化のプロセスにいるということなのかしら。

F：この2つの渦自体は、「二重螺旋」のひとつの例として、元型的なイメージをあらわしているのでしょうか、すごいエネルギーが感じられます。それを白い人物が、真ん中で2つの渦をつないでいるというか、渦の流れの中に一緒にいるということみたいです。その意味では、真ん中の人と2つの渦はセットでセルフなのかしら。2つの渦のぐりぐり感は、不思議な迫力があって、ユングのいうヌミノース（24頁参照）というものを感じます。

A：以前写真でですけど、この「収斂と拡散の2つの渦」の二重螺旋の模様が、縄文土器に描かれているのを見たことがあります。三輪山の纒向《まきむく》遺跡の土器です。

Y：渦の象徴は、旧石器時代から世界的にも、二重や三重の螺旋の元型的イメージが彫られている石碑などが、たくさん見つかっていますよね。

## □「これからの作業」と、もう「終わった作業」

N：足元のカラフルな部分が、第2回の人物の額の部分と似ているのですが、どう思われますか。

杉浦：色の塗り方など、たしかによく似ていますね。マンダラの絵を上に、「身体」の絵を下に並べてみると、この2つの絵がつながっていることが分かります。つまりイズミさんにとって、この七色のものは、身体の絵では「これからの作業」だったのに、マンダラを描いたときにはもう「終わった作業」になっているのですね。（一同納得）

A：それって、二重螺旋の象徴、「生まれるものと終わるものとの交替とか循環」の中にあることにも、関係がありそうです。ピッタリの感じですね！

Y：今回のマンダラでは、イズミさんにとっての音楽が、文字通りに音を楽しむ、楽しいものになってきたから、鍵盤というよりも「音」そのものみたいな、丸い形に描かれているのかしら。

## □2つの二面性＝図と地、自由な人を縛る鎖

イズミ：今回のマンダラは、描き上がってみたら、たしかにひとつの顔にも見える。七色の円の部分も、口とか思って描いたわけではなく、何となくそこに描いたのですが、どうご覧になりますか？

杉浦：これはたしかに、顔ですよね。「図と地」で考えると、この絵では、人物の周辺のもののほうがぐっと手前に見えて「図」になっていて、人物の白い部分は背景に引っ込んで見え、「地」になっていますね。

そういう二面性がこの絵には、もうひとつありますね。この白い人は自由だとおっしゃるけれど、この人物の頭と心臓から伸びて、人物を外のものとつなげている鎖が、人物を縛っているようにも見えます。この人物は自由に動いているようだけれど、縛られてもいる。

イズミ：なるほど…。たしかに、鎖がなかったらこの人は自由に、どこかに飛んでいくこともできるんですよね…。

## □入れ子のマンダラ

イズミ：今回は、とにかく「自由でしなやかな人」を描きたかったんです。でも、描き上がってみたら、絵全体が顔にも見えるので、驚きました。

杉浦：透明な人には顔はない、でも、マンダラを俯瞰的に見ると顔が見えることによって、透明な人に顔、つまり実体を与えたと考えたほうがいいのではないかしら。入れ子のマンダラですかね。

イズミ：ほんとだ、顔の中に身体が描かれているという「入れ子」なんですね！　納得です。自分でも理解しやすくなりました。

F：すごい！「自由でエネルギーに溢れた体」と「空虚

な体」、それから「自由にする鎖」と「束縛する鎖」、という、それぞれ対立するものが、中身の充実したオママメや顔、つまり「実体」として統合されたと言うのですね。

K：全体を俯瞰的に見る「入れ子構造」というマジックで、中央の透明な人に、現実を反映させるマンダラにふさわしいセルフを与えた。感動的です。

Y：イズミさんはこの絵の中で自分はどこにあらわれていると思いますか？

イズミ：やはりこの白い人が私、という気がします。

F：自然なかたちでアクティヴ・イマジネーションによる話しあいができたと思います。白い人物は「顔」の登場で、セルフに昇格したみたいです。

## ■ワークをふりかえって――イズミ

この回では、イメージが溢れるままに描いてしまい、描いたときの爽快感の反面、まるでとりとめのない絵になってしまった、と思っていました。でも話しあいを通じて、始めは「器」として描かれた硬い身体がしなやかさをとりもどし、身体と切り離されていた内的感覚をその中に取り込もうとしている、自己統合へのプロセスをあらわすマンダラを描いたことを、納得していきました。マンダラの小宇宙の真ん中でしなやかに踊る人、新たな自己像として、とても気に入っています。

いまの私は、このマンダラのメッセージが分かる気がします。透明人間の足元の音の円環は、私が四角四面な音楽から自由になって、音の世界と共に軽やかなフットワークができる、と伝えているように思うのです。ここまでの私のワークの意味すべてを、まだ自分で捉えきれてはいない気もしますが、でも確かな感じとして、すてきなことが始まるぞ、とワクワクする思いがあります。

### リーディングノート　第6回　イズミさん

イズミさんが「自分」と感じる白い人物は、第2回の大きなカラダや、第5回の針金のような姿を経て、しなやかな身体を獲得しました。でもまだ目鼻はなく、多くの要素を自分の中に入れる前段階として、自分を外につなぎ止めているようです。

また、第2回の「身体！　からだ！　カラダ！」の人物の額にあったカラフルな鍵盤が、この絵では、完全性や自己充足を意味する円の形に描かれています。イズミさんの仕事であり、よりどころである音楽の存在が、大きく変化したことが分かります。

さらに面白いことには、マンダラ全体が「顔」になっていることがわかりました。自由というより「空虚」と言われた白い人物に、意表を突くやり方で、無意識が全体性を示したと言えます。このマンダラは厳密な意味での中心の小円が明確ではないものの、セルフとしての「顔」が登場したことで、無意識は「現実の生活を反映させるマンダラ」としての統合を果たしたと言えます。内に豊かさを含んだ「豆」、つまり種子にも見えるこのマンダラは、力強い可能性を語っています。

中心のハートの青は、女性性や母性性を象徴する色です。第5回では、「嫌なもの」だった水色の霧が、袋にまとめられ「太母の子宮」となり、真のインナーチャイルドが生まれ出る、というプロセスがありました。自分の中の母性性との関わりが、今後のポイントになることを、ハートの青は暗示しているようです。

## 全体（第2回〜第6回）のふりかえり　イズミ

### ■ 新しい自分へ ―― 私の身体再生図・マンダラ

私がアートセラピーに参加したのは、学生生活を終えて社会人になったばかりの時期でした。私は小さいころからピアノを弾いてきたのですが、このまま音楽を通じて社会と関わってゆきたいと漠然と思っていました。でも、納得のできる関わり方が見つからず、アイデンティティに不安を感じていたところです。

ワークを通して私は、「自分自身」に対して「不確かな、頼りない、自信のない感じや不安を持っている」ことが理解でき、新しい本当の自分自身を発見するプロセスをたどることができました。そしていま、自分にひとつ軸ができたと感じています。最後にマンダラの中心に描いた人物がその軸です。

私のワークは、身体を「よそよそしくて、硬く冷えたもの」と感じている自分と向き合ってみることからスタートしました。そして、気がついたらずっと身体を描き続けていました。その時々で、描いた身体はどんどん変わっていき、第2回では足の萎えた膨らんだ人だったのが、第4回では幽霊みたいな輪郭さえも薄い人になり、第5回では霧に紛れてしまったり、大黒様のような部分のみで、身体の輪郭そのものを失ってしまい、とうとう針金人間として身体は記号化されてしまいました。

ここで一度、これまでの「身体＝いままで自分だと思い込んでいた、『周囲にあわせて作った優等生の自分』」という形を、放棄したのだと思います。そして、最後の第6回のマンダラでは、何気なく描いた2つの渦が、元型的エネルギーを持つ自分の中を循環するものとして統合されるまでになったのです。

また、中身はほとんど空っぽだけれども、しなやかに踊る透明な人を描くことができました。そして思いがけないところに「顔」があらわれて、透明な身体に「確かさ」を示してくれたのでした。その身体は、周りの生命力を帯びたいろいろなものとつながっていて、このマンダラが、これからの私の新しい身体再生の図なのだ、と感じさせます。

最近思い立って、このマンダラの絵をコピーして、バックを濃く塗りつぶしてみました。そうしたら、顔の全体も真ん中の白い人も、さらにくっきりと見えて、充実感や喜びが増すのを感じました（口絵参照）。

## □自分の中の渦巻く炎

この一連のワークが終わったあとに見た夢があります。4人の女性の占い師に、自分のこれからを占ってもらう夢ですが、ひとり目の占い師に何と、「あなたは今年死ぬかもしれません。バスの爆発事故か地下鉄火災で」と言われるのです。びっくりして、次々別の占い師を訪ねるのですが、やはり同じことを言われます。そして私は、驚きつつも、「密閉された空間の地下鉄火災よりは、一瞬のバス事故のほうがいいなあ」と、わりと冷静に考えているのです。

目が覚めたあとも、不思議と怖い夢を見た、という気がしませんでした。炎に灼かれて一度死に、灰の中から再生する火の鳥みたいなイメージを持ったのです。そしてその炎は、第6回に描いたマンダラで、人物の左側にあったオレンジの渦の炎なのだ、という気がしたのです。

それから間もなく、ひとつの仕事が終わり、やりたかった新しい仕事が決まるという、大きな変化がありました。いまは自分の中に、オレンジ色に渦巻く頼もしい炎を感じています。

# サクラ　風が伝える可能性

## 「自分」との出会い

### 第1回　感情を紙に写しとる

■ ワーク――絵と説明：サクラ

(1) 気分にあわせてかく

① 楽園

友だちが見せてくれたフランス旅行の写真の「モネの日本庭園」という場所が、とても心に残っていました。とりわけ、日本には少ない赤いアジサイがいっぱい咲いているのに驚きました。その写真が強く印象に残っていたので、①の睡蓮の花が咲いている池と水辺を描いたのですが…具象画になってしまいました。

(2) ストレスとつきあう

② ストレスの３つの変化

私のストレスは、何か心に引っかかるものを感じたときから始まります。②の絵の真ん中は、ストレスと一緒にいて、それがゆっくりと溶けていく感じです。次に完全に毒素が抜けたみたいになって、漂っている絵。気持ちはすっきりしていて、いい目覚めができたという気持ち、変わった姿になった「ストレス」が自分の中にあって、一緒に暮らそうと感じているのです。

**(3)　音楽にあわせてかく**

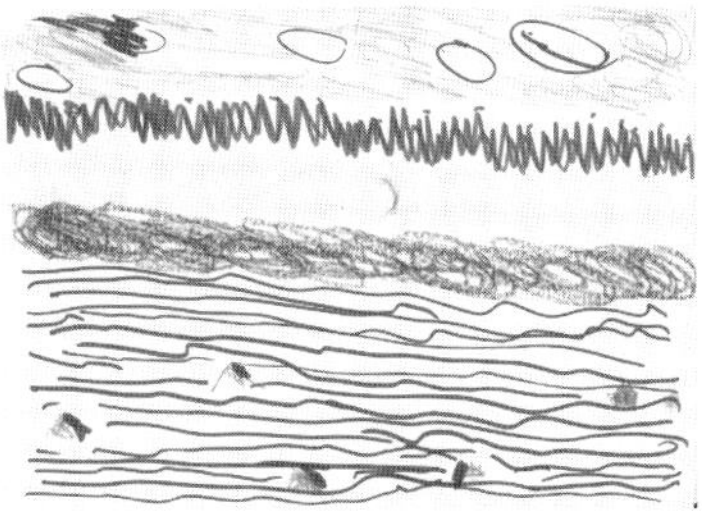

③　川辺の色の層

③の音楽を聴いてから描くという絵は、水の流れの旋律だったので、そのまま描いた感じです。水の中にあるのは、茶色い小石です。

**(4)　自由に踊ったあとでかく**

④　フラフープ

ふと、新体操のイメージが心に浮かんで、④が描きたくなりました。フラフープを使って、縄跳びのように跳んだり踊ったりしている絵です。輪を両手で回しているときの軽い感じを描きたかったのだと思います。私はこれまで、音楽を楽しんできたように思っていますが、ここではぎこちない自分が、絵に出ている気がします。

## ■ 話しあい１──感じるままに

**□ 心に沁みる懐かしさや温かさの感じ**

Ｙ：①は、気持ちを描こうとすると、難しいということですね。具体的な形やモノで、気持ちや感覚を表現されたんですね。

サクラ：「気分にあわせてかく」ということが、感覚的につかめなくて、最初に浮かんできたモネの日本庭園を描いたんです。ここは、モネの絵の代表作の舞台になった場所だそうです。その絵の印象が浮かんできて…。

Ａ：モネの絵は、サクラさんにとって、どういう感じなのですか？

サクラ：静か、それでいて心に沁みる懐かしさや温かさを感じます。

**□「踊る絵をかく」ことに気持ちがいってしまった**

Ａ：②はストレスが変化していく様子ですね。ナツコさんの絵と似ています。

Ｋ：ストレスって時間の経過と共に、こういうプロセスをたどりますね。最初に受けたストレスが、次にはっきりした形の痛みになって、最後に薄らいでいく感じが伝わります。

Ｙ：③は、水辺から空までの色の層が面白いです。

N：④は、がらりと違った雰囲気の女の子の絵で、びっくり。周囲のオレンジと黄緑の縁取りは、何ですか？

サクラ：螺旋状のクルクルした線でリズム感をあらわそうと思ったのです。囲みを二重にしたのは強調したかったから。

A：なんで茶色の女の子を描いたのですか？　かわいいけど、オサルさんみたいというか…。潜水服みたいにも見えます。手の先も黒いし。

サクラ：新体操やバレエなどの、レオタードのつもりで描いたんです。

F：「ガイアシンフォニー2番」の曲の一部を、みんなで聞きながら踊ったわけだけれど、曲のどんな印象が、この絵につながっていったのかしら？

サクラ：曲の印象とかではなく、とにかく「踊る絵を描く」ことに気持ちがいってしまいました。

K：心の中の子ども像、踊ることにちょっと抵抗があるインナーチャイルドが、一生懸命、「踊ろう」とがんばっている姿に見えます。

## ■話しあい2――象徴の意味をとり入れて

### ● 象徴の意味 ●

庭：〈楽園〉、囲われた庭は保護者としての女性原理
水：清浄、母胎内の羊水。順応性、流動性
花：受動的な女性原理。赤い花は〈太母神〉の持ち物
赤：活動的な男性原理、火、熱意
黄色：陽光、知性、信仰
睡蓮（蓮）：生と死。あらゆる存在の源。再生、創造、豊穣
木：女性原理、庇護者、支持者としての太母
川：流転、人生の経過
波：転変、動揺
石：安定、永続性
茶色：大地
青：真実、女性原理、太母
緑：生と死。若さ、歓喜。変化、嫉妬
空：超越：〈天界〉→空の青：太母、天空女神
線（川、道、花、草、空の区切線）：境界。水平に伸びる線は、現世、受動相を象徴
円：全体性、原初の完全さ。自己充足
囲い→囲い込み：保護、庇護、養育する〈太母〉、子宮
螺旋：創造力、成長、拡大、死と再生
鎖：職務、威厳、統一性、束縛
4（円の数）：完全性、秩序、正義

・・・・・

### □楽園、胎内にいる心地よさ

K：「庭」には「楽園」という意味があるんですね。①

の睡蓮の浮かぶ静かな池や花々は、「囲い込み」の場でもあるし、まさに「楽園」、女性的な保護の空間、母胎内にいる心地よさをあらわしているようです。

サクラ：そうだとしたらうれしいです。でも、そんなふうにはまったく思っていませんでした。「気分にあわせて描く」ということがピンとこなくて、困っているうちに、モネの絵が浮かんできて。気持ちの奥では、胎内にいる安心感のようなものを描きたかったのかと、いま気づかされた感じです。

### □平行に描かれている、5つの異なった性質のもの

N：③の川は、波がざわざわしている感じが意味ありげです。波は「動揺」をあらわすそうですが、穏やかな風景の中で何かが動いている感じです。

A：上から順に、空、赤い花の草むら、菜の花畑と道と川。5つもの異なった性質のものの色が、積み重なるように描かれていて、面白いと思いました。

Y：たしかに、空から地下の水までの断面図みたいにも見えます。一見平凡な構図に思えますがこうして見ていくと、何か深いメッセージがあるのかしら。

### □無意識の自己肯定

Y：④の少女は、曲がっている両足がなぜかリアルさを感じさせるけれど、ぎこちなく見えるのは、「音楽にのる」ことに身構えてしまうからなのかしら。

F：頭上に掲げたフラフープが、「私はマル、OK！」って宣言しているみたい。

K：マルと言えば、顔や、両腕や足も円形で、4つの円や弧がタテ1列に並んで、マルが強調されていますね。円の象徴的な意味の「全体性、完全性、自己充足、母なる女性原理」は、①の「楽園」「保護者としての女性原理」という意味とつながりますね。少女の周りの囲みは、自分を守るというか、円の持つエネルギーで自分を応援しているみたいに感じました。

I：なるほど、そうかもしれません。無意識の自己肯定というか。すごくマルが多いことに、ちゃんと意味があるんですね。

サクラ：（大きくうなずく）

## ■ワークをふりかえって──サクラ

このワークの後、他のメンバーのような抽象的な絵が描けなかったことに悩みましたが、時間がたったいまは、これでよかったのだと思えるようになりました。

②について、自分にとってストレスとは具体的にどんなことだろう、とあらためて考えてみました。たとえば私の言ったことを相手が誤解して怒ってきたとき、私はその場で怒

ったりはしません。それは、ここで怒るのが適当かどうか、とっさに判断できないからかもしれませんし、感情が高ぶったときにはうまく話ができなくなるからかもしれません。時間がたってからそっと、抑えた怒りの感情を思い出してみます。そこに怒りの感情があるときは、「まだまだなんだ」と思います。

その後、発展的な方向に、たとえば努力不足に気づき改善していこうと思ったりするうちに、「なんでもないんだ」と思えるようになります。怒りの感情が消えて、すっきりとした気持ちになります。これがいまの私の、ストレスとのつきあい方だと思っています。

「踊ったあとの絵」は、いまこの絵を見ながら、踊ることへの劣等感がいまだにある、とあらためて思いました。小学校の運動会で踊るダンスが嫌だったことを覚えています。踊りを楽しめなかったのは、リズム感がないせいだと思っていましたが、このワークをしている途中に87歳で他界した父の生き方に関係しているかもしれない、と思い始めました。

司法関係の仕事をしていた父は、「親は子どもに対して手本を示す」がモットーで、いつも仕事をしている真面目な勉強家というイメージがあり、私たち子どもには、楽しんだりリラックスしている姿を見せることはありませんでした。私が成人してから、歌謡曲を聞いて楽しんでいる父を見て驚いたことを覚えています。そして私も、親の教育方針にとらわれていて、「楽しんではいけないんだ」と思い込んでいたことに気づきました。

## リーディングノート　第1回　サクラさん

①の「庭園」は、囲いによって保護された場所で守られているようです。木の数の「2」も安定をあらわし、「守られている安心感」が描かれています。また、「赤い花」は、さらに円形に囲まれ守られた花壇に咲いています。こうしたことから、「楽園のような守られた場所の安全さ・安心感を感じることの重要さ」が表現されているようです。

②は、ストレスと直接対決せず消えていくのを待つ、という対処法が描かれていますが、最後の段階で描かれた水色からは、①の「母なる守り」の要素やはたらきが、ストレスの消滅と関連しているようです。

③は「川」の流転と「小石」の不変という、対極の要素が一緒に描かれています。また、層や水平に伸びる線で描かれた風景には、太母的な守りや光など、①の楽園と共通する要素が広がっています。

④の少女の全身を包む茶色は、女性性をあらわす色です。多く描かれている「円」(まる)は、「原初の完全さ」、「統合」という、「楽園」に通じる要素が強調されています。周囲を二重に縁取る「囲み」にも、「子宮」あるいは「保護される場所」という意味があります。螺旋は生命を生み出す

力の象徴でもあります。

　この螺旋を「鎖」と見ると、「威厳、束縛」などの意味が、少女のぎこちなさとつながります。「踊る」ことは、自己解放的な側面がありますが、ここでは自分を開いていくことにためらいや抵抗があって、心の拠り所となる「楽園」の守り、つまり安心感を必要としているようです。

　全体を通して見ると、安心感や保護の要素が強調して描かれています。これらは、サクラさんが必要としているものでもあり、無意識の中に眠る、これらの大きな可能性や潜在能力を示唆するとも言えそうです。しかしサクラさんの「意識」は、川の中の小石や④の少女のように、まだそうした潜在的な守りの力を実感できず、ぎこちなく立ち尽くして自分を守っているようです。

# 第2回　心の持ち方をかえる
## ――心配ごと撃退法

### ■ワーク――絵と説明：サクラ

**(1)「自分が心配している姿」をかき、「心配ごとの上位10項目」を箇条書きする**

**(2)「いちばん心配なこと」を選び、その絵をかく**

①　小さな心配ごと

　最初に描いた女の子は、ピンクの服を着てがんばろうとしているのだけれど、前かがみで目も心配そうです。心配ごとは、「健康でいられるか」と「仕事」の2つを書きました。

心配ごと

1)　健康でいられるか
2)　仕事

**(3)「心配ごとを撃退」しているところをかく**

**(4)「心配ごとをとり除いたあとの気持ち」を文字で書く**

②　縄跳び、ミシンかけ、読書

　②は、縄跳びとかミシンとか読書というものが、心配ごとを撃退してくれる道具というより、癒やしてくれる友だち、という感じです。

③　裸の少女

絵をかいたあとで浮かんだ言葉

| |
|---|
| 力がみなぎる感じ<br>満足感<br>さわやか |

③は、さわやかな気分とか満足のいく気分とか、また力がみなぎる感じを描こうと思い、あえて服を描かないで、裸にしました。

## ■話しあい1――感じるままに

N：①は味がある、気持ちが伝わる絵です！

K：絵に、不思議な訴える力があるのですよね。でも、③の女の子は顔は力がみなぎって満足している感じだけど、身体は風船みたいです。

A：③の子は、意図して洋服を着せなかったのですね。第1回の④の子みたいに、レオタードを着ているのかなと思ったけれど。

I：そういえば、第1回のフラフープの子の、顔がきりっと締まってきたのが①の子のように見えます。左脳的、意識的な絵かもしれないけれど。

F：②も③も、子どもの身体は透明で、どこか奇妙な印象があります。いかにも無意識からあらわれた子どもみたい。「力がみなぎる」という実感はまだ薄いのじゃないかしら。

N：その知性と感性のズレの結果、③では、顔と胴体がチグハグになっているのかしら。

サクラ：心配ごとを撃退した自分を、確信できない自分がいたんです。

K：「確信できない感覚」そのものを、アタマではなく感覚でちゃんと捉えられたから、こんなふうに描けたんですね。絵って何と正直なことか、感動します。

N：②で、縄跳びとかミシンとかは、「心配ごとのある自分を癒やしてくれる友だち」と表現されていますけど、サクラさんのその感覚、私、好きです。

Y：これからインナーチャイルドは、力を得ていくわけだけれど、自分の内的な感じに誠実につきあえるって、いい感じですね。

## ■話しあい2――象徴の意味をとり入れて

### ●象徴の意味●

ピンク：幸福、健康、新しい可能性の開花

青：知性、慎み深い愛情、女性原理としての海の色

縄跳び：自己防衛と包囲、母胎回帰願望
縄：限定・束縛と、無限に伸びる自由
裸：自然で無垢な楽園状態、覆いを取った真実
・・・・・

N：第1回でも、フラフープで縄跳びみたいなことをしていましたね。ジャンプしたい気持ちのあらわれかしら。

サクラ：私にとっては縄跳びって、気軽にできる運動の代表なんですけど、この絵を描いた後に調べたら、描画に出てくる縄跳びって、〈自己防衛と包囲〉とか〈母胎回帰願望〉を意味するそうです[11]。こういう解釈からすると、私には母や祖母に依存したい気持ちがあったのかと思います。

F：〈自己防衛と包囲〉とか、〈母胎回帰願望〉って、縄跳びは、自分の周囲を縄で囲むから、という連想なのかしら。なるほど、という感じです。

## ■ ワークをふりかえって――サクラ

自分のこれまでの生き方をふりかえってみて、娘時代には家族に合わせることに気をつかっていたなと、思い始めました。合わせないと家の秩序が乱されてしまいそうな気がして、自分の気持ちを大切にしないできたのです。

そう思うと、このワークで「自分の身体は自分で守ること」を心配ごとの中心に置けてよかったと思います。他人と合わせることではなく、自分を大切にいちばんに考える、という気持ちを持てたことで、娘時代の窮屈な家族の束縛から抜け出せたような気がするのです。

「心配ごとを撃退する」絵は、母の生き方に関係がありそうです。母は、大家族の家事をこなしつつ、素人ながら子どもの服などを作って、生き生きしていたように見えました。足踏みミシンの音はいまでも懐かしく、ほっとした気持ちで思い出します。私の絵に縄跳びが出てくるのは、ジャンプしたい気持ちのあらわれ、と言ってもらいましたが、いまもなお私は、幼いころに自分で作った枠の中に閉じこもっていて、のびのびとジャンプすることができずにいるという気持ちのあらわれかな、と思いました。

### リーディングノート

### 第2回　サクラさん

①は、社会的側面があらわれやすいと言われる、画用紙の右側に偏って描かれています。少女の心配そうな顔や、少し後ろを向いている姿勢も、社会に正面から向き合うことや、不安を語っているのかもしれません。

②の縄跳びは、第1回で繰り返し出て来た「楽園」「女性的庇護」のモチーフと共通する要素です。また縄跳びは同じ場所で繰り返し跳ぶという、「変化」の起こらないものでもあり、第1回③の川の中の小石や②ストレス対処法に見

られた、「安定・変化しない」要素も含まれます。

②の「読書」は、アクティヴな行動ではありませんが、本には「知恵」などの意味があり、「ミシン」は、ものを実際に作り出す作業で、自分に向き合い探求していく方向性を感じさせます。

③の「裸の少女」の体は、第1回の楽園につながる自然な生命力に満ちた状態をあらわしますが、そうした実感がまだ十分には意識化されていないことが、表情のない顔にあらわれているように見えます。意識している自己像と、③にあらわれたような無意識の中にある潜在能力が噛みあわないために、「自分自身の力」がうまく使えず、ぎこちない感じになっているかもしれません。

ワーク全体を見ると、さまざまなことを「持ちこたえる」ことや「変化せず安定していること」に意識やエネルギーが多く使われている様子がうかがえます。「楽園」のような太母的な安心感が内在化され実感されるために、「何かを作り出すこと」「知識を得ていくこと」が助けになるようです。

# 第3回　遊び好きのインナーチャイルドをかく――インナーチャイルドI

## ■ワーク――絵と説明：サクラ

### (1)　内なるヒーラーをかく／ヒーラーと対話する

私は「内なるヒーラー」の存在を認める段階で、とまどいました。そこで「遊び好きの子ども」について考えてみました。

それで、「ゆったりした時間を持ちなさい、周りのことは気にしないで」という感じが出てきたのが①です。子どものころ、遠足で川に行ったときの絵で、スカートが濡れるからスリップだけで川に入って、魚を捕ったりしました。私は小さいときから、人前では下着だけなど変な格好をしてはいけない、と言われて育ったのですが、ここではスリップ1枚でキャッキャと魚を捕っていて、天真爛漫に行動できたのです。ヒーリングされている自分を描いたとも言えるけれど、そうすると

①　川遊びの少女

ヒーラーは川だったのでしょうか。

## ⑵ 遊び好きのインナーチャイルドをかく／インナーチャイルドと対話する

② 山を登る足

「楽しみながら元気を養いたいとき、どんなことがしたいかしら」と心の中に聞いたら、「自然の中を歩きたい」という気持ちになりました。はじめに、夜明けの自然の中を楽しく登る足を大きく描こうと思って、②の紙の上に山道を登る足を描きましたが、全体から見ておかしいと思って、左下にも人物を描いて、こうなりました。

### ■ 話しあい１――感じるままに

□ 川や環境全体がヒーラー

A：①は、すごく時間をかけて描いたのですね。緑の木や草むら、風を受けていて、気持ちよさそう。緑も茶色もいわゆるアースカラーで、母性的な自然の守りを感じます。

Y：①は、川や環境全体がヒーラーなのですね。子どもの自然な表情が、いいなあと感じます。上半身はしっかり癒やされているけれど、水に浸かっている足はちょっと不安気に見えますが、それも意味があるかな。

□ 登る足

N：②は不思議な構図の絵ですね。足だけの人物を先に描いたのですか？

サクラ：まず、「急坂を登る足」を描きました。夜明けの山を登っている足は、力強さの象徴のような気がして。その後で、歩くのを楽しんでいる人を左下に描きましたが、上の人物の描き直しをしている感じもしました。

Y：足だけを、力強さの象徴として直感的に描いたのですね。面白い！

F：サクラさんの無意識が「足」を描き終わってから、常識屋の「意識」が、「足だけ描くなんてヘン！」なんて言って、左下に全身を描いた感じなのかしら。

N：左の人物は「上の人物の描き直しをしている感じもした」と言われていたけど、左下の人は上半身や顔はシロシロで、やっぱり足に強い存在感があります。

K：これまでのサクラさんの絵には、「自分を癒やすもの」として、楽園のような庭園や、ミシン、縄跳び、母の手づくりスリップ、自然、など、母性やヒーラーにつながるものがたくさん出ています。母性性を蓄えたので、ここで「登る足」が主人公になって、山をしっかり登っていこうと決意していると見ると、面白いと思いました。

A：サクラさんは、登山経験はどのぐらいあるのですか？

サクラ：いわゆる登山は20代のころに数回しただけです。

## ■話しあい2――象徴の意味をとり入れて

### ●象徴の意味●

川：からだを水に浸すことは、原初の純粋状態への回帰

足：自由な動き、自分を支える基盤

杖：男性的な力、権威、旅、巡礼

リュック→合財袋：女性的な包容力、杖と共に巡礼の持ち物

山：節操、永遠、堅固、静寂。神々の住む場所

太陽：存在の中心。男性的な力

巡礼：〈楽園〉あるいは〈中心〉への回帰の旅

・・・・・

### □太母的なヒーラーとしての川

杉浦：①の川遊びをしている少女は、川に足が守られているように見えます。川はヒーラーなのですが、川というのは、自然、水、無意識、旅、此岸と彼岸の境界、でもあります。この場合は、川は老賢人というよりは、いろいろなものを受け入れていく、太母的なヒーラーかなと思いました。

### □山に登る足

F：②を、先生はどうご覧になりますか？

杉浦：山に登る足だけの絵を描いたというのは面白いですね。この足は、自然な感じであるためにおかしいほど「四苦八苦」しているのが、感じられます。足は、自分を支えている基盤、現実的であることなどをあらわしていますね。

N：①では、のびのびした子どもの川遊びの絵だけど、子どもの意識からは、足だけがかくされているとも見えます。先生のお話のように、太母的な川に癒された結果、力強い足が登場したということでしょうか。

F：同感です。杖を持ってリュックをしょっているこの人に、登山というより巡礼のような感じを受けるのですが。「巡礼は、〈楽園〉あるいは〈中心〉への回帰の旅」を象徴するそうですが、山の頂上は何になるのでしょうか？

杉浦：杖を持ってリュックをしょっているところからは、まあ、「全体性」の獲得、つまり自分をひとつにまとめることを目指しているということでしょうね。「別の存在次元への移行、〈楽園〉への回帰」と言ってもいいとも思います。作者がどう感じるか、今後はっきりしてくるでしょう。

A：「合財袋」は巡礼の持ち物だそうですが、ここでは黒くて大きいリュックなので、何かをたくさんしまい込んだ袋をしょっての旅、とも取れます。

■ ワークをふりかえって――サクラ

このころ、スリップは母の手づくりでした。白い綿地の裾に簡単なレースを付けてもらいました。それを見たとき、一人前のスリップを作ってもらえたことがうれしかったのです。それを着て遠足に行き、予定外に川遊びをすることになったのです。「いい子」だった私が、このときはスリップになってはしゃいで、川遊びを楽しみました。これが、「思い切ったことをやった」体験です。杉浦先生に「川は老賢人というよりは、いろいろなものを受け入れていく、太母的なヒーラー」と言っていただき、納得しました。

夜明けの山を登っている絵は、思い切って山登りに挑戦したときのものです。この絵の構図について話しあいの中で、「足を強調したかった思い」が、無意識の力として絵にあらわれている、と説明してもらい、杉浦先生は「足は、自分を支えている基盤」と言われました。この絵は私にとって、文字通り自分を支える基盤になっていると思います。

## リーディングノート　第3回　サクラさん

①の少女は、「スリップ姿」で女性性や無意識の象徴である川に入って、川辺の木々や自然の母性的な「守り」や「安心感」の中にいる印象です。これまでに出てきたフラフープや縄跳びの子らと違い、少女は伸びやかに川遊びに興じています。手にする網のすぐそばには、「生命力」や「男性性」を象徴する魚がいますが、少女は魚に気づいていない、まだ意識化されていないことが示唆されています。

①の少女の「足」は、水の中に隠されてはっきりと描かれていませんでしたが、②では、急斜面を力強く登る「足」そのものが強調して描かれていて、サクラさんの中の行動力や生命力、力強さなど、アニムスがあらわれています。

山は「もっとも天に近い大地」として、自我や意識を超えた大きな力との交流が生まれる場所でもあります。さらに、山は「中心」でもあり、山を登る巡礼は、さらに大きな自分自身の中心（セルフ）へと向かうことでもあります。無意識が語る三人のイメージが、全体性へと向かう意味付けに発展していったことは、興味深いところです。

太陽は、一般的には存在の中心的な力の象徴ですが、右上（社会的・意識的な領域）の端に描かれているところから、ここでは自分の内奥へと向かおうとする意志が感じられます。

リュックは道具袋としては、女性的な包容力という意味があり、第1回から繰り返し描かれてきた「楽園」の保護や安心感を、今や自分のものとして携えていることが語られています。第1回④のフラフープの少女や、第2回②のミシンや読書と比べると、「登山する足」の行動力、力強さからは、自分の力が意識化されてきたことがわかります。

# 第4回　傷ついたインナーチャイルドをかく
## ——インナーチャイルドII

### ■ワーク——絵と説明：サクラ

(1) ヒーラーとインナーチャイルドをかく
(2) インナーチャイルドをかく

風で髪が顔にかかり、顔の見えない少女

絵をかいたあとで浮かんだ言葉

高いところにのぼって
気持ちいいわ
風で顔が見えなくなったけど
大丈夫。
こうしてあちこち
眺めています
さわやかな風の中

この絵は、高い枝に登って気持ちがいいインナーチャイルドです。風で顔が隠れてしまいましたが、こうして木の上であちこち眺めているのです。小さいとき、よく登っていた庭の柿の木は、私の生活空間の一部でした。ままごとをしているときに「ちょっと出かけてくるわ！」と言って木に登ったり、自分専用の座り心地のいい椅子のようだったと思います。

この木は、私の気持ちの中にある木です。枝が太くて、それでいて木の肌はすべすべしていて登り心地がいい。葉がこんもりと茂っていて、そこにいると自然の中に溶け込んでしまうような。ズボンの色が木と同じなのは、自然の中に溶け込んでいるイメージを表現したのです。

バックの緑は、木の葉っぱのつもりです。葉っぱに木の全体が包まれているんです。緑の密度がすごいのは、外から見えないくらい緑の中に入り込んでいたい気持ちがあったのでしょうか。髪の毛も同じように、溶け込みたい気持ちのあらわれかもしれません。小さいころの私は、髪を長くしたことはありませんけど。

### ■話しあい1——感じるままに

A：いいですねえ！　木の中で、葉っぱに包まれて木に抱かれている感じなのですね。その顔が愉快！　よーく見ると、ホントに薄く顔が見えます。

F：自分のせいではなく風のしたことで、髪が顔にかかり顔が見えなくなった。でも顔が隠れてしまったことは、顔の出しにくさをあらわしている無意識の思いのようです。意識は「でも大丈夫」なんて言って、インナーチャイルドが傷つかないようにしているみたい。

N：髪の毛で顔が隠れているのだけど、それもまた他人から見られないということで、守られて安心していられる感じなのですね。

K：インナーチャイルドは外の世界に元気よく飛び出しているのではなく、ひっそりと守られ隠れているのだけど、自分なりに世界を楽しんでいる。いつかは、木から降りて遊べるようになるのでしょうね。

N：隠れる、顔を隠すというとネガティブなイメージだけど、この子は元気そう。以前のフラフープの子や裸の子は、身体と顔がチグハグな感がありましたが、今回は自然な感じですね。

サクラ：このころは家族がたくさんいて、4人きょうだいの長女だったし、ざわざわとした日常でした。それで静かに過ごせる場所を求めて、木登りをしていたのだと思います。ただボーッとできる場所がよかったのです。

K：でも本人の意識はどうであれ、ちゃんと無意識は、まだ顔は出せないにしても、インナーチャイルドの姿をあらわしているんだと思いますよ！

F：傍観者のスタンスで自分を守るという意味で、この子にはこのような場所や態度がピッタリだったのですね。すごく、心に沁みる絵ですけど、それは顔を見せたくないという意識と、自分なりに世界を楽しんでいる無意識とが統合されているからとみていいでしょうか。

## ■話しあい２――象徴の意味をとり入れて

### ●象徴の意味●

顔：外にあらわれた人格
髪：生命力。思考力。顔を隠す髪はヴェールと同じ
ヴェール・覆い：秘密、隠蔽。保護的はたらき
木：保護、庇護、女性原理、太母の力
風：〈霊〉、宇宙の息吹、生命を保つ霊の力。捉えがたいもの
緑：生と死。歓喜。変化
赤：活動的な男性原理、愛、喜び

・・・・・

杉浦：顔は社会に対する意識や感情をあらわすものです。それを、まだ無意識層、インナーチャイルドに触れるのに抵抗があって、顔を隠してしまった。自分を見せたくない、という気持ちだったのかなと思います。

Y：外界がシャットアウトされているこの絵は、第3回の「人前では下着だけなど変な格好をしてはいけない」など、他人や社会からどう見られるかを気にするのではなく、自分の内面へと向かったことで、安心感を自分の内に確かめることができたワークになったのですね。

F：この絵は、母親の膝に座って安心して甘えている子を

連想させます。インナーチャイルドが保護を受けて癒やされている。

■ ワークをふりかえって――サクラ

大人になってから、クラス会などで昔の話をすると、自分の記憶がみんなとすごく違うことに気がつきました。私の記憶はとても断片的というか、話の捉え方や理解の仕方が、固かったように思えるのです。その固さがいまも自分の中にあって、そのために本当の自分の気持ちにフタをして、自分を身動きのとれない状態にしている。このごろそんなふうに思い始めています。だから仕事の上でも、人を評価するようなことを実際に言わなければならない場面に出くわしたときに、非常にとまどう自分を感じます。そういうことに、自分はまだ慣れていないという思いがあるのです。

あの人はこうだから苦手だ、などと思わないわけではないのだけれど、それをうまく言えない自分を感じているのです。そして、人に自分のまずさを指摘されることにも、けっこう不安な自分がいて。長女だったし、3世代同居で育つと、「いい子」になっている部分がすごくあった。そういうふうに演じるほうが楽だったように思うのです。

話しあいの中でこの木について、周りから守られているとか、安心感の基地とか言ってもらいました。誰にも侵入されずに家族との距離を保つことができた、私にとって大切な、安心できる場所であったとあらためて思います。

## リーディングノート　第4回　サクラさん

この「木」は、第1回の庭園やフラフープ、第2回の縄跳び、第3回の川遊びの岸に立つ壁のような木などにも見られる、「大きな守り」の要素で、癒やしや回復が進んでいるようです。少女と守りの力との距離はぐんと縮まってきていて、統合への実感が強まってきているのが伝わります。

「髪」は生命力のあらわれでもあり、伸びやかな力が動き出していることが示されています。反面、まだ外に出て、世界に参加するのではなく、自分は隠して外を眺めるという、距離を置いたスタンスであるようです。木の枝や葉などではなく、髪が顔を隠していることもポイントです。「ヴェール」の意味には、「本当の自分自身に直面することへの怖れ」から自分を守る、という側面もあるのかもしれません。しかし、髪を揺らす「風」は「精神・魂」の象徴でもあり、少女を守る豊かな力や、注ぎ込まれる生命力をあらわしています。

繰り返し安心感を体験しながら、豊かなエネルギーを再生していくプロセスが、リアルに語られています。

# 第5回　インナーチャイルドを育てる――インナーチャイルドⅢ

## ■ワーク――絵と説明：サクラ

### □自由にインナーチャイルドをかく

① 風に向かう

② 縄跳び

①は、何を描こうかなとぼんやりと思いながら描いたら、右手で描いてしまって、描き終わるまで気づかなかったんです。

大きい子のほうが私かも。そちらのほうが足が太いのは、中学のころから気にしていたからかもしれません。木が揺れていて、2人が風に向かって歩いているところを描きました。風って、何か恐いような感じもあります。小さいころ家にひとりでいるときに、カタカタと風の音がすると恐かったなど、案外、風というのは私の記憶の中に残っているんです。また風には、宮沢賢治の『風の又三郎』に出てくるような、風が吹くと場面が変わる、というイメージもあります。いままでと違うことが起こるのではないかとか、いいことが起こってほしいなど、風に面白さも感じていました。

②は、自分が動こうとしている絵です。①で風という自然現象に任せた後に、今度は自分が縄跳びで跳ぼうとしている。自分がやりたいことをやっていこうという気持ちが、あらわれてきたのかもしれません。私の中では、空気の振動も含めて、「風」が自分にエネルギーを与えてくれるもののひとつなのだと感じています。

## ■話しあい1――感じるままに

### □風は、子ども時代の漠然とした期待や不安？

Y：①の女の子、足がドーンと太くて（笑）、安定感が強調されているみたい。第3回では足だけが登山していたし、このインナーチャイルドも自分を支える頑丈な「足」を強調しているんですね。風に向かって歩いていくとき、自分を支えるのは、頼もしい足。

I：「風」について、恐いような記憶や、変化をもたらすような面白さ、エネルギーを与えてくれるものなど、さまざまなイメージがあるんですね。

サクラ：風はすごく気になります。小さいころに風の音を聞いていろんな気持ちが動いたから、その記憶を私は何度も描いているのかな。

K：風は、幼少期の記憶全体の象徴みたいなものかしら？ ふだん封じたままだった子どもとしてのさまざまな自由な感情を、風を感じることでもう一度体験し直して、エネルギーを得ようとしているのかと思います。

サクラ：あたっているみたいです。風に乗る、風にゆだねていたい、といった感じで、風が自分の中で大きな意味があるのです。

### □ 脇役としての木、周りの自然

Y：①は、右側の大きい木の描き方が印象的です。風がさあーっと流れているみたい。

サクラ：大きな木の下にいると安心する感じがして、好きなんです。

F：たっぷりしたいい感じの木だけれど、よく見ると気になります。幹はストンとして生気がなく、縦半分しか描かれていなかったり、樹冠は中途半端だし根の部分もなく…。

サクラ：「守られている」という感じだけを強調して描こうと思ったので…。

F：女の子の足はどっしり地面についている感じなのに、①の木は3本とも、地面に根を下ろして生えている感じがないのです。

Y：①も②も、根が描かれていない。ということは、根の部分が象徴される傾向がある、つまり幼少期の身体的な実感がない、ということかと思いますが。

サクラ：木は脇役というか、周りの自然として描いただけのつもりなので、木についてこんなにコメントされるとは、意外な気持ちです。

### □ いまはこれだけ！ これから育っていく

Y：たったいま、30分もたたない間に描いているのに、①と②ではずいぶん絵の印象が違いますね。

N：②は「自分が動こうとしている絵」だそうですが、私にはこの元気がない子が、これからやりたいことをやろうとしている姿には、思えません。

F：青い服や、両手足を広げているポーズ、そして右端の木の配置は、①と②は同じです。私はむしろ②のほうが、無意識から無防備に出てきたインナーチャイルド、って感じで好きです。どちらも同じ子どもなのではないかしら。

N：この子は「これから育っていきますよ、でもいまはこれだけ！」っていうこと？

サクラ：①は描いているうちに思い入れのようなものが湧いてきたけれど、②は描きたいものとして描いたのではないという気持ちがあります。自分のインナーチャイルドを描けたのかどうか、自分ではよく分からないです。

## ■話しあい2――象徴の意味をとり入れて

### ●象徴の意味●

風：宇宙の息吹、生命を保つ霊の力。紐、綱、糸と結びつく。綱は束縛と自由の両面の意味がある。あらゆるものは糸である風によりつながれている

木：保護・庇護、女性原理、太母の力。原初の楽園

2（人数）：依存、定着、安定

・・・・・

### □生きている実感

サクラ：話しあいをしてきて、「風に向かって立っている」などというテーマ、「お題」が決まると描ける、そういう感じが自分にはあると分かってきました。

杉浦：風の持つ魔法めいた力があるところでは、生きている実感が感じられている。でも、風のないところでは、生気のないインナーチャイルドが顔を出しているのですね。

F：サクラさんは、②は自分が動こうとしている絵だと言われました。無意識から出てきた子が風にエネルギーをもらって、でもまだヨロヨロしている感じだけど（笑）、縄跳びで跳ぼう、自分がやりたいことをやっていこう、という気持ちになっていると。

サクラ：そうです。私は、風とか自然がヒーラーだと感じたのですが。

杉浦：風がヒーラーなんですか。だから風が出てくると、しっかりと描けているんですね。「風はエネルギーを与えてくれている」ということは、これは、風の持つ象徴的な意味にある、〈生命力〉や〈精神性〉と結びついていきますね。アオイさんの「風神」（後述）の風の解釈と重ならないのは、風の持つ異なる性質を象徴しているからでしょうね。

### □風が運んでくれるもの

サクラ：風っていうのは、何か新しいものを持ってきてくれるものとか、そういうふうに思ってきたことに気づきました。パッと自分の見方が変わる何かをもたらしてくれるような。あと、①の女の子の絵や、第4回の木の上の女の子の絵でも、私にとっての風は、生命力＝「新たなエネルギー」をくれるものと感じていることが分かりました。

杉浦：たしかに風があるところでは、木も風にさあーっとなびいて、気持ちよさそうですね。母性性の象徴としての大きな木の下にいると安心する感じがあって、女の子はいかにも安定感のある足をしている。②の子どもは少し元気がないみたいだけれど、木には若芽がびっしりついているのです

ね。母性に関わるものが出てきて、読み解きが複雑になってきていますね。風の本来的な象徴の意味は breath and spirit（息吹と精神）です。ここでは風そのものが母性とつながるものということではなく、「パッと自分の見方が変わる何か」を運んでくるものと捉えていいでしょう。また、新しいアイディアや自己洞察が得られるチャンスでもあります。[12]

サクラ：自分の中で納得して、「これだ！」って思ったら動き出す。縄跳びを持っている子は、その動き出す前みたいです。

杉浦：①は右手で描いたそうですから、サクラさんの「意識」が強い絵と言えますね。のびのびして風を感じることによって、小さいころのいろいろな感情、子どものころに出せなかった、生き生きした生命力を、サクラさんの意識が味わっている。結果的には、子ども時代に出せなかった遊び好きのインナーチャイルドの部分が、あらわれている絵と言えますね。

## □風も縄跳びも木も、生命力をくれるもの

杉浦：風そのものでなく、現実の生活の中に生命力や精神力を必要としているのかもしれませんね。力の抜けた縄跳びの子から風を受ける子へ移るのに、ミシンや縄跳びや読書など、第2回で描かれているこういう作業が必要なのでしょうね。内的な作業を充実させて元気になれる。そう理解するとつながっているのではないでしょうか。

K：象徴解釈では、母の象徴というと水や大地や木で、火や風は男性的なものでしたが、サクラさんにとって、風は母性とつながるものなのですね？

I：そういえば②の縄跳びも、「母胎回帰願望」の象徴だと、サクラさん自身が調べて来られたのでした。

サクラ：母性とつながるということですけど、風や縄跳びについては、まだ納得できない気持ちが残ります。木についても、共感を呼ぶことができない思いがありました。でも先生に、「大きな木の下にいると安心する感じがある」など私の気持ちを分かりやすく言っていただけて、すっきりしました。

## ■ワークをふりかえって――サクラ

風をテーマに頭に浮かんだことを描きました。「風に向かって立っている自分」と、「今後のことを考えている自分」です。どちらもインナーチャイルドを描いたつもりですが、1枚目を右手で描いてしまったせいなのか、ずいぶん印象の違う絵になってしまいました。

やらなければいけないことができたとき、進め方についての見通しが立てば、どうにかこなせるのですが、そこまで行くのがいつも大変です。アートセラピーのワークでも、風が

うまく吹いて、いままで蓄えられていたものが呼び覚まされて課題に乗れれば、半分できたようなものなのですが。「風」は私にとって、やはり大切なものみたいです。

風からエネルギーをもらうと感じたことは、風が「生命力や精神性」を象徴することから納得ですが、縄跳びは母胎回帰願望を象徴するということも含めて、まだ実感としてピンときません。②の木に若芽がびっしり付いていることを指摘していただきましたが、木の象徴する母性の力を、私が確認し始めたということかなと思っています。

この絵を描いて、今後の課題取り組みへの道すじが見えてきた気がしました。それは、「テーマにあったイメージが浮かんでこない」とか、「テーマの理解をどうしたらいいか分からない」と思うことがあっても、焦らず、じっくり自分の心の中を見つめていくことで、解決の道につながると思えたことです。自分では大きな成果です。

**リーディングノート**　**第5回　サクラさん**

回を重ねるにつれ「母性的な守り」が内在化され、動けずにいたインナーチャイルドが生命力をとりもどしていくプロセスが描かれてきました。第４回で木の上で顔を隠し、外の世界を眺めていたインナーチャイルドが、今回はさらに、木を降りて地面の上に立っています。

同じインナーチャイルドでも、①はこうありたい姿、②は、やっと外の世界に出てこられたインナーチャイルドの姿と見ていいようです。

②には、これまで繰り返し出ていた「守り」の壁・囲いなどが存在しません。そうした守りが内在化された、と見ることができるようです。そのかわり、まだちょっと心細いインナーチャイルドへのサポートとして、「縄跳び」という「母胎」代わりのアイテムが復活しています。今回の縄跳びの縄は、外界をさえぎる頭上にあるのではなく足元にあり、外との交流を保ち、自分を守る「入れ物」のような形で描かれています。

「②は描きたいものとして描いたのではないという気持ちがあった」という、インナーチャイルドに直面することへの抵抗感もあったようです。目鼻がしっかり描かれていなかったり、描画全体の淡い感じなど、出てきたインナーチャイルドは、まだ頼りなく、弱々しげでもあります。でも、横に立つ木がたくさんの新芽を付けているように、外の世界に出て自分の足で地面に立つという、「誕生」「再生」のプロセスにあるようです。

# 第6回　現実の生活を反映するマンダラをかく

## ■ワーク——絵と説明：サクラ

### □マンダラをかく

内なる力ー花火

マンダラをコラージュで表現してみました。花火を中心にして、夜の世界と昼の世界、リラックスする時間と自分を見つめる時間…そして時間はめぐり、歳を重ねていくといったテーマです。

コラージュボックスに花火の写真があったので真ん中において、花火を浮き立たせるコラージュを作ろうと思い、ほかの絵柄や気に入った写真を集めました。右下の木立の向こうに灯りが見える写真や、夜店に人がたくさん集まっている写真は、上下を逆に貼って、面白さを出しました。マンダラとは言えないかもしれませんが、こういうものを作りたいと思ったのです。

これまでワークのたびに、いつも「これでいいのか」「思い通りにいかない」という思いがありました。今日もそんな感じです。

## ■話しあい1——感じるままに

### □マンダラの中心はどこ？

N：なぜ紙の中心、マンダラの中心に、花火を置かなかったのですか？

サクラ：真ん中はこのぐらいずれてもいいかな、といういい加減な考えがあって…いちおう、私の中では真ん中に置いたつもりなのです。

F：「マンダラの中心に打ち上げ花火」とは、「ストレスなど内的なエネルギーを、美しい姿に変えて発散する」、集中と拡散、抑圧と解放といった感じかと思ったのですが…。

K：私は、「自分の中心には、この花火のようなエネルギーがいっぱいある」ということかなと思いました。

### □光と影のテーマ

Y：さっきから感心しているのは、左下の明るい光の後ろに人影があること。

サクラ：この写真のウエイトレスの影が、後ろのガラスにふわっと映っているのに気づいたんです。それが亡霊のように見えて、何か惹かれて、気に入って使いました。現実の世界のウエイトレスは忠実に働いているけれど、ガラスに映っている人は楽な雰囲気を伝えてくれる分身みたいに思えて。

Y：貼られているものの中に、いくつも、光の中の影、影の中の光があって、それがテーマになっているみたい。そのウエイトレスの影もまさに「影」、シャドウ、面白いです。

K：ガラスに映ったウエイトレスの影が、水槽の中の魚みたいにも見えて、浮遊感があります。サクラさんが好んで描いてきた「風」の心地よさと、どこか共通点があるみたい。

F：たしかに、風の心地よさと水中の浮遊感って、どちらもふわっと、「意識」をカラにして、無意識につながる感覚に近い感じがしますね。こういう形の肯定的な要素を持つシャドウ、「影」もアリなのですね。

## □左回りに動く時間

サクラ：このコラージュは、午後のお茶を飲んでいる場面から始まって、左回りに時間が動いていって、下が夜、右上が明け方、左上が午前…と、1日で一周する感じなのです。

I：時間が逆時計まわりに進むのですね？　逆まわりって、意味がありそう。周りの物語と花火の関係は？

サクラ：花火は、夜の世界から生まれた、心の中の豊かなものを表現しているんです。左の、日中のエネルギーの表舞台と違って、右半分は夜のエネルギーを蓄えている感じを表現したつもりです。のんびりするというか、休む時間。次のエネルギーを作り出す時間。夜や闇が、何かを作り出しているという思いがあります。夜が終わって明け方になり、活動の時間になる…。

N：右下は、眠りの夢の中の世界みたいですね。下の真中あたりの黒いものも、心の深層にあるものがうごめいている感じ。この夜の情景って、何か惹きつけられます。無意識からのメッセージが、左回りで意識へと語られている。

サクラ：たまたま、使った写真の向きの都合で左回りに時間が進むということになったので、他意はないのです。

## □主題をこちら側から見ているという視点

F：右上は、静かで自然な情景の中に、「大変なもの」が無意識からにゅっと出て来た感じです。

サクラ：これは夜明けの野球場の写真なんです。突き出ているように見えるのは、ライトスタンド。夜明けのライトスタンドの写真が、気に入ったのです。

A：面白いですね。木々の後ろの明かりは、燃え盛る火みたいです。無意識の中に揺れ動くものが、表に出たがっているような。

サクラ：向こう側にあるものを、木を通して、こちら側から見ているという視点が、面白いと思ったんです。

F：夜明けのライトスタンドもそう思うのですが、それって傍観的な現実の捉え方のように思います。現実の社会や人間関係から一歩退いたところから、現実を見る態度という。それがいいとか悪いとかではなく。

サクラ：傍観者的な見方とは気づかなかったけれど、ふっと気を抜いて役割を演じていない状態も好きです。

A：はたらくウエイトレスと、ガラスに映った影も同じですね。

I：分かる気がします。誰もいない学校とか、人の少ないお正月の駅とか、そのモノ自体は同じだけれど、いつも活気があるものが静かに気を抜いているような姿って、そのギャップに惹きつけられます。

Y：第5回で、縄跳びがダランとした、気を抜いている子どもの絵を描かれましたね。あの子も自分のインナーチャイルドだと感じていますか？

サクラ：いまは自分で認められる気がしています。役割の中で緊張している姿と、気を抜いている姿と、両方のバランスをとっている私に気づいた感じです。

Y：じゃ、「あれも私の子よ」と認知したんですね？（爆笑）

F：対立物の統合というものですね。意識が見ているライトスタンドと、無意識が語る夜明けのライトスタンド、つまり、「気を張って役割を演じている」存在と、「気を抜いて役割を演じていない状態」の正反対の存在がある。でも今のサクラさんは、その両方のバランスを取っている、統合的な生き方ができている自分に気づいたのですね。アクティヴ・イマジネーションによる対話で分かってきた感じです。

## □ 夜の世界の豊かさを確認することで、本来の自分に

サクラ：中心の花火は、人に見せる花火というより、夜の自分が作り上げたものはこんな感じ、という豊かさの感覚をあらわしているつもりなんです。

Y：夜の世界の豊かさ、自己回復のためのエネルギーを、自分で打ち上げて自分で受け取る、というのですね。

サクラ：夜の世界の豊かさを確認することで、本来の自分になれるという思いがあります。花火にチリチリしたストレスの感じでなく、豊かなものを感じています。

F：豊かな闇夜の瞬間の美を、誰に見せるつもりもなく、独りで開花させるというのは、自分で自分を守っているような感じもします。

N：今回のワークって、まさに「現実を映し出す」マンダラなんですよね。サクラさんの生きている現実をうまくマンダラで表現しています。

Y：そうですね、まず自分の無意識が語る、夜の闇が作り出す豊かな世界を、ていねいに確かめてみたのですね。まず自己肯定感。この次は、その豊かなものにつながるものを、いろいろ出してこられるのかもしれません。

K：皆が寝ている夜に、小人の靴屋がせっせと作っているような感じかな。

サクラ：そうそう、そんな感じです。お抱えの小人がいるという。

N：自己肯定と考えると、とても大事なものですね。

## ■ 話しあい2――象徴の意味をとり入れて

### ● 象徴の意味 ●

花火：華やかさや豊かさ。変化への欲求→光：人間が〈堕落〉すると闇が降下し、〈楽園〉回復と共にふたたび始原の光が取り戻される。光に行き着くとは、〈中心〉に到達するという意味。

火：変容、浄化、男性的な力、生命の甦り

夜明け：光明、希望

夜：再生に先立つ誕生前の暗黒。包み込む母性

・・・・・

### □ 何かが変化していくときに出てくる花火のイメージ

杉浦：花火には、パターン的な象徴解釈として、「祝祭」や「変化」の意味合いがあります。ドーンと打ち上げてパッと散る、ということから「変化」という意味合い。何かが変化していくときに、こういう花火のイメージが出てきますね。闇の中から豊かなものが溢れ出ていく。つまり、無意識のイメージが意識として花開いていく。

Y：思いが、無意識からいろいろなものを吸い上げて、変化していく兆しでもあるんですね。

### □ 闇夜の豊穣の世界

杉浦：花火を「集中と拡散」、「抑圧と解放」といった特性を持つもの、として見ることもあるわけですけれど、でもサクラさん自身は、心の中の豊かなものを表現しているのだと言われているのだから、そうなんですよ。作者ご自身の感覚がいちばん大切ですからね。

F：なるほど、どうにか、納得です（笑）。

サクラ：時間にしたら40分ほどで作ったコラージュでしたが、私には、いくら見ても飽きない作品で、「自分」がここにいるのだ、と感じます。

最初に言えばよかったのですが、打ち上げ花火は小さいときから毎夏、家の2階から見ていたものです。それほど大規模な花火ではありませんでしたが、あたりまえのように眺めていました。それは私の成長と共にあるものでした。

F：なるほど。それを最初に聞いていたらもっと素直に、闇夜の豊穣の世界と理解することができたと思います（笑）。

## ■ ワークをふりかえって――サクラ

このワークは、自分にいったい何を分からせてくれたのだ

ろうかと、マンダラを何度も何度も見直しました。仲間との話しあいや杉浦先生に言っていただいたことが、だんだん肯定的に受け止められるようになりました。

自分が「負の原理」でもある「影」を表現していることに驚きましたが、現実の世界と、ガラスに映った陰で支えてくれている世界があるということに着目したとき、この存在が私にとって必要だということを、あらためて思いました。

他の部分について考えてみますと、たとえば夜の闇（特に下の真中辺の黒い部分）の、「心の中で（黒いものが）うごめいている感じ」と言われたところなども、負の原理と関係がありそうです。夜明けの誰もいない球場もまた、現実の世界への出番を待っている姿のようです。

花火については、「祝祭」、「変化」という意味合いがあるとうかがいました。私は、昼間の混沌としたストレスの溜まったものを、ゆっくりとした夜の闇が美しく作り変えたものが「花火」と感じていて、「夜の闇が作り変えたエネルギーの開花」と捉えているのだと整理できて、すっきりしました。

## リーディングノート　第6回　サクラさん

中央の花火は、第1回からあらわれていた無意識の中の豊かさが、堂々とその姿を見せ、内的な力の存在を声高に意識に知らせているかのようです。子ども時代の思い出とともにある花火だということなので、インナーチャイルドの癒やされた姿やエネルギーのあらわれとも見えます。夜店に集まる人びとも、夜の世界での豊かさ、楽しさ、喜びなど、個人的無意識にしまわれているものを示すようです。

ガラスに映るウエイトレスの「影」は、サクラさんが「ウエイトレスは忠実にはたらき、影は楽な雰囲気を伝える分身」と言われていることから、「シャドウ」のあらわれと分かります。シャドウは、意識できていない無意識の一部分ですが、否定的なものばかりではなく、真面目な人には、楽しく遊ぶシャドウも存在します。

左端の緑や庭園の部分は、サクラさんを支えるものとしての「女性性・母性性の守り」の象徴で、これまでたびたび表現されてきたものです。この緑の場所がここでは強調されていないことは、「母性の守り」の実感がすでに内在化されていることを語っているようです。

木々の向こう側に透けて見える光の風景について、「傍観的な見方」という指摘がありました。これは、第4回の少女が「木の上から外の世界を眺めている」のと同じく、「距離」があるから安心して眺められることを語っているようです。花火も遠くから眺めるものですし、ガラスに映った影も、実際に触れられないものです。「距離」は、自分を守るものとして必要なもののようです。

花火を、マンダラの中心から少しずれた位置に置いていることからは、まだ「自分」が中心に存在する実感が薄い、または中心に自分を置くことに何となく居心地の悪さを感じる、などの傾向がみられるようです。

いっぽう、第3回の「山を登る足」の絵に見られたような、「自分自身に近づいていく力」が着実に表現されています。花火の豊かなエネルギーや、リラックスした影の姿を意識にとり入れていくことで、心全体が生命力を得て、大きく変化していくことを伝えるマンダラだと思われます。

## 全体（第1回～第6回）のふりかえり　サクラ

### ■ 風が伝える可能性──「自分」との出会い

私は若いころ、大人になったらバリバリ仕事をしたいと思っていました。でも実際には、子育ての間は仕事からほとんど離れていました。子育てを終えてアートセラピーを始めたころは、仕事を再開したものの力不足や不安を感じ、自信を持って仕事ができるようになりたい、と強く思っていました。

私にとってのヒーラーは結局何なのか。はじめは「風を含む自然」だと考えました。それと川遊びの絵では、「ヒーリングされている自分を描いたとも言える、ヒーラーは川だったのかな」と感じ、杉浦先生も、「川は、いろいろなものを受け入れていく、太母的なヒーラー」と言ってくださいました。川遊びや山登りなどのときには、親から受け継いだ生真面目さから外れて、自由にのびのびと楽しむことができたので、川や自然がヒーラーだと感じたのだと思います。

### □ 芽生えた自己肯定の気持ち

さらにもう少し深く考えてみると、両親に教えられた価値観や、理想家族、理想的子育てを、そのまま受け取りすぎていた自分に気づき、もっと自分を中心に考えていこう、と思うようになりました。

いままでの私は、このように自分を客観的に見ることはありませんでした。「足だけの登山」や「木の上の顔の見えない少女」や「闇の中の豊穣な自分の世界」など、無意識からのメッセージを描けたことによって、たしかに自分の中に変化が起こっている、と感じています。そして、「急ぐことはない」、「いまの自分がけっこう好きだ」、という自己肯定の気持ち、安心感や自信が生まれました。このワークを通して得たものをもとに、山を登る足のように、自分のペースで楽しみながら進んでいきたいと思います。

# アオイ　女性性と自己受容

## ありのままの「私」

## 第1回　感情を紙に写しとる

### ■ ワーク――絵と説明：アオイ

#### ⑴ 気分にあわせてかく

①最初に水の中に藻が揺れている感じが浮かんで、気持ちいいと思えて、たゆたっている感じを描きました。

②は、ふっと桃のイメージが浮かびました。ウブ毛があって、すごく瑞々しく香りが良くて、ピンクや黄色がかっている色もすごく優しそうな感じがして、なんかいいなと。たぶんやわらかいものを描きたかったのだと思います。

#### ⑵ ストレスとつきあう

③はストレスの感じをそのまま描きました。

④は、ストレスを発散させる絵として、これしかイメージが浮かびませんでした。爆発させれば気持ちいいかなーという感じです。

⑤は日輪の絵です。ストレスがなくなった後、光の中で輝いている、静かに心が整理されているようなイメージ。こんな感じが自分にもっと欲しい、そうなりたいという気持ちがあって、意識的に描いてしまったかもしれません。

① 水に揺れる藻

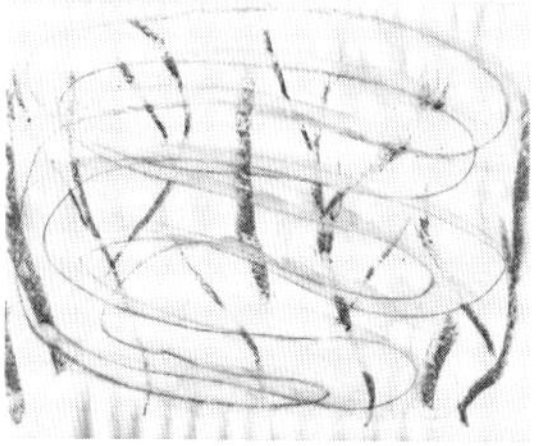

② 桃

③ ストレス

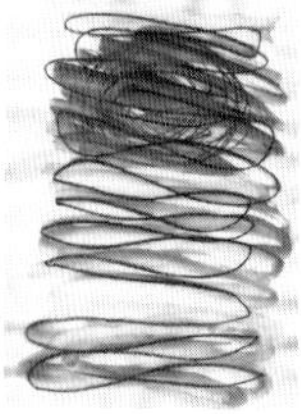

④ 噴火

⑤ 日輪

### (3) 音楽にあわせてかく

⑥　きれいな水のたゆたっている感じ

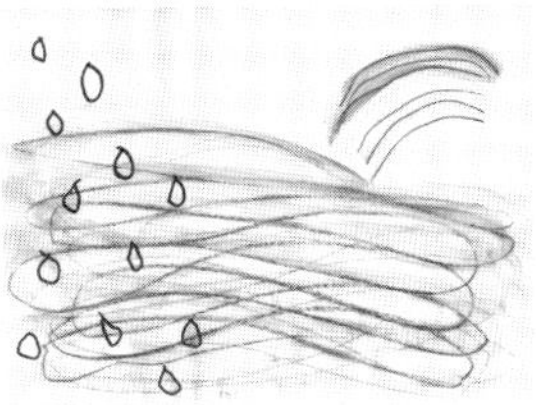

⑥は水です。描きたいものはどうしても水。とにかくきれいな水のイメージを描きたかったんです。水のたゆたっている感じ。

### (4) 自由に踊ったあとでかく

⑦　真ん中はまた水

⑦の真ん中はまた水です。なぜか紫が使いたくなったのは、音楽が途中からグノーの「アベマリア」の旋律になったので、神聖な感じがしたからかしら。

### ■話しあい1——感じるままに

I：桃は、いかにもいい香りがしてきそう。薄黄色の桃なんですね。やわらかいものを描きたかったと言われたけど、でも唐突というか、なんで桃の絵が出てきたのかしらね。

K：④は、かたちも大きさも、山と噴火の火がほとんど同じですね。赤い火がドーンと思いきりよく描かれていて、気持ちを存分に出しています。

S：⑤の日輪って、太陽を指すのですか？

アオイ：詳しくは知らないのですが、そうじゃないかと。

Y：④の噴火で十分ストレスを発散できたから、⑤の日輪が描けた。つまりは③のストレスが、穏やかな日輪に変化したということかしら。日輪って正確には、太陽の周りにあらわれる光の輪のことを言うそうですよ。

### ■話しあい2——象徴の意味をとり入れて

**● 象徴の意味 ●**

水：甦らせ新しい生命を吹き込むもの、母胎内の羊水
桃：至福の果実。聖母マリアの所有物。女性原理
太陽：神とその力、正義。多くの文化では、太陽は宇宙の〈大父〉、月は〈太母〉。日本では太陽は女性
渦巻き：生命の源泉、偉大な生殖力 → 螺旋：偉大な創造力、誕生と死
円：全体性、原初の完全さ
老賢人：→28頁参照
青：女性原理としての海の色
・・・・・

K：桃って、女性性という意味があるので、驚きました。

F：⑤の日輪も、生命の源泉である「渦巻き」型だし、海も共に母性的要素ですね。⑤は、生命を慈しみ育てる太母が描かれていることになるのでしょうか。

杉浦：たしかに「渦巻きの日輪」ということが強調されていますね。ただ、老賢人的な要素もあると思います。日本の太陽神「天照大神《あまてらすおおみかみ》」は女神ですが、ほとんどの国で太陽神は男性とされています。アオイさんは「静かに心が整理されているようなイメージ」とも言われているので、この日輪は、「男性性」の中でも、力強さより静かで思慮深く知恵のある「老賢人」の要素があると思います。ですから、男性性と女性性の両方の理解ができますね。

### ■ワークをふりかえって──アオイ

自分でも驚いていますが、絵全体を通して、無意識や太母の象徴である「水」や、その他「母性」のイメージを含むものが多く見られたようです。なぜなのか、まだピンときません。気持ちのままに描いた桃や噴火や日輪に、自分にピッタリな象徴的な意味があるとは、驚きます。

### リーディングノート　第1回　アオイさん

①は水の中で揺れる藻、水の中の生命が描かれ、胎内を連想させます。②の桃についてアオイさんは、「ウブ毛がすごく瑞々しい。やわらかいものを描きたかった」、と言っています。日本では「桃太郎」の昔話で広く知られている果物で、「子どもを宿す果実」と見ることもできます。

④「噴火」は、山と炎のかたちが似ていて、男性性をあらわす赤と、母性性をあらわす茶色と、対の色が使われています。炎は大きく勢いよく、山は静的でやや小さめに描かれ、「噴火」が男性性の要素と女性性の要素が統合された「崇高なもの」として描かれています。

マンダラ⑦の中心に描かれた青い水は、⑤「日輪」の水と同じ筆づかいの描き方です。そして、すべてを濃い紫色が力強く守るように囲んでいて、「母なるもの」を、外側の「誇り」や「力」をあらわす紫色がホールドするような構図です。

全体にやわらかいイメージですが、元型的要素が力強く表現されています。初回ですでに、後のワークの全体のテーマとなる要素があらわれているのが、興味深いです。

## 第2回　心の持ち方をかえる
## ――心配ごと撃退法

### ■ワーク――絵と説明：アオイ

**(1)「自分が心配している姿」をかき、「心配ごとの上位10項目」を箇条書きする**

**(2)「いちばん心配なこと」を選び、その絵をかく**

心配している自分のどんな絵を描こうかと迷う間もなく、①の波打ち際でたゆたうツブ貝のイメージが浮かびました。手も足も出せずに、流れに任せて漂っている不安定な気持ち、でしょうか。おろおろしている私はまさにこんな感じで、いまにも波の力でひっくり返りそうだと感じています。

心配ごとは9項目書き、その中の1)を選んだのですが、②は、入退院を繰り返す義母の見舞いに行って、不安になったから、描いたのだと思います。

**(3)「心配ごとを撃退」しているところをかく**

**(4)「心配ごとをとり除いたあとの気持ち」を文字で書く**

③は、「すべてハートで対処していけば何とかなる」、私が輝いていれば他人に対しても何とかできる、ということかと思いました。そのあと「透明」という言葉が直感的にパッと浮かびました。①のツブ貝の絵で描いた海が、たぶんここにつながったのだと思います。天使の羽が何かしてくれるかなぁって。ここまで描いて落ち着いた気持ちになりました。

### ■話しあい1――感じるままに

S：ツブ貝って巻き貝の一種で、ツブっていうほどのすご

①　波打ち際のツブ貝

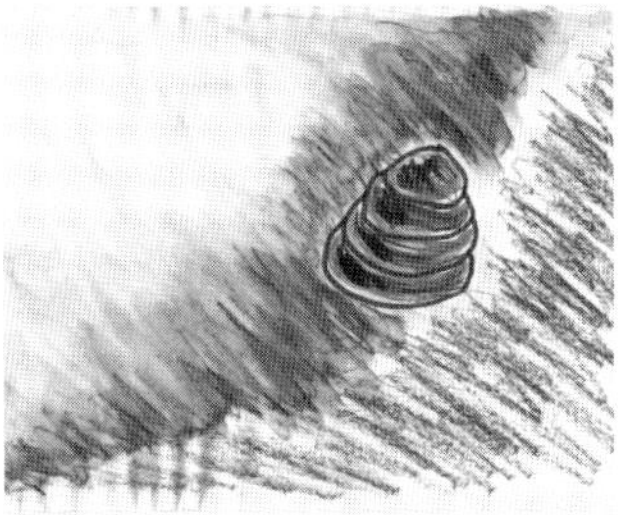

心配ごと

1）夫の母の体調
2）私の母の体調
3）夫の体調
4）夫の兄の恋人のこと
5）夫の弟の体調
6）夫の弟のお嫁さんのこと
7）電話相談のこと
8）フィンレージの会のこと
9）放送大学の試験のこと

②　ガイコツ

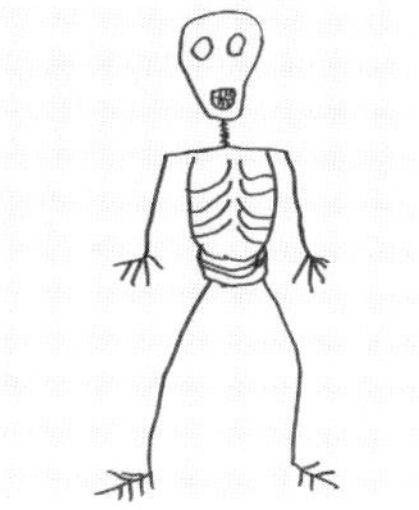

③　ハート

絵をかいたあとで浮かんだ言葉

限りなく透明に
近いブルーの
海に天使の羽が
舞い落ちる

く小さい貝なんですね。何か意味がありそうですが。
アオイ：ツブ貝に特別な思い入れはないのです。「波にたゆたっている、手も足も出せない不安定な気持ち」の凝縮したものが、この貝です。
F：でも不安定どころか、すごく存在感のある貝だと思いますけど（笑）。
N：そうね。波に翻弄されるというより、心配ごとに振り回されずにドンとしてアイデンティティを築いている感じ。
アオイ：そうですか⁉ ：でもたしかに、波に翻弄されてはいないかも（笑）。絵がヘタで貝の不安定さが描けなかったと思ったのですが。存在感のある貝が描けたとしたら、しっかりした私もいる？ びっくり、だけどうれしいです。
K：ガイコツって、どういうことで描いたのかしら。
アオイ：骨粗しょう症で入院している義母の病状や今後のことが心配で、そこからの連想でガイコツの絵を描いたと思います。それと、レントゲンに写すように義母に対して虚心坦懐な自分でありたいという意味もあったのかもしれません。
F：なるほど。でもガイコツって死を連想しがちで、少しきつい感じかしら。
I：でも、これは自分のガイコツですよね？ かわいいガイコツになっている。
Y：手足を含めた全体のイメージは、恐ろしい感じがしない。骨盤がないし、足先も葉っぱみたい。足の膝の関節もなくて、リアルでない感じです。
K：ほんとだ！ 腰がない。どうしてかしら？
アオイ：：そういえば、そうですね！ でも、聞かれても、ねえ：（笑）。ガイコツってどう描いたらいいか分からなくて、何となく描いたのです。
Y：自分の中の不安と直面するのは、相当なエネルギーが必要です。アオイさんはこの、自分で思っているよりもしっかりと「在る」自分をツブ貝として描けたから、次のガイコツを描けたのではないかしら。ガイコツにもちゃんとメッセージがあるはず。

## ■ 話しあい2——象徴の意味をとり入れて

### ● 象徴の意味 ●

貝：女性的な水の原理、宇宙の母胎、誕生、再生、豊穣
巻貝：アステカでは豊穣と成長。月、女性器、分娩を象徴
渦巻き：生命の源泉、偉大な生殖力。↓ 螺旋：成長、拡大、死と再生
ガイコツ：死、死と再生（タロットの死神）
波打ち際：海と陸の境界線 ↓ 境界：外部の俗空間から内部の聖空間への移行、新しい世界への参入の象徴
海：混沌、無意識、あらゆる可能性を含む生命の源、〈太母〉
波：有為転変、変化、動揺

緑：若さ。生命の再生と復活。繁殖、〈楽園〉、豊かさ
ハート：理解、愛
星：神の存在、永遠なるもの。星はすべての女神の持ち物

・・・・

杉浦：二枚貝は女性性を象徴しますが、巻貝は特に、妊娠・分娩をあらわします。また螺旋の〈死と再生〉という象徴は、ガイコツの象徴性とつながりますね。

アオイ：ただ何となく、「翻弄されている不安定な気持ち」をあらわそうと、ツブ貝を描いたのです。

F：アオイさんは不妊に悩んでいらした時期があって、現在では同じ悩みを持つ方々への、カウンセリングの仕事をされているのですよね。貝が緑色なのは「生命の再生と復活を生み出す」ことを、無意識が伝えているのでしょうか。

Y：アオイさんが「たゆたう、不安定」と言っていたツブ貝は巻貝ですけど、分娩を象徴する意味があるとは、驚きを通り越して神秘的なものを感じます。

アオイ：信じ難い、混乱している自分を感じます。

F：意識の「波打ち際で、翻弄されている不安定な気持ち」に対して、無意識は象徴性を通して「翻弄されている分娩、女性性、死と再生」といったものをあらわしてきた。でもすでに話しあってきたように、無意識は「翻弄されずに生命の源泉を探っている、どっしりして、存在感がある自分」を語っています。

K：象徴の意味が分かったからといって、すぐに意識と無意識の統合ができるわけではなく、むしろこれから、アクティヴ・イマジネーションによる対話や対決をしていくことが必要なのだと思います。

K：③のハートの形は、愛情や肯定的な好意の表現としてよく使われますが、ここでは、前回の桃と似た色や質感ですね。「産む母性」、「よき太母」の暖かさや、やわらかさのイメージなのかなと思います。

I：⑤のあとの言葉の海や水というのは、前回から繰り返し出ているモチーフですね。その海に「天使の羽が舞い落ちる」というのは、「救いや癒やしの訪れ」を予感させます。でもハートもまわりの星もあっさりと描かれているので、変化はこれから、という感じです。

## ■ワークをふりかえって――アオイ

「ツブ貝は波に翻弄されていない感じ」とか、「ガイコツにもちゃんとメッセージがあるはず」とか、「死と再生のイメージ」とか、まったく思ってもいなかったことですが、でもどこか合点がいく感じもあり、絵を描いてだいぶたったいまは、納得しています。

自分の無意識に、自分で気づいていない別の思いがあると

は、今さらながらの驚きです。ガイコツのメッセージについては、まだ考えたくない自分がいるかもしれません。自分の気持ちの流れをあとから客観的に理解しようとする作業は、けっこうきつかったけれど、いろいろ言ってもらえてよかったです。

**リーディングノート**　**第2回　アオイさん**

波打ち際のツブ貝は「翻弄されている」と、アオイさんの意識は感じていました。しかしこの海と陸の境目は、「境界・敷居」を象徴する場所であり、ツブ貝（女性性）は不安定な自己像から、存在の肯定への変化が起こりつつあることを示唆しているようです。

巻貝には、〈女性器、分娩、豊穣と成長〉の意味があります。この貝は生命力の色「緑」でしっかり塗られ、渚からポッと浮かび上がるように描かれていて、自己肯定感や、女性としての自信が生まれつつあるのだと語られているともとれます。

ガイコツに骨盤がないことからは、不妊や「母なるものの力」への不安が感じられます。しかしガイコツは再生に向かう死でもあり、価値観や自己感などの大転換の兆しを、無意識は伝えているようです。

# 第3回　遊び好きのインナーチャイルドをかく――インナーチャイルドI

## ■ワーク――絵と説明：アオイ

### (1) 内なるヒーラーをかく／ヒーラーと対話する

私は小学5年生ころからプロテスタントの日曜学校に2年ぐらい通っていましたが、歳とともに、仏や菩薩などが気になるようになりました。それでヒーラーというと、人間以外の絶対者が浮かんでくるのです。

①は、仏像の半跏思惟像《はんかしいぞう》をきちんと描きたかったのですが…。この男のヒーラーとのやりとりで、すごく癒やされた気がしました。

①　弥勒菩薩

**右手（私）と左手（ヒーラー）の対話**

私：あなたはだれ？
ヒーラー：あなたの中にいる理想としている人だよ
私：私が理想としている人？
ヒーラー：そうだよ、あなたは、いつもおだかやでありたいと思っているだろ？
私：そうね、私は人を傷つけたりしないで、優しくやわらかいほほえみをたやさない、弥勒菩薩のような人に憧れを持っているみたい
ヒーラー：いつも君の中にいてあげるよ
私：うれしい
ヒーラー：いまつかれてないかい
私：ええ、セミナーがあってとてもつかれた
ヒーラー：どうしてつかれたの？
私：なんか、とても背伸びをしていたようで、自分の身の丈以上のことをしようとしたせいね
ヒーラー：がんばりすぎたね
私：そうね、力が入りすぎてしまったわ。力を抜くわ
ヒーラー：そうだね
私：いてくれてありがとう

### (2) 遊び好きのインナーチャイルドをかく／インナーチャイルドと対話する

②は、インナーチャイルドの自画像を描こうと思ったら、自然に小学校高学年のころの自分に行き着きました。頼りなげで淋しそうで、このころの私は、わりとウツウツとしていたように思います。この小さな自分がいまも心の中に棲んでいるけれど、ふだんは心の奥に閉じ込めてしまっているんです。もっと解放してあげなくては…。

③は、対話の中でインナーチャイルドが欲しいと言った、「大きなふわふわしたクマのぬいぐるみ」です。これを描いたら、ほんとうにふわふわふわした感じが伝わってきて、癒やされました。このころの自分をたくさん癒やしたい、そうすればいまの自分がもっと変われるような気がします。両腕で抱えきれないほどの、ふわふわで大きなクマさんが、ほんとに欲しいです。

**② 小学校高学年の自画像**

**③ ふわふわのくま**

**右手（私）と左手（インナーチャイルド）の対話**

私：あなたはいま何を望んでいるの？
インナーチャイルド：いま楽しいことがしたいの
私：たとえばどんなこと？
インナーチャイルド：心から笑えるようなことよ
私：たとえば、具体的に
インナーチャイルド：そうね、それが分からないから困っているんじゃない
私：あ、そうか。じゃいま、どんなおもちゃが必要？
インナーチャイルド：大きなひと抱えもあるふわふわした、クマのぬいぐるみが欲しい
私：じゃ、そのクマさんをかいてごらん
インナーチャイルド：うん、かけたよ
私：かいてどうだった？
インナーチャイルド：気持ちがふわふわしてきた

### ■ 話しあい1——感じるままに

F：①のヒーラーはお父さんみたいな話し方や雰囲気

で、荘厳な感じとともに、心の依存対象、拠り所みたいな印象です。以前アオイさんは、亡くなられたお父さんと仲が良かったと言われていたことがあります。

S：ヒーラーって、人によってイメージが違うことに驚きます。「いてくれてありがとうと言ったら癒やされた」というところ、じんときました。

K：シンプルな像ですが、温かさや優しさが伝わります。

N：①は全体の雰囲気もほわっとしていて、どこかアオイさんに似てます（笑）。

F：②の少女は、体全体が少し左右にくねっと曲がっていて、そのせいか、とまどっている感じに見えます。

アオイ：インナーチャイルドをイメージするのも初めてだったし、左手で描くだけで精一杯だったんです。…そういえば、少しくねくねしてますね（笑）。でもとまどっているのではなくて、女の子の目や口はヒーラーと同じなんです。

Y：ほんと、そっくり。ヒーラーに力をもらったインナーチャイルドが、とにかくちゃんと自分の姿をあらわすことができた、ということかしら。

I：ただ、少女は色を塗ってないので、ちょっと空疎な感じがします。

N：③のクマも、色を塗る時間がなかったわけではないですよね？

アオイ：白いふわふわの感じを出すために、あえて色は塗りませんでした。

F：かわいいけど、ちょっと扁平な印象が。普通、ふわふわした感じを出したいときは、白や灰色でくりくり半円を描いたりして、立体感を出したりしないのかしら。

Y：少女もクマさんも、まだ「はっきりした実体」として出せない。この感じこそが、いまのアオイさんの身体感覚だと言えるのではないかしら。

アオイ：そうですね、それは自分でも納得です。でもとにかく、私はここまで出せたのだ、と喜びたい気持ちです。

## ■話しあい2――象徴の意味をとり入れて

### ● 象徴の意味 ●

クマ：母性の象徴。勇気、力。（春に穴から出てくるところから）復活、新生

ぬいぐるみ：かわいがられたい、かわいがりたい。無条件の感情的包容力

茶色：大地

黄色：陽光、知性、信仰、善

髪：生命力。思考力、男性的活力

・・・・

I：少女の髪は短くて硬い印象で、女性としての生き生き

とした生命力や活力が、まだ十分に発揮されていない様子です。でもスカートは太母の海の青、ブラウスは「桃」や「ハート」と同じピンク色で、女性性が描かれています。

杉浦：クマは母性の象徴です。それは、強すぎて失敗することもあるほどの母性なんですね。ぬいぐるみは接触欲求をあらわします。「ふわふわした」とも言っているから、かわいがられたいという欲求や、安心感を求めている感じです。またこの母性を象徴するクマも、同時にヒーラーの役をしていますね。

## ■ワークをふりかえって――アオイ

遊び好きのインナーチャイルドの少女は、どこか頼りなげで淋しそうですが、こんな少女がいまも心の中に棲んでいるのを感じています。

クマは母性の象徴、ぬいぐるみは接触欲求をあらわすそうですが、まさにそのとおりだと驚きました。少女もクマも、まだ実態として出せない感じがあるのではと言われて、なるほどと思いあたりました。でも自分では、よくここまで気持ちを出せたという、うれしい思いがあります。

## リーディングノート　第3回　アオイさん

①のヒーラーは、「男性、父親のよう」というアオイさんの言葉や意見がありましたが、描かれている「茶色」の線の色は大地の色、つまり〈太母〉の色で、ヒーラーとのやりとりも、寄り添うような、優しく共感的な印象です。また、インナーチャイルドが欲しがっている③クマのぬいぐるみも、やはり「母性」を象徴しています。ここまでアオイさんは、海、水など「母なるもの」のイメージを多く描いてきましたが、今回のインナーチャイルドはやっと、そうした「母なるものが欲しい」、とはっきり声に出すことができたようです。

②の少女の姿は、「女性である自分」「母に愛される自分」への変容が始まっていることがうかがえます。少女のぎこちない硬い感じや、クマの存在感の薄さなど、まだ全体に実感を伴っていないようですが、①の豊かで明るい光や穏やかで温かな会話や、②の少女が「女性性」を表現しながら自分の足で立っていること、③のぬいぐるみの手触りをイメージしていることなどから、こうした「受容」が、力を持ちつつあることがうかがえます。

無意識の思いと対話していくことで、閉じ込められていたものが癒やしの場（＝意識）へと出てくるプロセスがみごとに進んでいます。アオイさんは「よくここまで気持ちを出せたというようれしい思いがある」と、その実感を語っています。

# 第5回　インナーチャイルドを育てる
## ——インナーチャイルドⅢ

### ■ワーク——絵と説明：アオイ

#### □自由にインナーチャイルドをかく

①　雷坊や

②　風神の袋と風と木

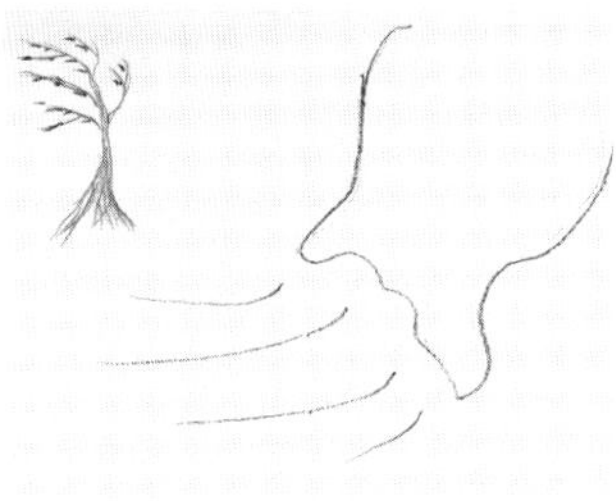

私のインナーチャイルドのイメージは、幼少期の自信のなさなどが先に立ってしまって、いいものではありません。ですからきちんと描けるか不安でした。

①は、雷坊やを描きました。やんちゃでいたずら好きな子どもで、一緒にお父さんが出てきました。お父さんは2本ツノ、坊やは1本ツノ。お父さんは偉い人で上のほうにいるんです。子どもは、お父さんの支配下にいるみたいです。なぜか、坊やの親を描きたい、という気持ちがありました。でも雷の父親というイメージ、雷神？のイメージが具体的に浮かばず、うまく描けませんでした。

①の続きの、風神雷神というつもりではないですが、何となく②の風神の絵を描きたくなりました。でも、風そのものは目に見えないので、風に吹かれている木と、風神様の持っている袋から風が出てくるイメージを描きました。

でも木も頼りなげで1本しか描けていないし、袋からの風もまったく迫力がないですね。インナーチャイルドがテーマなのになぜこの絵なのか、自分でもはっきりしないのですが…。やはり私自身のインナーチャイルドがあまりにも頼りなげで、風に吹き飛ばされそうだ、ということでしょうか。

### ■話しあい1——感じるままに

#### □男の子のインナーチャイルド

K：インナーチャイルドが男の子だというのは、意味があるのかしら？

アオイ：男の子を産みたかった、ということなのかもしれません。

F：アオイさんには2歳下の弟さんがいらっしゃると聞いています。よくあることですけれど、家の跡継ぎの男の子が生まれて、お姉ちゃんは「女王」の座を奪われ、嫉妬や不安を感じていたとか？

アオイ：幼稚園くらいまでの私は、弟にそう感じていたかもしれません。弟は体が弱く、母が弟を、父が私と役割分担していて、私は父親っ子でした。そして家でも外でも、「いい子」をやっていました。「いい子」でいるとほめられるのが分かっていたんです。弱い弟を守る、強いお姉ちゃんでもありました。

K：その「強いお姉ちゃん」が、やんちゃな雷坊やなんですね。でも、①の坊やは少し右に傾いていて、お父さんにひっぱられているみたい。お父さんの影響が強い感じなのかしら。

## □ツノがあらわす性の根拠

S：お父さん子だったということから、男の子、つまり大好きなお父さんと同性になることで、近づける感じを持ったのかしら？

アオイ：よく分からないけれど、…そうかもしれません。

Y：アオイさんは、自分の性の根拠を確かめようとしているのかな。

アオイ：…驚きます。私としてはただ単に、やんちゃな子どものイメージを描こうと思ったら、ツノのある坊やが「元気にがんばるぞ」と言っているイメージが出てきて、それを描いただけなのですが…。

S：①の雷神は目が細いし、第3回のヒーラーとどこか似ていて、仏様っぽい感じです。

アオイ：坊やのお父さんを描こうと思ったのですが、すでに亡くなっている私の父と、イメージがダブってしまったかもしれません。父が天国から降りてきたようにも思えます。

K：①は、父子が引き合う感じだけれど、②は、袋からの風を木が受ける、避けるというような関係に見えて、対照的ですね。

アオイ：父はすでに亡くなっている人だから空にいる、母は健在で弟の家族と住んでいますから、自分と同列にいるという感じがあります。比べると、自分と父との関係はすごく強くて、母との関係はあっさりしていると言えそうです。でも、だからといって母と仲が悪いわけではなくて、ごく普通の母娘の関係だと思います。…でも、こう言うと、何か言い訳に聞こえますね（笑）。でもやはり、父権制の傾向が強かった昔ふうの家では、母と娘の関係が薄くなりますよね。

## □風の袋の正体は

N：風の袋って、何を象徴しているのかしらね。

アオイ：②は、①の雷神からの連想で風神を描こうと思っただけなんです。でも風神って、どう描いたらいいか分からなかったので、風神の袋のつもりで描いたんです。

F：雷神が父親なら、袋は母親の象徴と考えると、大きなその袋は「子宮」という連想が湧きますね。左上の、細くしなやかに風を受けている木がインナーチャイルドで、巨大な子宮からの風を受けて耐えているとか？

K：そうそう、子宮と捉えると全体のワークがつながる感じがします。

アオイ：…たしかにそうですね。私は、残念ながら子どもを授かりませんでした。いまも不妊の問題をテーマにした相談の仕事をしていますが、いみじくもそのテーマが表現されたのでしょうか。

N：②の木は「私、こんなにしっかり生きてる！」っていうような、健気な感じがします。でもかなり曲がっていて、強い風に吹き飛ばされそう…。

K：私は、風に吹かれて気持ちいいと言っている、生き生きしたインナーチャイルドの木を感じます。しなやかな感じで根もしっかりあって、小さいけれど、実在感があります。

## □ 男性原理の社会規範の風

S：木が受けている風は、どんな風なのかしら？　アオイさんは、この木は自分だ、という感覚はあるのですか？

アオイ：あります、自分が風に吹かれている感じ。風は…社会の風かな。

I：え？　どうして「社会」が出てくるの？

アオイ：描いたときは、風神だから風、という単純な発想でしたけど、いまふとホンネをもらしてしまった気がします。「社会の風」って、女性に母性を強いて女性性を生き切らせない、男性原理の社会規範の風という意味です。

F：アオイさんは、「この木は頼りなげで風に吹き飛ばされそう」とか、ツブ貝も「翻弄される」など、自分に対して、「頼りない」とか「迫害される」というような感じをもっているのかしら。

K：でもツブ貝も木も、実際にはしっかり描かれていて、存在感、実在感、肯定感がある。自分で思う以上に、充実しているということを、無意識は言いたいのじゃないかしら。

## □ 女性性を満たす

アオイ：いまは母は弟の家族と住んでいるので、私は母の老後に関しては、責任的に考えてこなかった気がします。その反面、夫の母を大切にしなければ、という思いがありました。北国に住む夫の母は、しばらく危篤状態が続いたのですが、実は先月亡くなったのです。生前私は、「どうしても自分が義母を看取ってあげたい、そうでなければヤダ！」という強い思いがありました。そして実際、私が義母の最期を看取ることができ、嫁としての私の女性性が満たされたと感じています。そしていまになって、自分の母を弟任せにせず大切にしよう、という思いが大きくなっています。

K：お義母さんを看取ることを通して、アオイさんの中の、人を慈しみ世話をする母性的な部分が、しっかり発揮されたのですね。

アオイ：ここまで話してきて、あれよあれよという間に、平凡だった絵がどんどん意味のある深い絵に変わって、風神の袋を子宮と見るまでになって…本当に驚いています。まだ自分では、特に木が上に描いてあるのが納得できていません。この木はまともに風を受けてはいないけれど、風は意外に強かった。風と対峙する木が左下に描けたときに、私自身が確立できるのかもしれません。

## ■話しあい2――象徴の意味をとり入れて

### ●象徴の意味●

雷：総じて雷は、天と地の統合をあらわす

ツノ：超自然的な力、神性、威厳、男らしさ

袋：すべてを包む女性原理。隠匿、風、太母の子宮

風：生命を保つ霊の力、息、生命力や霊魂

・・・・・

### □母性を強いる男性社会の風

杉浦：今回の雷神も第3回のヒーラーも、老賢人のイメージで、どちらもアオイさんにとっての父親像と重なるものだと思います。象徴解釈では、母の象徴というと水や大地で、風は男性的なものなのです。共に男性的なものである火と風に、父だけでなく母も見いだしているのは、興味深いですね。

K：本来は男性的な象徴性を持つ風が、ここでは母性的要素を持つ「袋」として出て来ているのですね。それが、アオイさんが女性としてのアイデンティティに悩まれたことと、つながる気がします。

Y：アオイさんは、社会の風っていうのは女性に母性を強いて、女性性を生き切らせない、男性原理の社会規範の風と言っています。まさに、母性を強いる男性社会の風に圧倒されながらも懸命に生きる自分、という絵なのですね。

### □2枚の絵を重ねあわせて見る

杉浦：①の雷神の絵を下にして、②の風の袋の絵を重ね、光にかざしてみましょう。すると、雷神と袋が位置的にピッタリ重なって見えますね。さらに袋から出ている風が、坊やにちょうどあたっているのが分かります。これは、描画法ではよく試される方法なのですよ。（一同驚く）

アオイ：…いまとっさに、「父も子宮から生まれてきたのだ」という思いが、浮かびました。なぜか、えらく納得して

しまいました。そして、「私自身が父と母の合作なのだ」と思えました。雷坊やイコール私は、父と母の思いである風を受けていると思えたときに、完成されたひとつの絵が生まれたと思いました。…そしていま、身体が落ち着いた感覚になりました。

K：雷神と風神が合体することで、ちょうど風神の風が吹くところに、自分である雷坊やがいた。出生の秘密が、こうして思いがけない方法で突然、証明されたんですね。そして瞬時に、それとは違う意味付けが起こって、「父も子宮から生まれてきたんだ」とえらく納得した…瞬時にひらめいて、納得したというのかしら。

アオイ：まず父のことを、そう思う必要があったのかな？

I：坊やが、そこに突然生まれるのを、受け入れられなかったからですよ。すり替えたというか…？

Y：いえいえ、無意識の知恵ではないかしら。無意識が、「父も子宮から生まれてきたんだヨー」などと言って、それは助け舟みたいなものだった、ともとれるのでは？　それで意識は、それなら自分も、父と同じに「子宮から生まれていいんだ」という、肯定的な自己確認ができた。すごくいい対話だったですよね。

F：ここにも、「対立物の統合」が見られるのですね。母性の「袋」から出てくる風は、男性原理の社会の冷たい風で、それは「つらいもの」と感じられていた。その「風」と、性別としてはひそかに対立する存在だった「父と自分」は、この母性と父性が合体した絵が突然あらわれ、互いの存在を統合するものとして納得して引き受けた。

K：相手を許したから意識は、素直に「私自身が父と母の合作なのだ」と、認めることができて、「風を受けている絵」を、「完成されたひとつの絵が生まれた」と自己受容できたのでしょうか。心の奥では葛藤、倫理的対決があったかもしれませんけど。

アオイ：私が、はっきり教えてもらった感じです。アクティヴ・イマジネーションで創造的に理解したことがこう語れるのですね。納得です。

## ■ワークをふりかえって――アオイ

今回の絵は、何を描こうか思いつかなくて、とにかくやんちゃな子どもとして、単純に雷坊やを描いたのです。それがみんなに、「性の根拠」とか「袋は子宮」とか驚くようなことを言われ、私も不承《ふしょう》不承《ぶしょう》ながら納得、目を見張りつつ、みんなの後からついてきた感じです。

私は、子を産めないということで、母性としてのアイデンティティを持てず、また母性という言葉にもずいぶん苦しみました。でもいまは、不妊の悩みは社会的・文化的に作られるものだということ、自分はその価値観に巻き込まれていたということを、理解できるようになりました。それは、自分が男性原理の社会の中で生きてきたからだと思います。それはまた杉浦先生が、袋からの風がちょうど坊やにあたっているのを示してくださって、自分が大きな難所を通りぬけたような気がしました。途中はちょっときつかったけれど、回を重ねるごとに、自分の本当の思いに近づけてきました。

**リーディングノート**

**第5回　アオイさん**

アオイさんは、(同性である母親ではなく、) 異性である父親が、庇護者であり大人としてのモデルでもある子ども時代を過ごしたそうです。それは雷坊やと雷神の輪郭線が同じ金色（男性性の色）で描かれていることにもあらわれているようです。そのために、自分が父とは違う『女性』であることや、『女性』に社会が要求する『母性』の役割を全うすることへの混乱する思いから、自分の性や自分自身に対し、不安で頼りない自己感を育んできたようです。

しかし雷坊やには、ちゃんと「おへそ」があります。これは、自分自身に中心点があることや、〈太母〉とのつながりを示すものです。アオイさんの意識が持つ自己否定的なイメージとは裏腹に、この「おへそ」や、②の風を受けてしっかりと立つ木や、第2回のツブ貝は、無意識の領域にある自己肯定感を示唆しているようです。

そして、2枚の絵を重ねたことで、「父も子宮から生まれた。父も『女性』という性と切り離された存在なのではない。だから自分が女性であっても、父につながっているのだ」という気づきが生まれました。これは、単なる自己否定から自己肯定への変容ではなく、切り離されていた対極のもの、男性と女性を、より大きな視点からひとつのものへ統合していく、創造的で大きな発見になったようです。

この時期に義母の看取りを通して、具体的にも内面的にも「母なるもの」という要素と深く関わり、自分の女性性が満たされたと実感し、肯定するという、自己受容への大きな変化が生まれたワークでした。

## 第6回　現実の生活を反映するマンダラをかく

### ■ ワーク──絵と説明：アオイ

**□ マンダラをかく**

私は、友だちにもらった色鮮やかなマンダラのクリスマスカードを持っているのですが、それを見るたびに「自分もマンダラを描きたい」と思い続けていました。それで、今日のワークはとても楽しみでした。

内なる光

なぜか「自分で納得できるマンダラができたら、私は救われる」みたいな思いがあって、はりきってとりかかりました。

## ■話しあい1――感じるままに

### □納得できるマンダラ

K：すてきなマンダラですね。下の籠の中のワンちゃんにセリフがついているのも面白い、「ぼくたちといっしょに新生活を始めよう」だって。

アオイ：本当はマンダラの枠として、ちゃんと輪になっている丸いヒマワリが欲しかったのだけれど、これは最初から花の下のほうが切れていたんです。それで、犬の写真が目についたので、とにかくたくさんワンちゃんを貼りました。ヒマワリの花が、円い放射状のマンダラになっているように見えますか？

I：マンダラと言われれば、そう見えます。アオイさんは「納得できるマンダラができたら私は救われる、みたいな思いがある」と言われたけれど、それはどんな感じですか？

アオイ：自分がまだ統合できていない感じがあって、すごく不安を抱いているからです。いつまでたっても納得できない自分がいて、ちゃんと描ければ救われる気がするという、なぜか脅迫的な気持ちがあります。何から救われるのか、何に対する怖れなのか、よく分からないのだけれど。早く統合された自分になりたいという気持ちが強いんだと思います。

I：たくさん犬がいるけれど、犬が好きなんですか？

アオイ：犬でも猫でも、小さいものは好きですね。いたいけな感じっていうか。小さい犬を飼いたいけれど実際に飼うまではいかないので、だからここで使ったという感じだったんですが、うまくマンダラにならなくて。

F：ほんとは、けっこううまくできたと満足なのでは？

アオイ：実はそうなんです（爆笑）。正統的なマンダラにはならなかったけど、まあいいかなって。気に入ってますしね。

N：小さい犬を飼いたかったのって、やっぱりお子さんに恵まれなかったことと関係があるのかな。

アオイ：そうそう、それはもう、そうですね。

N：チューリップの花の間に、蝶がいるんですか？

アオイ：台紙にしたこの紙がすごいんです。蝶の透かしの地模様が入っていて、光の加減で蝶が浮いて見えるのが気に入ったので、マンダラのバックにと、貼りました。

Y：蝶の透かしの地模様、この微妙さがよく合っている感じです。この蝶は、中空を浮遊する感覚で、アオイさんの第2回の「限りなく透明に近いブルーの海に、天使の羽が舞い落ちる」という言葉の、ふわふわする羽を連想させます。

## □「癒やすもの」と「不安や痛みや怖れ」の共在

Y：下の左右の、バレエを踊る少女もウサギも軽やかだし、アオイさんの気持ちの中に、ヒマワリの気球で上っていこうとする感じがあるみたい。下の籠の仔犬たちの重さがなければ、舞い上がりそう。絶妙なバランスを感じます。

N：真ん中辺にいる小さい2匹の犬が、弱々しいというか痛々しいというか、それで余計に真実味を感じるのですが。

K：私は弱々しいというよりは、癒やし系な感じがします。ヒマワリの気球や、蝶やチューリップなどの「浮遊するもの」も、天使の羽やヒーラーのような「自分を癒やすもの」とつながる気がするし、ウサギや踊る少女は軽やかなもので、「癒やし」や「救い」の要素を持っている感じです。

F：いままではわりと、「癒やすもの」と、癒やしを必要とする「不安や痛みや怖れ」などが別々に描かれていたけれど、ここでは両方が一緒に存在する。統合された感じですね。

## □スヌーピーとウッドストック

F：右上の夕日の海の上に何かある…これは何ですか⁉

アオイ：スヌーピーとウッドストックです。小さいときから好きだったんです。素材箱の中にちょうどあったから、これはいいって思って。スヌーピーは風変わりでちょっと孤独な犬。ウッドストックはキツツキの赤ちゃんで、言葉を話さないけれど、いつも一緒にいる親友です。

S：右上は社会的な要素を持つものが表現される場所だけど、そこにどうしてスヌーピーなんでしょう⁈　なんでここに、どういう意味…？

アオイ：なんででしょう…ホントに取って付けたよう(笑)。

F：賢くて、考え深いスヌーピーって、現実の生活でのアオイさんの分身を思わせますけど…？

## □内なる光

S：コラージュボックスから、スヌーピーとか「自分専用」とでも言えるような絵柄を見つけ出した。蝶もこの紙のスピリチュアルな感じが、気持ちにピッタリだったんですね。

アオイ：そうなんです、全部がピッタリという感じがあります。そういえばこのマンダラの題、「内なる光」ってつけたのでした。

N：題もピッタリな感じ。ヒマワリが気球に見えたり、犬たちとスヌーピーとの関係が読めたりすると、もっと深い見方ができそうですが。

I：気球が上に昇っていきそうな気がします。知り得ないものがありそうな。気球が動いたら、下から新しいものがあらわれて見えてくるのかな。

アオイ：ありがとうございました。

## ■話しあい2——象徴の意味をとり入れて

### ●象徴の意味●

犬：忠誠、警戒、高貴。現世と来世の境界の見張り、通路の守護者、魂の導者。〈太母神〉はしばしば「牝犬」と呼ばれ、仔犬とともにいる牝犬として描かれる。日本では昔から犬は、安産・多産の象徴とされる

花：女性原理。中心から外へ開く花は、顕在化の進展をあらわす

ヒマワリ：別名日輪草。日輪、栄光、熱情

日輪→太陽：存在の中心。生と死、天を通じての生命の甦り

蝶：魂、再生、復活。また、〈太母神〉の象徴ともなる。特に女性性と関わると、変身、死と再生

海：無意識、あらゆる可能性を含む生命の源、〈太母〉

水：母胎内の羊水、甦らせ新しい生命を吹き込むもの

カメ：〈大地母神〉、不死、多産、再生

ウサギ：〈大地母神〉、多産

ご報告

6回のワークと、第6回「話し合い1」が終ったあと、2002年10月、アオイさんが突然、心不全のため、亡くなられました。原稿の手直しを終え、メールで送信された3日後のことです。

アオイさんのアートセラピーの道程は、真摯な自分探しのプロセスそのものでした。そして誰よりも早くアオイさんは、現実の生活を反映させる統合のマンダラに行きついたのです。

ご夫君のご了承のもとワークを掲載させて頂きます。

F：アオイさんが急に亡くなられました。いま、「犬」の象徴解釈には多面的な深い意味があることを知って、神秘性を感じています。

杉浦：犬は、ここでは日本の神社信仰で言われているような「安産」とか「多産」の象徴でしょうか。ワンちゃんは楽に子どもが生まれるからとか、たくさん生まれるとか。犬

は、温かい情愛と官能的な優しさを示しますが、アオイさんにそういう部分があったのでしょうね。

もうひとつ、犬の象徴的な意味としては、〈現世と来世の境界の見張り役〉、〈冥界の使者〉、また死との関わりで言うと〈大きな変化の象徴〉でもあります。〈魂の導者〉、〈火の発明者〉。死との関わりというのも、犬の象徴でもあることを付け加えておきたいと思います。

## □現実の生活を映すマンダラ

K：アオイさんは満足のいくマンダラを作られて、よかったなと思います。アオイさんだけが、驚くほどの速さで統合のマンダラに近いものを作られたことを、不思議に思うし、感動もします。

杉浦：アオイさんは最初に、「納得できるマンダラができたら、私は救われるみたいな思いがあった」とおっしゃっている。だから、救われるためのコラージュを作ったんですよ。「現実の生活を映すマンダラ」を作ったという思いだけであれば、それで救われるとか満足できるはずはないですよね。「現実のマンダラ」は、いわゆる「統合のマンダラ」と、質的な違いが相当あると思うんです。

でも円形という形で言うと、それはもうそれだけで全体性ということなので、その周りにあるものもすべて含めてセルフであると言えます。円形で出てきた描画、たとえばアオイさんの第1回の日輪も、セルフと考えていいと思います。

N：第1回の日輪がすでに、セルフを表現しているとは驚きます。アオイさんの心の中に、そういう心境に達する部分があったことは、分かります。

S：「現実を映すマンダラ」は、いまいちばん大切だと思う現実を反映するものが表現されるものですよね。

杉浦：そうです。だから、バランスがあまりよくない作品で、当然です。一般的に「マンダラ」と言うときは「統合のマンダラ」のことを言いますけど、「統合のマンダラ」をコラージュで作る場合には、普通はまず四隅を押さえるという か、自覚的に表現することを考えます。また中心性、中心に何を置くかなど、内容というよりはコラージュ固有の「形」、マンダラとしてこのパターンをちゃんと踏むことが大事なのです。ところがこの「現実のマンダラ」というのは、「形」じゃなくて内容なのですよね。

## □母性の問題をテーマにしたマンダラ

杉浦：アオイさんのマンダラも、ほんとにそのときの精一杯の現実生活の中での作品、ということでもありますね。マンダラの中心に2匹のワンちゃんがあるということは、やはりお子さんを持たれなかったということを、ご自分の気持ちの中で統合されようとしてこられたことが、はっきりしていますね。アオイさんはご自分の母性の問題を、このマンダラでまとめられた。現実を反映させたマンダラとしては、もっとも統合のマンダラに近い作品と言えると思います。

ヒマワリの素材が、下のほうの花びらが欠けていて無かった。でも本当にマンダラの「形」を作りたいと思ったら、ヒマワリではない素材を持ってきて円形にしてもよかったわけです。だけどこの犬と、それを囲む太陽の光、ヒマワリが、アオイさんにとって大事だったのですね。一部分が無いところが、まさに現実生活のマンダラだということだと思います。

K：ヒマワリが完全に円形だったら、完璧すぎて使えなかったかもしれません。

杉浦：ヒマワリや太陽は、象徴解釈では父性と考えることもできるけれど、「花」は女性器そのものの象徴です。このマンダラはほんとに、出てくるものすべてが女性に属する、女性性、母性性をテーマにした作品なんですね。

### □ スヌーピーはアオイさんの分身

杉浦：「どうして、ここにスヌーピーがいるの？」ということを、皆さんよく気がつきましたね。たしかにこれは、アオイさんの分身だと思いますが、第2回のガイコツと結びつけて考えていく必要があると思います。

I：えっ、ガイコツとスヌーピーが関連があるのですか？

杉浦：そうなんです。このスヌーピーの貼ってある右上は、「社会の場」と言われている場所ですが、アオイさんにとっては「男性社会の場」、男性優位の社会という捉え方。そこに自己の分身であるスヌーピーを置いているんです。いっぽうアオイさんは、自分は「周りからちょっと違う人みたいに思われている」という想いを、ものすごく残されていることが、あの骨盤のないガイコツの絵にあらわれていると私は感じるのです。だから、深い孤独を知りながらも、社会から隔絶はせず、誇りを持った犬、といった印象のスヌーピーを、分身と感じて愛していたのではないかな、と。このとき、軽い感じで何でもないように話されているけれど、とても大変なことだったと思うんです。

Y：それが社会的自己の場に置かれているのは、社会の風と戦うことをやめた、現在の自分を許容した、みたいな意味合いがあるのでしょうか。

杉浦：どうなんでしょう。アオイさんは、ウッドストックはスヌーピーのお友だちだと言っていますよね。お友だちがいるからここにいられる、社会との関わりをもっていける、ということでしょうね。アオイさんにとっては、グループの力がウッドストックじゃないかと思いました。

### □「ツノのテーマ」――完全性、全体性

杉浦：この方は、ずっとやってきた作業の中で、お父さんとの関係がすごく近い、「父の娘」だったのですよね。

第5回の雷神の周りのギザギザは、赤が使われています

が、赤は感情の色、また男性原理の色でもあります。ツノの象徴性には、完全性、全体性ということがありますが、親子のこのツノはもうほんとに、父親が守ってくれて、それを一生懸命、統合しようとする象徴ですね。

Y：彼女はずっと親との関係についてと、不妊について、真剣に統合的に理解しようとしている人だったと感じます。

杉浦：マンダラの中心が自己であると考えると、アオイさんのセルフへの統合がマンダラの主題になっていると考えられます。錬金術でいう第一の作業の終結のイメージと合致します。この錬金術の絵[13]（口絵も参照）は、男女の結合の図を描いていますが、2人の周りに天使や子どもがいて、フラスコの上には花が放射状に描かれています。アオイさんのマンダラと似ていますね。

F：アオイさんのマンダラが、錬金術を象徴した絵に似ているなんて、驚きます。中心の2匹の犬と、男女の結合の図は、いわゆる「対立するものの統合」を示す、セルフのイメージだということですか？

杉浦：そうです。普遍的な見方で言うと、「マンダラの主題」はあくまでもアオイさん自身の内的な統合、すなわち完全性、全体性、第5回でも出てきた「ツノのテーマ」ということだと思います。

**錬金術：対立物の統合**

それからこのコラージュには、出せた、っていう強さを感じますね。第1回で描かれた火山の爆発、それがたとえば、チューリップが飛んでいく感じにつながっている。バーッとストレスが出ていってしまえば、あとは日輪すなわち太陽。そうするとこのヒマワリの花が日輪なんです。で、このマンダラでイメージをすごくクリアにつかみ取ったので、この後はもう、日常の具体的な生活の中で、しっかり歩き出せるということです。

N：ヒマワリは「日輪草」という呼び名もあるそうです。

杉浦：日輪とは直接的には、太陽の周りの輪のことを指しますよね。だから、後背にあたる光が、日輪ということだと思います。アオイさんの描かれた「日輪」は、守ってくれている、その光に包まれて安心できるっていうイメージでしょうね。ヒーラーともつながっていくのでしょう。

K：この統合の世界をアオイさんは、「内なる光」と命名した。彼女の真面目さ、真摯さに圧倒されます。

**リーディングノート**

**第6回　アオイさん**

大きく貼られたヒマワリは、女性性の象徴である花として登場しました。多くの種がとれる、「産む」ことが強調されている花でもあります。

また、左上のなだらかな山並みは、男性・女性といった性の切り離しにとらわれ苦しんでいた意識が、穏やかに統合され、基盤が築かれたことを語っているように見えます。
中央の2匹の仔犬は、「対立する要素の結合」、つまり「女性である自分の否定と肯定」あるいはまた、「産めない自分への否定と肯定」という、分裂した気持ちが統合されていく象徴、と見ることができます。
ツブ貝や風になびく木など、アオイさんは「頼りなく、翻弄される存在」として自分を描いてこられました。しかし2匹の仔犬は、まだ弱々しさは感じられるものの、翻弄されるのではなく、自らの意志でヒマワリの気球に乗って旅立ちを選択しています。第1回からのワークを通して、アオイさんが獲得した「内なる光」とは、「セルフの光」であると語られているようです。

## 全体（第1回〜第6回）のふりかえり　アオイ

### ■ 女性性と自己受容——ありのままの「私」

長い間私は、母性という言葉に苦しんできました。子を産めないということで、女性としてのアイデンティティの欠損という危機に瀕していたのです。そのため自己肯定感が得られず、ずいぶんつらい思いをしました。

が、だんだんに、不妊の悩みは社会的・文化的に作られ、自身がそれに巻き込まれているために起こるのだ、と理解できるようになりました。そして、不妊の私でもOKなのだと思えたときに、自己肯定できました。

このような自分に至るまで、アートセラピーはとても大切な、というよりは、なくてはならないものでした。絵を描くことにまるで自信はないのに、なぜか毎月、何年も、熱心に通い続けてきました。絵と対話することを始めてからは毎回、驚くほど自分への発見や喜びや、視野が広がるのを感じました。

私の長い間の苦しみは、自分自身が、男性原理の社会の中で生きてきたためだったと思います。いま、自分は人間として、ありのままの自分を肯定できます。といって、女性性を十分生きているかといえば、あやしいものです。まだまだこれからなのだと思います。（アオイさんの言葉から）

### □「瞬間の覚醒」を思わせる発言

アオイさんは自分を、〈人に翻弄され、おろおろする頼りない自分〉と語っていました。けれど私たちは〈内省的で芯が強く、自分に誠実な人〉と感じていました。

不妊の悩みを抱えていたアオイさんの気持ちの根本には、「父親と同じ性になれない自分に、自己肯定感を持てないこと」、また父と母が自分の中で分離した感覚で、「自分は父の子である（父に対し強い愛着をもっている）けれど、母と同じ性であること」など、不明瞭な自分の存在の感覚が、無意識のうちにあったようです。

それが、「自分は父の子であるだけではなく、両親の子」であり、「男性である父親も女性から生まれたのだから、女性である自分を否定しなくてもよいのだ」という気持ちへと、変わることができたのです。「不妊」の悩みも、こうした「自分を肯定できない感覚」とつながりがあったようです。実際、杉浦先生に2枚の絵を重ねて見せられたときのアオイさんの言葉は、「瞬間の覚醒」を思わせるようでした。

そんなアオイさんは第6回のマンダラで、それまで自分に対して抱いていた不安、不完全な感覚、弱い自分などへの思い込みから、自由になったのだと思います。（編著者記）

# フジコ　母性への希求

## 赤色が示すセルフへの道すじ

### 第1回　感情を紙に写しとる

■ワーク――絵と説明：フジコ

**(1)　気分にあわせてかく**

①　(無題)

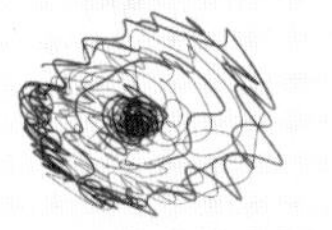

②　(無題)

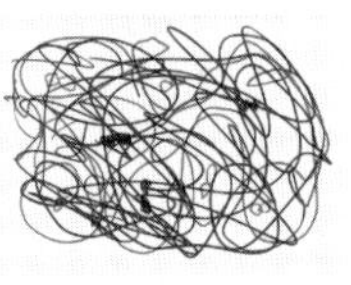

③　(無題)

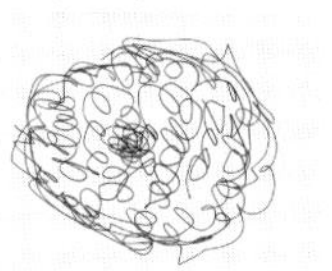

①は気持ちのままに、②は線の動きを止めるものを感じて、それを緑の小さなかたまりとして描きました。③では、自然な流れるような気持ちが描けました。

**(2)　ストレスとつきあう**

④　ストレスの岩

⑤　緑の屋形舟

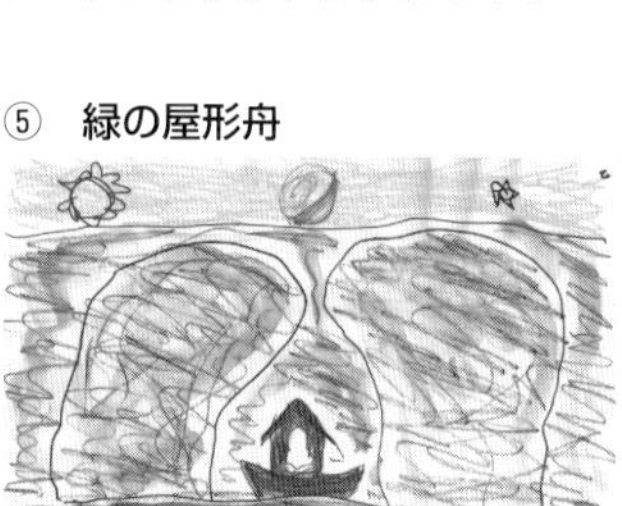

④は、灰色でストレスのかたまりを描いたのですが、それでは足りない感じがして、隣に茶色でもうひとつ描きました。ストレスのかたまりは「岩みたいになってしまった」と思いながら、「ここに自分がいる」と感じて、岩の間に寝転んでいるつもりの横線を草色で描きました。カケラのようなものが、周りにたくさんある。下は海、でもそれって変だなと思いながらも後ろは血の海。…でもこれっていったい何を描いたの？　と混乱する気持ちがしました。

数日前に親しい友人から病気が再発したと聞いたことがストレスで、世界が混乱に陥っているように感じています。すぐに次の⑤のイメージが出てきて、2つの岩の輪郭を、くっきりした線で描きました。またすぐイメージが湧いて、その岩と岩の間から緑色の屋根がある舟が出てきて、そこには結跏趺坐《けっかふざ》した白い身体の人がいる。世界はやっぱり血の海、でも光がある。最後に太陽と月と星を描きました。…変な絵を描いてしまった、失敗したという思いがあります。

### (3) 音楽にあわせてかく

⑥　母と子の手

音楽が水音から始まったので、⑥の、光る水がいっぱいに流れているイメージが浮かびました。色を塗りながらこれでは川の流れに見えないかなと思い、川の中に蛇行する川全体を上から見た絵を描きましたが、左手なのでうまく描けず、紐《ひも》か包帯みたいになってしまいました。さっきのストレスの絵を描いたときのショックが残っていて、血圧が上がっているような感じがあります。

キラキラ光る水面には、真っ赤なモミジが浮かんでいると思い、まず肌色でモミジの葉の輪郭を描こうとしたのですが、左手なのでうまくいかず、なぞりがきしているうちに、手みたいになってしまいました。困っていると「あ、ネコの手」と思いつき、ほのぼのとした気持ちになりました。ウチのネコはよく手を広げて指の間をなめているのですが、そのネコの手みたいと思ったのです。

### (4) 自由に踊ったあとでかく

⑦　色マンダラ

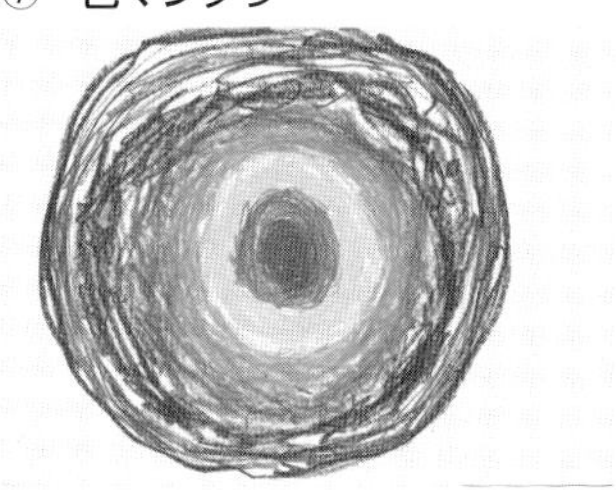

曲にあわせてゆったり身体を揺らしながら踊っていると、心がカラになって、身も心も澄んでいくのを感じました。曲が途中で「アヴェ・マリア」をアレンジした旋律になったので、それに影響を受けて描いたのが⑦です。これはマンダラで、紫を最初に塗って、あとは円の中心から、気の向くままに塗りました。

## ■話しあい1——感じるままに

### □他人の苦しみで気持ちが乱れる

K：「気分にあわせてかく」の①と②は、静脈や動脈、血管とか体の中のような感じがします。③は、落ち着いてまとまってきた感じですね。

A：「ストレスとつきあう」の④と⑤のショックな感じ

やストレスは、大げさと言われようと、それがフジコさんには自然な感じなのですね。他人の苦しみで気持ちが乱れるって、よくあります。近しい人ならなおさら。

N：④の真ん中の黄緑色のところは「自分」と言われましたが、いまにも岩に押しつぶされそうで、痛々しい。まさに血の海…。2つの岩は、友人の病気など具体的なことへのストレスですか？

フジコ：岩はストレスの全体という感じで描きました。

K：左の灰色の岩は、下の海の水をえぐっています。茶色の岩の下のほうもぐらぐらしていて、岩がいまにも倒れそうな感じ。その不安定な世界が、⑤であっという間に整理されたんですね？ …後ろの赤いところは、何ですか？

フジコ：海と空の間の、精神空間みたいな感じです。

### □川というより腸か何かのような感じ

N：「音楽にあわせてかく」の⑥は、キラキラした水がたっぷりあるのですね。でも、さっきの絵の衝撃が大きいので、この絵を素直に見られれません。

K：真ん中のくねる線は、川というより腸か何かのような感じです。それにこの手はどう見てもネコの手じゃなくて、人間の大人と子どもの手ですよね。

フジコ：それは意外というか…。でもたしかに、人間の手にも見えますね（笑）。

S：⑦のマンダラは、アオイさんの絵とよく似ています。二人とも、ストレスや不安がしっかり描けたから、最後にマンダラを描いて、気持ちをおさめていけたのかもしれません。

### □血管、出血、骨盤、へその緒、大小の手…

フジコ：①ですけど、実は、言いにくかったんですが、この絵は描き終わったあとで、何だか生理の出血の絵みたい、と不快に思ったんです。

Y：そういえば、⑤の絵の岩は、骨盤に見えます。骨盤の間から緑の屋形舟に乗った人が生まれた？（一同、驚く）

フジコ：たしかに…骨盤にも見えますね。でも、素直に認められない感じです。

I：水の絵もおかしいです。その螺旋のようなもの、フジコさんは「川を上から見ているところ」と言われたけれど、川はクロスしませんよね（笑）。

フジコ：たしかに。川は決して、クロスしませんね…（笑）。左手なので、蛇行する川は描きにくかったので、途中から略してこう描いたんですけど。

I：「紐みたい」とも言っていました、これはへその緒みたいです。

K：血管、出血、骨盤、へその緒、大小の手…まさに「出産」ですね！　産みの苦しみの末に、結跏趺坐《けっかふざ》のお釈迦

様を生み出した？（笑）

Ｙ：白い部分は人というより、舟に穴が開いているみたいに見えます（笑）。

フジコ：…たしかに。結跏趺坐と言いながら実は自分でも、スカスカした風穴みたいな感じもしていました（爆笑）。

## ■話しあい2――象徴の意味をとり入れて

### ●象徴の意味●

岩：堅牢、硬直→通路、挟み岩：別世界への移行。怪獣の開いた口

舟：冒険、探検。生命の産出。この世とあの世の行き来

黄緑：若さ、はかなさ。生命の再生と復活

海：混沌。太母。無意識。可能性の源

海や川を渡る：ある存在境位から別の存在境位に移ること。分離であると同時に結合

水：母胎内の羊水、生命を生み育てかつ生命を奪うもの

赤：活動的な男性原理、熱意、怒り。赤く塗ることは生命の再生

青：女性原理としての海。総てを容れる無限空間

紐→へその緒：偉大な織手（太母など）が、人間を生の網目に織り込む時用いる紐や糸

手：要求、約束　→握手：結合

紫（Violet）：権威、真実

### □へその緒で結ばれたい大人の手と子どもの手

杉浦：水は、ここでは「羊水」を表現していると思います。それから赤ちゃんの手のことを「モミジの手」とも言いますよね。無意識はちゃんと最初から、赤ちゃんの手を描くつもりだったのでしょうね。

フジコ：そんな馬鹿な！と言いたい私がいます…（笑）。

Ｋ：それを意識は受け入れられなくて、苦し紛れにネコの手と言っている（笑）。

杉浦：そして、大人の手と子どもの手が出てきたというのは、本当に、このへその緒で母と結ばれたい、結びつきを希求していると言えるかもしれません。

フジコ：へその緒とか母子の手とか、ショックというか、いやだ、という感じがあります。唐突すぎて、受け入れられないのですが、…仕方ありません（笑）。

### □「混乱をおさめよう」という無意識の補償作用

杉浦：「踊ったあとでかく」の絵はアオイさんの絵と似ているけど、決定的に違うのは、中心ですね。アオイさんの場合は水色、母性性を象徴する色で、フジコさんの赤はもっと生々しいというか、身体性に関わる問題ですよね。

「ストレス」の絵は、１枚目は海が波立っているのだけ

ど、2枚目では静かになっている。このプロセスも非常に興味深いですね。「補償《ほしょう》作用」と言いますが、④で自分にかかっているストレスのようなものの本質が無意識からあらわれ、その「混乱」をおさめようという心のはたらきが、⑤の絵としてあらわれたのだと思いますよ。④で、わーっと出したあとにそれを、やっぱりちょっと見られるのは嫌だな、と思ったわけですよね。それを何とかおさめるかたちに、あっという間にしていったということでしょうか。⑤の骨盤の岩は、とても象徴的な絵になっていますね。

フジコ：その、「嫌だな」と思ったのは、私の「意識」なのですね？　体裁を取り繕うにしては、変な繕い方ですが…（笑）。

Y：友人の病気が不安を喚起させたということで、おおものストレスを暗示する「出産」や「母子関係」のイメージが出てきたということですね。

フジコ：うーん、そうなんでしょうか…。

### □ 生まれ出てくる自分でもあり、仏様でもある

杉浦：この舟は岩の間から生まれ出てくるのですよね。舟は人生の旅でもある、これから出発していくという。だから、何かに守られてでしょうかね。上に描いてある太陽や星や月などの宇宙的なものと、結跏趺坐している仏様。「同行《どうぎょう》二人《ににん》」という言葉がありますけれど、生まれ出てくる自分でもあり、仏様でもある。人生の行路、航路が始まる、みたいな。

フジコ：「同行二人」って、うれしい気がします。ストレスのかたまりとは、自分の内的な感覚で描いたのですが、すると骨盤も舟も自分のものなのでしょうか？

K：自分のストレスのかたまりと、「自分」と感じた草色の横線が変わった。だから、骨盤も舟も、自分のものですよね。この2枚の絵を、続けて描いたのがすごい。

### ■ ワークをふりかえって——フジコ

ふり返ってみて自分の生理や出産についてや、2人の子の育児や私自身の母に対する思いなど、苦痛だったり辛かったりなどの思いはありましたけど、全体としては、どうにかうまくやってこれたと感じています。それが突然、無意識がストレートに「私には、女性性に対する不安やストレスや、母子関係に特別な思いがあります」と語ってくるとは、いまだに信じがたい気持ちがあります。

象徴解釈をしていくと無意識は、「自分の骨盤から自分の人生の船出の旅が、宇宙的な守りの中、同行二人で始まろうとしている」と言います。でも一方には、「同行」する神仏の力を感じとれない、「スカスカした風穴みたいな感じ…」と揺れる意識の私がいるのも事実です。

「蛇行する川と水の中の手」の絵も、だんだん了解しました。無意識のすごさというか、偉大さを実感しています。

**リーディングノート**

**第1回　フジコさん**

次々にあらわれた無意識からのイメージは、フジコさん自身がこれまで意識してこなかった、「母性にまつわる複雑でさまざまな感情」を語っています。⑤の岩の間の通路は、新たな何かへの移行や、現状を超えていくことを意味する「敷居象徴」をあらわしていて、新たな「誕生」にもつながります。

7枚の絵には、「乱」と「静」が繰り返し描かれていて、フジコさんの中に「相反する感情」が存在していることが語られていますが、最後のマンダラ⑦は、〈強い感情〉である赤を、外側の〈変容〉を意味する紫が覆い、調和的におさめている構図になっています。今回の一連のワークの中で、意識と無意識がつきあい方を模索しているような、真摯な「動き」が感じられます。

また7枚中5枚の絵に「赤のテーマ」が繰り返し描かれ、最後は赤を中心にしています。「赤」はテーマカラーのようですが、初回から登場しているところが興味深いです。

## 第2回　心の持ち方をかえる ——心配ごと撃退法

### ■ワーク——絵と説明：フジコ

**(1)「自分が心配している姿」をかき、「心配ごとの上位10項目」を箇条書きする**

**(2)「いちばん心配なこと」を選び、その絵をかく**

**①　ストレス10項目**

**②　身体のケアをしてやれない**

**心配ごと**

1）未整理なものが多すぎる！
2）身体のケアをしてやれない！
3）〆切の書類が間に合う？
4）４月からの仕事はどうする？
5）書きたいのに書けない！
6）アートセ … のクラブをどうする？
7）Ｓさんの …
8）ＴＨＹは …
9）アテューンセ …
10）Ｙは …

①は心配している私です。もっとも大きい心配ごととし

て、②「身体のケアをしてやれない」を描きましたが、リアルに描きすぎたせいか、不快感が起こりました。裸なのは、余計なものを除いた純粋な自分を描こうとしたからです。

**(3)「心配ごとを撃退」しているところをかく**

**(4)「心配ごとをとり除いたあとの気持ち」を文字で書く**

**③　チュチュで踊る少女**

**絵をかいたあとで浮かんだ言葉**

あかるいうれしいＯＫよ。
きんいろであたたかいものたちがわたしをつつんでくれている。
エネルギーがすーと通っている。
からだはよろこんでいるわ。
ぐあいのわるい人たちは苦しがってはいない。
でもみんなでそろって、ゆっくりしずかにおどりたい。

どんな絵を描く？　と気重に思っていると、さわやかな虹が浮かびました。次に黄色い帽子のイメージ、さらに、針金の入ったふわっとしたバレエの衣装の少女を思いつきました。そこで、虹を少女に置き換えた絵③を描きました。でも色が濁った色になってしまって、きれいな虹の色の絵にはならず、幼稚な絵で情けないです。

## ■話しあい1——感じるままに

### □女性性というテーマの発見

Y：②の体のグレーの部分は、ストレスでしょう？　肩凝り、額や口の周り、腰痛、私も覚えがあります。①の人物は、洞窟にいるんですか？

フジコ：まとまりをつけようと、額縁の枠のようなつもりで描いたのです。

I：人物がリアルに描けているので、憂いのある人が洞窟の前で思案しているというか、かなり大変そうに思えます。

S：ストレスを癒やすものとして、③のバレエの少女が出てきたんですね。

K：③の少女は、腕までは軽やかな感じだけれど、胴体やチュチュとタイツは重い色。チグハグで、何か不自然です。ストレスからの逃避かしら？（笑）

N：胴体から下は、①や②のストレスの人が、そのまま変装したみたい（爆笑）。それに癒やしと言いながら針金入りのスカート、チュチュっていうのは、ガードしている感じがします。チュチュが妙に横に張っているのも不自然です。

K：少女のポーズは、両手で上に円を作っていますけど、チュチュが横棒、そろえた両足を縦棒と見ると、全体が女性をあらわす記号［♀］に見えます。フジコさんのワーク全体の流れの中で、「女性性」がテーマとしてあらわれていることと、合致するようにも思えます。

Y：面白い発見です。「私のテーマは女性性よ！」と語っているみたい。

フジコ：自分では、語るに足りない絵という思いがあるのですが。

## ■話しあい2――象徴の意味をとり入れて

### ●象徴の意味●

裸：自然で無垢な楽園状態、誕生。恥の着物を脱いだ魂

洞窟：女性原理、生まれ変わりの場。〈大地母神〉の子宮とその庇護者としての側面を持つオムパロス：宇宙に滋養を与える中心。避難所。地球の臍

帽子：権威、力、思考

・・・・・

杉浦：黄色い帽子は、意識・知性・思考などの象徴と解釈できるでしょう。

フジコ：バレエを踊るのに、帽子を被っているのは変ですね。もっとも帽子のイメージのほうが先に出てきたんですが。

## ■ワークをふりかえって――フジコ

心の持ち方を変え、「虹のように軽やかに踊る」というストレス撃退法を描こうとしたのに、上半身と下半身が別ものような絵になってしまいました。

メンバーに、「私のテーマは女性性！」と語っているみたいと言われて、いまでは、なるほどなあと、無意識の意図が分かった気がしています。意識の私と無意識の私がチグハグな感じがあります。

### リーディングノート　第2回　フジコさん

①の、灰色の洞窟の出入口のような背景と、その前に立つ裸の自画像は、新たな誕生を迎えている絵、と見ることができます。無意識は「素のままの自分自身」と対峙していく、新たな局面に方向性を示しているようです。

「新たな誕生」は前回の「挟み岩」から生まれ出た緑の小舟と同じテーマで、女性原理を象徴する洞窟は、古い自我の埋葬と新たなビジョンの誕生の場とも言える大きな意味を示しています。灰色の岩壁と出入口のような背景から連想すると、〈硬く冷たいものからの誕生〉を語っているようです。

意識や意志の力で対処していたやり方が、根源的なストレスの意識化により、変化していく兆しを感じさせます。

# 第3回　遊び好きのインナーチャイルドをかく——インナーチャイルドⅠ

## ■ワーク——絵と説明：フジコ

### (1) 内なるヒーラーをかく／ヒーラーと対話する

① 象と少女

**意識と無意識の対話**

私：象さん、あなたの姿がやっと見える…
象：きみと仲良くなりたい
私：…なんか、あなたは疲れているみたい
象：きみの痛みが伝わるのさ
　　…ただそれだけのこと
　　…光がいっぱい、ゆったりしている
　　…私はあらわれたのだ
　　…透明な子を背中に乗せて

ヒーラーのイメージがやっと出てきたのが①の象です。象って賢くて大きくてゆったりしている反面、繊細で優しい。そういえば象って、ずっと以前に急死した私の夫に似ている…なんて思ったら生々しい気持ちが起こって、左手だし、ヒーラーらしくない萎縮した象が描けてしまいました。

なぜかこの象は生気がないような感じがしたのですが、意識と無意識の対話では、象は「きみの痛みが伝わるのさ」などと、意味不明なことを言ったのです…。まあいいか…と思って、ありがとうみたいなことを言って、終わりにしました。分かりにくい、どこか歯切れが悪いワークでした。

### (2) 遊び好きのインナーチャイルドをかく／インナーチャイルドと対話する

「遊び好きの子ども」というテーマがピンとこないので、最初の記憶に残っている「子ども時代の自分」を描いて、その心の状態からインナーチャイルドを探っていこうとしました。この絵は、1〜2歳のころに家族全員で写真館で撮ったものを、思い出して描きました。写真ではもっと幼児らしくてかわいかったです（笑）。でも幼児にしては、甘えない子という感じもあったかな。絵の左上に、「2才のこのころにもうけなげに自分ひとりで立っていたわたし」と書きました。

② 赤いウサギのバッグ

ウサギのバッグは、写真館のもので撮影用の小物なのだけれど、母がこれを私に持たせてくれたことが誇らしいというかうれしかったことを、はっきり覚えています。私は兄弟姉妹が多かったし、公務員の父の仕事が忙しく、母は父に振り

回されていて、私は若いお手伝いのお姉さんに世話をされ、母に抱かれたりかまってもらった記憶がありません。

この子のどこかに、インナーチャイルドの原型が？と、心が動かされるのを感じ、この子をいっぱい撫でてやりたい、という気持ちが押し寄せてきました。こういうかたちで、私はインナーチャイルドに近づこうとしているようです。

## ■話しあい1——感じるままに

### □無意識と意識が対話する難しさ

フジコ：この象との対話、ちょっと「酔っている」ととらればしまいかと心配です。自分の無意識と意識が対話をするって、ウソっぽくなりがちで、「ホントにこう思っている？」「これってホンモノの会話？」という気持ちが湧きます。また、「本当の自分の核心部分に近づかないですむよう、自分が芝居をしているのでは？」と疑う自分がいたりします。

Y：実感を語っていくと、どうしてもそうなるのですよ。自分の意識ではつかみづらいことや、複雑さを扱っているのだし。その上で、「撫でてやりたい」など自分の感情を、ちゃんと出しているところがいいと思います。

### □萎縮した象

I：①の言葉で気になったのですが、象の「透明な子を背中に乗せて」という「透明」とは、どういうこと？

フジコ：実は私も、どうして透明な子か分からないんです（笑）。

S：この象さんは、亡くなったパートナーに似ていると感じる、ということは、やはり、透明で弱っているフジコさんのインナーチャイルドを癒やす存在なのだなと分かります。

フジコ：直感的に、夫に似ていると感じたのですが、でもこの絵の象は萎縮していてまるで反対。夫は大柄でおっとりしていて、でも企業戦士だったんですけど…。

S：この象の話し方は、威厳があって、おっとりもしている感じですよ。

I：でもこの絵は、どこかチマチマしています。子どもは象の背中で寝そべっている？

フジコ：「ゆったり、たっぷりした象」のつもりだったのに、左手だし思うように描けなくて。子どもは象の背中で寝そべって、リラックスしてるんです。

Y：以前フジコさんは、パートナーの健康をもっと気遣ってあげればよかったと言っていらしたけれど、そんな思いがこの象と子どもになったのでは？　萎縮しているのは、２人とももっと癒やしを必要としているからで、傷ついたままの部分が強く刺激されたからだと思います。

フジコ：そうでしょうか…。

□ ふんばっている子ども

N：②は、遊び好きの子というよりは、ふんばっている感じがします。

S：ほんと。この子はウサギのバッグを見せながら、何か訴えているみたい。

N：インナーチャイルドっていうのは、「子どものころに傷ついたまま癒やされていない自分の一部分」であるわけだから、子どものころの自画像を描いたつもりでも、そういう部分が描けていたら、それはインナーチャイルドを描けた、っていうことではないかしら？

フジコ：たしかに私の家では、父は自他共に厳しい人だったし、母はお嬢様的だったけれど、でもそれでインナーチャイルドが傷ついたとは、ピンとこないんです。ついでに言うと、父は私が26歳のころに病死し、その後私は結婚したんです。で、そのあと、私の家族4人が実家の二階に住んで、重症の糖尿病だった晩年の母と共に暮らしました。最後の1年余、母は入院して気の毒な生き方を余儀なくされ、私にはそのことのつらさがいまも残っています。

Y：分かります、親を看取ることの大変さは、ここでも多くのメンバーも味わっているのでは？

■ 話しあい2 ― 象徴の意味をとり入れて

● 象徴の意味 ●

象：男性的力・父親の権威。保護的な母親の力。知恵

黄緑→緑：生命の再生と復活。明るい黄色：陽光、知性

壁：包み込み庇護するもの、子宮、女性原理。円環状の城壁は、魔法の杖で描く魔法の円（マジック・サークル）の持つ保護の力と結びつく

ウサギ：月に属し、〈大地母神〉と結びつく

バッグ→袋：女性的な包容力、隠匿、太母の子宮

赤：活動的な男性原理、強さ、怒り。赤く塗ることは生命の再生

髪：生命力、思考力、男性的活力

・・・・

□ インナーチャイルドとヒーラー

K：①も中心と周円があるので、マンダラと言えると思いました。象徴解釈では、幾重もの円環の象徴の意味は、子宮の女性原理、保護の力、と結びつくそうです。象は、色が塗られていない元気のない子どもをなぐさめているようですが、でもヒーラーとして癒やすほどのパワーはなく、円によって自分も保護されることで、やっと出現できたようです。円の内部は、「母なるもの」による保護空間、と言っても周

囲の円環は細く、力強さは感じられません。

杉浦：円の中の黄色の部分全体をマンダラのセルフと見ると、象もアニムスでもあり、グレートマザーでもあると見ることができます。象はクンダリニー・ヨーガ[10]では第1チャクラ（社会や家族、集団などの基盤となる場所）と第5チャクラ（意志、判断、創造力）のイメージにあらわれる動物です。第1チャクラの色である赤は、フジコさんの第1回の絵でも、繰り返し使われていました。

象は男性的な力や権威だけでなく、保護的な母親の力を意味する場合もあります。忍耐、知恵、幸福な結婚生活を象徴しますし、象は釈尊の聖獣なんですよ。ヒーラーの象が亡くなった御主人に似ているというのは、こうした象徴的意味と一致しますね。

フジコ：釈尊の聖獣って、うれしいというか、納得したりして（笑）。

### □ ウサギのバッグは母性を象徴

フジコ：バッグのウサギには「大地母神と結びつく」という意味があったので、母性を象徴すると言えると思いました。またバッグを「袋」、「容器」として調べたところ、〈普遍的な女性性の象徴、太母の子宮〉という意味があり、驚きました。でも無意識からのメッセージが、はっきりしない感じがあります。

N：バッグは赤い色に塗られているので、「生命の再生」という意味にもつながるのかもしれませんね。

## ■ ワークをふりかえって――フジコ

象と子どもが萎縮しているのは、私が意識の奥にしまいこんでいる痛みの投影のためと、納得しました。この絵は私に、心の傷をまだちゃんと癒やしていないことを、気づかせてくれました。思いがけないことでした。

貧相でもこの象が、男性的な力や権威、母性的、保護的な力や知恵、幸福な結婚生活を象徴していることや、釈尊の聖獣であったと知ったとき、心の中にさっとエネルギーが高まるのを感じました。

②は、幼いころの自分が、親に愛されている証と感じた赤いバックを握り締めて、親とのつながりの薄さや淋しさなどを見ないようにしていた…そんな漠然とした喪失感がこの絵にあらわれたとは、驚きます。トラウマに一歩近づけた絵でした。さらに「赤」「ウサギ」「バック」の3つは、普遍的なレベルではアニムスや女性性を象徴すると知り、この絵が描けたことに強い喜びが湧きました。

## リーディングノート

### 第3回　フジコさん

①の周囲の幾重もの円は、「外界と内界を隔てる壁」と見ることができます。象徴解釈では、円環状の壁は「魔法の円」の持つ保護の力と結びつくので、中の少女と象を「守る」壁と見ることができます。この円と内部の光が、ヒーラーの役割をしていると共に、現実を反映するマンダラのセルフ（第6回参照）にもなっているようです。①の象に乗っている子どもも無色でしたが、②も女の子の輪郭と服が肌色の線のみで描かれていて、裸のようにも見えます。

これは、第1回⑤の、緑の小舟の中の白い人影を連想させます。第1回の人影は、神仏を連想させる姿勢や、緑の舟という生命力や母性性を象徴するものによって、「大切なのは、ここなんだよ」と訴えているようでした。今回は、インナーチャイルドが徐々に姿をあらわしてきたように見えます。

②では、色がくっきり塗られているのは、髪と赤いウサギのバッグだけです。髪は思考力や生命力をあらわし、〈ウサギ〉と〈バッグ〉は、共に女性性・母なるものに結びつく象徴です。こんなにもくっきり強調されているということは、この少女、つまり無意識が意識に、「女性性や母なるものに目を向けて！」と、語りかけていることが感じられます。

# 第4回　傷ついたインナーチャイルドをかく
## ――インナーチャイルドⅡ

### ■ワーク――絵と説明：フジコ

(1) ヒーラーとインナーチャイルドをかく

(2) インナーチャイルドをかく

ヒーラーと私と内なる子ども（カッコウ）

唐突ですが今日は私、朝目が覚めた時から、カッコーの明るい鳴き声に包まれている気がしているんです。数か月続いていた、ちょっときつい仕事から解放されたので。それで、「カッコー」という軽やかな音や明るさに浸りながら、インナーチャイルドの輪郭を描きました。黄色の太めの少女がそれです。イメージが浮かばなかったので、少女の輪郭から描いていったのです。

ところが「黄色」で描いたのに、なぜかスピリチュアルな「金色」のように思えて、ヒーラーを描いてしまった？と少し混乱しました。気を取り直し、黄色の輪郭の中に紫色で顔を描きました。でも目鼻が中心に寄ってしまい、黄色の頭髪の部分と離れてしまったので、思い切って目鼻の周りに紫で髪の毛を描き、その勢いで、黄色の輪郭の内側に紫の人の全身を描いてしまいました。

つまり、はじめに描こうとした黄色の人物の内側に、もうひとり別の人物がいることにしたのです。この人は、淡い紫の地に黄色の大きな花柄の服を着ていることにしました。実はこれ、いま私がいちばん気に入っているロング丈のブラウスなんですけど。描きながら、これって、スリムな点は違うけど、いまの私みたいと思い、…いったい何を描いたんだろう、と自己嫌悪でした。

とにかく絵に収拾をつけようと、「カッコー」という声を、ローマ字でいっぱい入れて、声と声をつなげる線を描きました。題は苦し紛れに、「ヒーラーと私と内なる子ども（カッコー）」としました。インナーチャイルドはカッコーの声、ということかな、と。紫の人を自分だとすると、黄色の人物に背中を守られている気もしたので、黄色はやっぱりヒーラーかと思いました。絵は一枚だけ描いたのですが、なんとここまできて、全部右手で描いたことに気づきました。でも、意識がはたらいて右手で描いてしまったのなら、もう少し分かりやすい絵になってもよかったのに。

## ■話しあい1――感じるままに

### □いまのフジコさんか、インナーチャイルドか？

I：紫の人は、髪形までいまのフジコさんに似てます。後ろの太めの黄色は、体型も子どもっぽいのでインナーチャイルドみたい。不思議な感じの絵です。

K：この中の人物は首と顔は白くて、手足は細くて服と同じ色、ちょっと不自然ですよね。右手で描いたにせよこれは、無意識が描いたインナーチャイルドではないかしら？

### □カッコーは何の象徴？

A：カッコーという声は、なぜローマ字で書いたんですか？

フジコ：カタカナで書くと、言葉としての印象が強くなってしまうから。鳴き声から伝わる雰囲気だけを表現したくて、ローマ字にしたのです。

I：カッコーの鳴き声は気持ちいいけれど、これは声が全面を覆っていて過剰な感じです。こうしなければならない意味が、何かあるのでは？

N：声だけの存在って…姿は見えないし掴まえられないけれど、すぐそこにいることは分かってる！っていう？

### □ つらい部分が見えてこないように目をそらしている

Y：きつい仕事から「解放されたわ～」という気分になって、無意識にしまわれているつらい部分が見えてこないように、目をそらしている？　黄色と紫は反対色というか補色ですから、分裂した感じをあらわしているようにも見えます。

I：紫の人は、後ろのインナーチャイルドを振り向けないでいるような感じもします。両手を広げて通せんぼしているようにも。「インナーチャイルド」に直面することは、自由で明るい気分でできることではなくて、「傷ついた癒やしが必要な部分」と向き合うことだろうから…。

## ■ 話しあい2――象徴の意味をとり入れて

### ● 象徴の意味 ●

カッコウ：魂を運ぶ鳥、未来を告げる鳥。悪魔、愚者
黄色：陽光、知性、直感、善
紫：誇り、真実、節制
・・・・

### □ 利き手でかいた絵は、無意識が反映されにくい

A：カッコウには、未来を告げる鳥、という意味がありましたけど、過剰な鳴き声や、うれしそうな顔は、そこに何かメッセージがあるのでは？

フジコ：そう思いたいというか、防衛でない意味を見つけたいですが（笑）。

K：フジコさん、この絵と字、全部、右手で描いてしまったんですよね。

杉浦：それで他の絵と印象が違うんですね。やっぱりサラっと描いている感じがありますね。無意識層に触れたくないということでしょうかね。この紫の人は、やっぱりいまのフジコさんでしょうね。

N：手足が細かったり、奇妙さも感じられますが。

杉浦：利き手で描いた絵は、何を描いたのか具体的には分かりやすいけれど、どうしても意識的・作為的に描いてしまって、無意識が反映されにくくなるのですよね。利き手でない手で描いた絵は、何が描いてあるのか一見分かりにくいけれど、思いがけない無意識の思いがあらわれることが多い。ふだん使わない手で描くことには、それだけの力があります。アートセラピーでは、やはり利き手ではない手で描いたほうがいいですね。

## ■ ワークをふりかえって――フジコ

この絵は、ヒーラー、インナーチャイルド、現在の自分、の3つがごっちゃになっているみたいで、なかなか理解できませんでした。

あらためてこの絵を見ると、「KAKKOW」の文字がバンドエイドみたいに、紫の人の身体を黄色の人の上に、貼り付けて止めているように見えます。「カッコウの声は過剰な感じ」と言われたのも、声を出し続けることで、無意識が出てくるのを懸命に止めているようだ、と思えてきました。

紫の人はやっぱり今の私で、「今のままでも十分幸せだから、ヒーラーもインナーチャイルドも出てこなくてもいいの」と、通せんぼしているのでした。やっと、「防衛、抵抗」という言葉を、素直に受け入れられるようになりました。

カッコウには、俗語では「まぬけ」とか「ばか」という意味もあるそうです。変化や成長を怖れ、本当の自分と向き合うことへの抵抗感で通せんぼする私のおろかさを、無意識があざ笑っているのかもしれません。

「見たくない」「認めたくない」と怖れ抵抗していることは何かというと、前回で分かってきた「母性性に注目する」ということかと思います。たしかにまだ自分の中に、カッコー＝自分の痛みと向き合うことへの抵抗、がある感じです。

## リーディングノート　第4回　フジコさん

紫の服や人物（自分）が印象的です。

人は、「情緒不安をもたらす身体の機能不全」があるときに紫の色を選ぶ傾向があるとも言われているそうです。[3] ここでは心の奥にあるものの存在に気づき不安を感じながらも、「何もないよ」と両手を広げて、それが意識にのぼらないよう、さえぎっているのかもしれません。

「黄色」は第3回の象と子どもにある色でもあり、傷ついた者への「知性（意識）による守りの色」です。インナーチャイルドを描こうとしたのにすっきり出てこなかったのは、そのためかもしれません。つまり紫と黄色は、補色どうしであり、調和ではなく防衛に向かう性質があるからとみることができます。

カッコウの鳴き声には「ばか」など俗語の意味もあることから、本心を隠す無意識（個人的無意識、検閲・防衛機能）があらわれた描画とも見られます。いっぽう「鳥の声」は、昔話や神話の中で、しばしば良き忠告や助言を与えてくれるものでもあります。鳴き声には、防衛だけではない、無意識からの「これは本当の気持ちではないよ！」という助言・忠告的意味合いも、見ることができます。

右手で描いたということですが、はからずもこうした「抵抗」と、その奥にある力とが、利き手でていねいにかくことによって、垣間見えるようになったともみえます。面白いワークになりました。

# 第5回　インナーチャイルドを育てる
## ――インナーチャイルドⅢ

### ■ ワーク――絵と説明：フジコ

#### □ 自由にインナーチャイルドをかく

①　踊る子ども

②　うまごやし

先日、幼いころの自分の気持ちにつながるような体験をしました。「子どものフォーカシング[5]」の研修会の即興劇で、「親に愛されていないと感じている5歳の男の子」の役が当たったんです。その子が最後に、わだかまりが解けてワッと泣く場面で、私はひそかにですが本当に泣いてしまったのです。今日は、そのときのショックな気持ちが残っていて、とにかく「赤い子どもを描こう」と思いました。

①は、真ん中の座っている赤い子どもが、いろんなポーズをとっている絵です。水色の部分はストレスをあらわしています。左手で描くのがじれったくて、線で描きました。

②は、①の真ん中の子の自画像ですが、私の幼いころの記憶と重なるインナーチャイルドです。戦時中の3歳ごろ田舎へ疎開したのですが、そのときの不安だった気持ちを、いまも覚えています。ヒリヒリ感のある赤で髪を描いたのは、このころの自分の「外皮」を剥ぐと、こんな自分がいるような気がしたからです。

### ■ 話しあい1――感じるままに

#### □ 意識化されつつある無意識の思い

K：①の子どもは、逆立ちしたり、寝そべったりジャンプしたり、とんでもないやんちゃな格好ですね。気持ちよさそうな感じが溢れてます。

フジコ：真ん中の椅子に座っている子が、いろんなポーズをしているところなんです。インナーチャイルドを、さびた針金のような赤で描いてしまって、「なんでこんな絵を描いたの!?」と混乱した気持ちだったのですが。

N：研修会のドラマで「親に愛されていないと感じている子」の役をやって、ひそかに本当に泣いてしまったのがショックだった、それで「赤い子ども」を描こうと思ったと言われました。泣いてしまったのがショックだったとは、どうしてか、もう少し話してくれますか？

フジコ：まさか自分がホントに泣くなんて、――多分観客は、私がホントに泣いたとは思わなかったでしょうけど――、思いがけなかったから…思いがけなかったことがどうしてショックだったか、うまく言えない感じです。

Y：即興劇でひそかに泣いてしまった体験は、その劇中の状況が、無意識に潜むインナーチャイルドを刺激したからなのでしょうね。なぜかその体験を思い出しつつこの絵を描いたということは、無意識の思いが意識化されつつあって、それでこういう絵が自然に描けたのではないかしら。

フジコ：うーん、そうなのでしょうか…。

## □女性性を強調している赤い髪の少女

I：唐突な感じの①の絵のすぐあとに描いたにしては、②の少女は、やわらかくて女性的な感じがよく描けています。で、赤い髪なんですね？

フジコ：②の赤い髪をしている子を描くことに、内的必然性を感じたんです。子ども時代の私は短いおかっぱ頭で、こんな髪ではなかったんですけど。

S：②の子は、髪も服もポーズも、かわいらしくて女の子らしい感じです。

K：女性性を強調したインナーチャイルドなのですね？でも、第3回のウサギのバックを持ったインナーチャイルドと、どうしてこうも違うのかしら。

A：フジコさんが最初に言われた「赤で髪を描いたのは、このころの自分の外皮を剥ぐと、こんな自分がいるような気がしたから」という言葉と関連があるかもしれません。赤い髪って、ストレスをあらわしているのでしょう？

N：②の少女は①と同じで、全部赤で描いてあるから、赤い髪というより「赤い少女」っていう感じです。

Y：顔のパーツがしっかり描かれていないこともあり、存在感が薄い印象です。顔も服も色が塗ってないし。ポーズも肖像画によくある構図です。

## □罪―女性としてのアイデンティティの葛藤

フジコ：実は、…ものすごく昔の若いころのことですけど（笑）、ムンクの美術展で「罪」という題の絵ハガキを買ったことを思い出して、探し出して来たんです。強烈な印象の絵で、ちょっと見せたくない気がしますが…（笑）。

I：ちゃんと取ってあったというところがすごい（笑）。たしかに強烈な印象の、娼婦の絵です。赤い髪の女で、フジコさんの絵に似ていますね！　フジコさんは、この絵に惹かれた若いころの自分に、抵抗があるのですか？（笑）

フジコ：この絵に昔の私は、奔放な女性への憧れや、真実を生きている感じを垣間見て、極端に言うと「私も娼婦になりたい」みたいに感じたかも（笑）。

Ｉ：女であることや、性を解放したい衝動や憧れ、真実を生きたいと感じることは、人間本来の情動だと思います。それを「罪」と言うと、何か固い感じがしてしまう…。

Ｋ：それは世代の差じゃないかしら。フジコさんの若いころは、一般的には性の奔放さを否定する時代でしたものね。

Ｎ：「女としてのアイデンティティの葛藤」みたいなものかしらね。女である喜びを堪能したい自分と、社会的常識をわきまえた自分との戦い、というか。

フジコ：うーん。…私は、リビドーっていうか、人間本来の情動を生きる女の真実（笑）、みたいなリアルさをこの絵に感じたのだと思います。

Ｙ：そういえば、第1回の骨盤の岩の絵も、赤がたくさん使われていました。

フジコ：別に、意図的に赤い髪にしたのではなくて、何となく直感的に、赤で子どもを描いたのです。

Ｙ：だとすると、①の「インナーチャイルド」というテーマで描かれたヒリヒリ感は、子ども時代からずっとフジコさんの中にあって、しかもムンクの絵に刺激された何かと、つながっているのでは？

Ｉ：②の少女も、髪やちょうちん袖の服、むちむちした手の感じで、「女の子」というより、ムンクの絵と同じく「女性性」が強調されています。

## ■話しあい2――象徴の意味をとり入れて

### ●象徴の意味●

髪：生命力、思考力、男性的活力

赤：活動的な男性原理、怒り、堅忍

壁：保護と同時に制約でもある聖なる囲い込みの象徴。包み込み庇護するものとしての中心や子宮の女性原理

水色の囲み→水：取り囲む水は、単に防御を意味するだけでなく、水に囲まれた場所を浄化し、そこを聖なる空間にする

・・・・・

### □ムンクの絵

杉浦：皆さん、とてもうまいまとめ方をされましたね。でも、無意識を読み解く作業そのものにちょっと偏りすぎてしまった？　ムンクの絵が出てきたことで、あ、これが答えだ！と思って、こちらのほうに重点が置かれてしまったんじゃないかと思います。

まあ、似ている部分はあるかもしれないけれど、それだけではない部分もあります。赤毛っていうのは、たとえば『赤毛のアン』とか『にんじん』という物語もある。

フジコ：あー、ぜんぜん思いつきもしなかったですね、『赤毛のアン』なんて！　ムンクのセクシャルな絵に、気も

動転してしまって（笑）。

杉浦：すごくムンクに縛られてしまった。ムンクの絵のように、少女に「女性性」が強調されているという視点は面白いし、これはあってもいいんですよ。でも、もっと違うイメージも、この少女にはあるわけですよね。

## □インナーチャイルド、親との関係

杉浦：このムンクの赤毛の女性がモデルとして出てくるというのは、もうちょっと年齢が高いですよね。性的なものがテーマとして出てくるのは思春期ぐらいから。①の子たちは、やっぱり「チャイルド」なんですよね。自由な感じで、特にセクシャルな印象を受けない、針金人間ですから。子どもという点で両親との関係はどうなっているのかな。②の少女は何歳ぐらいなんですかね。

フジコ：3歳ぐらいです。性的なものが出てくるのは思春期ぐらいからというお話、そういえばそうですよね、目からウロコです。

I：私たちの話しあいでは、年齢には関係なく「女性性の強調」がポイントだったということも事実です。でもそこで、話しあいが行き詰まってしまった感じでした。

## □幼いころのトラウマ

フジコ：先生に親との関係はと言われて、思いあたることがあります。3歳ころに疎開先で、母にカンチョウされた、ショックな体験があるのです。

この絵を描く少し前に、研修会の即興劇で私は、人の前で言葉や声を出せない「場面かん黙」といわれる心の病気の子が、劇の最後でワッと声を出して泣くという場面をやったのです。ところがその劇の中で、母親代わりの役の外国人女性の講師が、観客には見えない姿勢で、私の両足を彼女の腿の間にガシッとはさんで身動きできない状態にして、きつく抱きしめたんです。

「ずるい！」と、とっさに私は、強い怒りを感じました。「まず優しく声をかけたり、さすったりするべきなのに！」って。抵抗してもがいたのですが、ドラマだから本気で怒るわけにもいかず、きつく抱かれたまま耐えていました。すると、ふっと気持ちがゆるんで、声を出して泣いてしまったんです。最初は「怒り」だった感情が、泣いたときは「悲哀」に変わっていたように思います。

Y：それが、カンチョウされた話と関係があるのですか？

フジコ：そうなんです。「ずるい！」という強い怒りの感情と同じものを、私は持ったことがあったのです。3歳ころのことですが、大きな注射器の針の先がないようなものを母が準備していて、便秘になっていた私を突然ガシッと強く抱きかかえて、お尻にカンチョウをギュッと…。私はパニックになって大泣きしたんです。

カンチョウのあと私は、1才の妹を従えて、家の周りの原っぱをふらふらと歩いたのも覚えています。自分を癒やしていたんだと思います。だから赤い髪の少女は、手にウマゴヤシの葉っぱを持っているんです、田舎によく生えていた雑草で、癒やしの象徴みたいです。

## □トラウマを引き受ける勇気

フジコ：即興劇で強い怒りの感情が起こったのは、私の気持ちを配慮せずいきなり一方的にカンチョウをした、母への怒りが呼び覚まされたからだと思います。きょうだいが多かったし、私はあまり母からの養育を受けていなくて、幼いころの母は遠い人という感じでした。その母に突然ギュッと抱かれたのが温かい記憶ではなく、カンチョウされたときだったとは、トラウマです…（涙）。

Y：お母さんは深窓に育った方だと聞きましたが、そのお母さんがお手伝いさん任せにしないで、すごい力を発揮してカンチョウしたのですよね。いまのような便利なイチジク浣腸なんてない時代に（笑）。

杉浦：母親だからこそできたことですよね。きっと、子どもに恨まれるだろうと思いながら、でもそうしないと余計苦しんでしまうからね。

フジコ：でもカンチョウのあと、母は私の気がすむまで抱いて、怒りやショックが心の傷にならないようにしてくれるとよかった。ちゃんと癒やされなかったから、トラウマになったんです。私は、欲しいだけの愛を親にもらえなかったという思いはあっても、それは当時は普通のことだと思っていたし、母を悪く思うなどの気持ちはまったくなかったんです。

でも、それならトラウマを受けた子どもはどうなる？「いい子、我慢の子」の奥に、さまざまな感情を閉じ込めたまま、生涯、自分の本当の感情に忠実に生きられないインナーチャイルドが居続けることになるんです。

Y：インナーチャイルドの悲しみを引き受けるとは、弱い親をも引き受けるということですよね。

## ■ワークをふりかえって――フジコ

子どものころに、親からの保護や受容による安心感を得られなかった私は、生きていくために、赤い色が象徴するようなアニムス、男性的ながんばる自分であらねばならず、女性性を抑圧してきたと、いまは分かります。

もっと愛されたいと思っていた母に、抱かれたと喜んだらカンチョウされた。けれど便秘が解消した私は、子どもながらに「母が私を楽にしてくれた」という、現実受容的な納得をしただろうと思います。しかしそれだけではなく、幼い私には、母に対して怒りや悲しみの感情があったはずでした。

その感情をストレートに出すことができなかった「我慢の子」の私は、その傷つきから自分を守るために、思いにフタをしなければならなかったのです。赤い髪はそのストレスを伝えていたのでした。

こうして私は、自分の根っこに怒りや悲しみの感情――コンプレックス――があることを知り、この感情に「市民権」を与えることができました。

## リーディングノート　第5回　フジコさん

①の中央の子の周囲に、この子のさまざまな情感やエネルギーの姿が、リアルさを持たない記号のようなかたちで、描かれています。②は、①の子の自画像ということですが、このインナーチャイルドの姿に近づくまでの過程が、①といった印象です。

フォーカシング研修会の劇での体験と、幼少時の「カンチョウにまつわる母親との思い出」、そして今回の「赤い針金の子どもと、赤い髪の少女と、ムンクの絵」。これらフジコさんの基盤には、「抑圧された怒りや悲しみ」の感情と、女性性や自由さの「表出」への希求があることが、語られました。

幼少期に体験した「怒りや悲しみ」は、その後のさまざまな感情体験と絡み合ってコンプレックスとして記憶され、無意識の中に存在し続けます。そして、たとえば大人になってからも、同じ要素を持つ感情に直面すると、深層に同じ性質のコンプレックスがあるのでそれらが刺激され、過剰に反応してしまうのです。

即興劇での例は、その典型です。

怒りは、自分を守るための鎧のようなものです。フジコさんは話しあいの途中で、「最初は「怒り」だった感情が、「悲哀」に変わっていた」と言われましたが、怒りの感情と向き合っていくことで、隠された痛みに気づくことができます。「痛み」や「悲哀」というかたちで感情を「意識化」できると、私たちはそれらの感情をコントロールすることができるようになります。

アクティヴ・イマジネーションのはたらきで、絵が多くの連想へとつながり、心の全体の構図が見えてきました。

# 第6回　現実の生活を反映するマンダラをかく

## ■ワーク――絵と説明：フジコ

### □マンダラをかく

宇宙との調和

　今日は最初から、「コラージュで内と外を統合したマンダラを作ろう！」という強い気持ちがあり、まず「自分に近い」と感じる素材を集めました。

　はじめにコラージュボックスから選んだのが、恐竜の絵柄です。『ミニ恐竜辞典』のカバーだったんです。さらに、気に入るものを数枚選び、パズルのように紙の上で動かしていきながら、中心の置き方を決めました。恐竜の周りの赤は、「カニ大安売り」の広告チラシから切り取ったカニで、その上に恐竜を貼ったんです。…ちょっと強烈で、見せるのをためらっちゃいます…（笑）。

　最後のほうで、チベット仏教の仏画を2枚見つけました。分量的にも大きいしこれはいいと、ドーンと貼り、まとまりをつけました。

## ■話しあい1――感じるままに

### □恐竜を囲むカニ

N：どうして、恐竜を真ん中に置こうと思ったのですか？

フジコ：「現実の生活を反映するマンダラ」って、いわゆるマンダラアートとは違うので、「理想的なもの」や「聖なる力のあるもの」を中心に置く必要はないと思って。このマンダラは、「自分の現実の生活」を反映する象徴を中心に置くのだと思ったら、恐竜の絵が目にとまったんです。

Y：この恐竜はすごい口を開けて歯をむき出して、攻撃的な感じです。

フジコ：攻撃性とかではなく、醜いけど元気はつらつで大きな口を開けている、歌っているような感じがしたのです。この恐竜に私は、リビドー[14]と言われる、生命エネルギーを感じたんです。

N：下の黒い部分も目立つけれど、それは何かしら？

フジコ：これはマンダラ全体の調和を考えて、黒くて量感のあるものを下に置こうと、ただ単に貼ったのです。

K：恐竜の周りのカニの触感が痛々しいというか。こんなゴツゴツした感じが、自分の身近にあるということですか？

フジコ：恐竜がとてもパワフルなので、周囲とのバランスをとる意味で置いたのです。カニの殻を見つけて、これはいいと思って。鎧みたいというか、ザラついて冷たい感触で、ちょっと不気味でイヤな感じもする。けれどこれなら、外界と恐竜との間に置けば、恐竜のパワーに対峙できると。直観的にそう考えて、このマンダラを作ることができたんです。

## □食べているのか、運んでいるのか

N：左の黒い像は、相当憤怒してがんばっていて、歯をむき出している恐竜と似ている感じです。

フジコ：憤怒尊《ふんぬそん》はチベット仏教の、邪悪と戦う尊像と言われているものです。右は四面の寂静尊《じゃくじょうそん》と言って、静寂な心の修行や説法をする尊像だと聞いています。たまたま、チベット仏教の仏画展のチラシがあったので、使ったんです。

S：その下にはモスクみたいな会堂。上と下には小さなイコン（聖画）が貼ってあって、恐竜とカニの周りを囲んでいるんですね。

フジコ：驚かすみたいでも、意外に単純でしょ？（笑）

K：でも、相当猛々しいって言うか。この左の恐竜、子どもを食べている⁉

フジコ：でも私、子どもを運んでるって思うかも。クロネコの宅急便のロゴマークみたいじゃないですか？

N：ああ〜、でも、ちょっと、苦しいかなぁ（一同笑）。でもよくよく見ると、いろんな種類の恐竜が遊んでいるような姿が、描かれているんですね。

フジコ：くわえられている恐竜は、おとなしくママに運ばれているというか、抵抗している感じはないですよ。大きい恐竜だって、見ようによっては生き生きして快適そう。…でも実は私、細かい絵柄までよく見ないで素材を拾ったんです。中央の口を開けている恐竜の、すごいエネルギーにだけ注目して。

Y：「意識」はそう言っても、でも、口を開けている恐竜、その歯のギザギザとか、すごいですよ、やっぱり攻撃的なものや不安を感じます。

## □恐竜が象徴しているリビドー

A：この恐竜が攻撃性や不安を象徴してるって、私はピンとこないのですけど。死や老いや病などへの不安の感情が、私にもあることはたしかですが、そういう感情って、誰の心にもある「生きるエネルギー」あってのものですよね。

フジコ：そうです、そうです（笑）。この恐竜は、リビドーを象徴していると思うんです。むき出しの、生きるエネルギーみたいなもの。コラージュボックスの中で恐竜を見つけたとき、あ、この感じは私の中にある！と思ったのです。

Y：リビドーって、性的衝動や本能衝動みたいな意味だけでなく、フジコさんは心のエネルギー全体という意味で言っているんですね。この恐竜に対して、あえて「リビドー」という言葉を使っていることに、意味があるのですね。

### □君臨する恐竜

S：なぜ周りのカニの上に、恐竜を貼ったんですか？

フジコ：カニの絵柄が細くて小さかったので、胴や足を切って増量し、丸いお皿のような感じに貼って、ボリュームを出したのです。恐竜を貼ってから周囲にカニを貼ると、切り貼りしたことが目立つと思って。

I：フジコさんの意識は、そう言うのですね（笑）。でも実物を見ると、カニの上に恐竜が乗っかっているように見えます。

K：そうそう。普通はまず中心があって、それから周りを貼るけど、この恐竜たちはマンダラの「いちばん上」に乗っているみたい。そこにはそれなりの意味があるように感じられるんです、君臨する王のようなものとして…。

フジコ：たしかに…君臨しているみたいですね（笑）。でもこの恐竜は、カニの赤のおかげで、周りと調和するという「関係性」の中でだけ、あらわれることができたのだと…私の「意識」が言っているのでしょうか？（爆笑）

### □カニにホールドされている恐竜

フジコ：カニの非常に違和感のある皮膚というか、肌が、ぎこちなく恐竜をホールドしているっていう気がしたんです。恐竜という、外にむき出しに出すにはためらいがある原始的なリビドーを、カニの存在のおかげで出すことができた。でも君臨しているとしたら、どこかが違った…？

K：ホールドっていう言葉のイメージは、やわらかいものや安心なものにつながる感じがするけど、このゴツゴツした、しかも赤い、決して触感としてはよくないものがホールドするっていうのは、そぐわない感じです。

フジコ：だってね、真ん中がすごいエネルギーなんですから。それを持ちこたえることができるのは、カニの見るからにゴツゴツしていて、嫌な感じがふさわしいと感じたのです。それぐらいネガティブで強いものじゃなくちゃ、真ん中のエネルギーを持ちこたえられない。生存のすごさ、恐竜のすごさに圧倒されてパンクしちゃったら、大げさですけど、精神的な病気にもなりかねない。

K：たしかに、無意識の部分が大きくて自我が弱いと、危険だと言われますね。カニの甲羅が「守るもの」だとするとこれは、第3回の象と子どもを囲んでいた円の壁や、ハリガネの子らの周囲の壁と同じに保護や守りを象徴する？

### □カニは、恐竜の光背

N：それだけじゃ恐竜をつなぎ止められないので、さらにモスクや万里の長城などの人造物や、聖なるものたちを持ってきた。そしてそれらをホールドしているものはさらに、外円の外の宇宙の大気、ということかしら？

フジコ：そうです、いちばん外は、宇宙がホールドしている。

Y：右の、顔が4つある仏像の後ろの、赤くて大きい丸は髪の毛ですか？

フジコ：いいえ、四面の寂静尊の丸い光背《こうはい》だと思います。光背って、仏自身から発する光明で、守りのはたらきをするそうです。

Y：私の席からだとちょっと見にくくて、大きな頭かと思ったんです。光背だとすると、赤いカニも恐竜の光背と考えたら、すごいことになりますね。

フジコ：うーんそれは、すごいランクアップ。カニが恐竜の光背だなんて！

K：するとやっぱり、カニは恐竜の後ろにある守りの力？そう思って見ると、赤い存在がひときわ強調されて見えます。憤怒尊と恐竜と四面の仏像3つが、それぞれ光背を背にして並んでいるみたい。

フジコ：赤いカニの光背が強い守りのエネルギーを発しているのだとしたら、存在を認められた恐竜に自己肯定を感じます。リビドー丸出しの自分の本性をさらすことは、孤独なことです。だけどそこにいま、究極の守りがあると感じられます。

## ■話しあい2――象徴の意味をとり入れて

### ● 象徴の意味 ●

恐竜（原始的エネルギー、破壊と創造のイメージ）→怪獣の開いた口→道（通路、通過　前出）：移行を象徴

赤：太陽とすべての戦争。活動的な男性原理、強さ、堅忍

カニ：不きげんで怒りっぽい人、貪欲なる太母の悪い面。脱皮するところから「生まれ変わり」（キリスト教）

光輪＝円光、光背：神や聖人などから放射されるオーラの象徴

壁：保護→境界→敷居（Threshold）、保護と同時に制約でもある聖なる囲い込みの象徴。包み込み庇護するものとしての中心や子宮の女性原理を象徴

・・・・・

### □二面性を持つグレートマザー

杉浦：フジコさんのマンダラの恐竜は、ご本人もおっしゃっているように、原始的なエネルギー、リビドー、破壊と創造のイメージのセルフですね。それとともに、子どもをくわえている恐竜ということで、グレートマザーのイメージが同時にあるということです。

K：破壊と創造の両方のイメージが、「セルフ」としてひとつにまとめられている。納得です。恐竜も親子ということ

なら、第1回の出産やモミジの手のところから、すでにそのテーマが出ていたという見方ができますね。

杉浦：そうだと思います。グレートマザーには、子を守り育てる母という太母的な面と、子どもを飲み込んでしまう恐ろしい一面の、破壊と創造の両方が含まれています。恐竜のインパクトが強く、イメージの中に大きな力を感じますが、攻撃的にも見えるということではアニムスと捉えることもできるでしょう。リビドーでもありグレートマザーでもある恐竜に、「ああ、いいのが見つかった」という、現実の自己イメージの発見をしたということでもありますね。なぜかフジコさんの場合、ひとつのものに両面、反対の意味を象徴するようなものをいろいろ出されてきていると思うんです。

K：「母性性」への迷いが、ここへ来てグレートマザーとして表現され、それがさらにセルフになった、対立物の統合ということですね。

杉浦：それと、このカニはもう、恐竜の守りの要素ということだと思います。それから下のほうの黒い部分は、ただ単に貼ったとのことでしたが、きっと何か、意味があるのではないかと思います。

次のステップとして、恐竜に対して、仏やカニの赤い光背が、マンダラとしての調和をはかったのではないかと思います。リビドーとは、心のエネルギー全体の総称のような言葉ですが、この絵には生命力、根源的な力、生きる力があらわれている感じです。赤い色も、そういうエネルギーですよね。第1回からずっと、最後のマンダラでも中心に赤い色が使われている。フジコさんにとって、赤い色=根源的な生きる力が、メッセージとして大きくあるのですね。

## ■ワークをふりかえって——フジコ

中心の恐竜は、私の「存在」への欲求、つまりリビドーだという主観的な思いが、メンバーとの話しあいや杉浦先生の助言によって、だんだん明確化され、自分でもすっきり了解できるものになっていきました。

カニの赤は、両隣の仏像たちの持つ赤い光背と同じ性質のものではないかと、メンバーが言ってくれたとき、創造的な結末とはこういうことかと、とても驚きました。それはリビドーという原始的なエネルギーであると同時に、グレートマザー（「母性」の両義的な意味合いを持つ）でもあり、アニムスの要素も持つものです。それら対立するものが、光背の出現によってセルフ、統合された自己となっていることがわかったのです。元型という、自分を超えたものを知ったことで、深い喜びと共に、自分の根底がリラックスしていくのが分かりました。

マンダラの下の黒い部分は、最近思いあたったのですが、夫の突然の死去や亡き母への別れの感情など、対象喪失のモーニングワークがまだ残されていることを語っているようです。これからの私の課題だと感じています。

「赤」が全体のテーマカラーになっていたということは、赤い色が象徴している「根源的な生きる力」を私が必要としていることを、無意識が示してくれたのだと思いました。

**リーディングノート**

### 第6回　フジコさん

初回からテーマとしてあらわれてきた、「母性」についての複雑な感情が、このマンダラにも、よりくっきりとした姿をあらわしています。

最初の第1回のワークで、フジコさんの個人的な無意識は、「女性であること、生理や出産」に対して、疎ましさやつらさの感情があることを提示しました。続いて母子の「関係を結びたい2つの手」やウサギの赤いバッグという、「母性」の強調、「赤い髪の少女」の母性性へのストレスなど、これまでの意識から切り離されてきた〈母なるもの〉へとフジコさんは近づいたようです。

マンダラの中心の「恐竜」は、慈しむものと飲み込むものという両義性を持ったグレートマザー、〈母元型〉の要素を持っています。大きく開いた怪獣のような口は、第1回の「はさみ岩」と同じく「通路」の意味もあるところから、誕生や移行の象徴と見ることができるのが、面白いところです。マンダラの中心（恐竜の口）は、左上の「万里の長城」の天空へと続く道に通じているようです。

赤いカニの甲羅が、この母原型を突如超越して、恐竜の「光背」として登場したことは、アクティヴ・イマジネーションによる創造的な意味づけの変更だと思います。恐竜がセルフとなるために無意識は、「恐竜を盛るカニの器」、「カニが光背となる前提としての、両隣の2枚の光背を持つ仏画」という、周到な伏線（布置）を張ってきたと言えそうです。

## 全体（第1回〜第6回）のふりかえり　フジコ

### ■ 母性への希求——赤色が示すセルフへの道すじ

私はこれまで、自分の気持ちを人に伝えるのが苦手だったり、人と接するときに不自然に力む感じがありました。それは、幼いころの傷ついた気持ちに関係があることが、アートセラピーを通して分かりました。

はじめ私は、「赤」で単にストレスや不快さをあらわしたつもりでした。ところがこの色は、テーマカラーになっていることが分かりました。赤はヨーガでは、尾てい骨の辺にある第1チャクラをあらわす色ですが、このチャクラは「家族や集団の基盤、同族のつながりを意識し育てる」場所だそうです。また「赤」が象徴する「根源的な生きる力」が、私のテーマとして存在していること、その力を洗練させていくことの重要さを、無意識は語っていたのです。

そのつど必然性があって選んだ色なのに、第1回から最後の6回まで赤が大切な色として用いられていたことは、驚きです。それは具体的には、血管の色、生理の出血の色、赤く染まった大気、赤が中心の色マンダラ、赤いチュチュ、ウサギの赤いバッグ、赤い針金の子ども、赤い髪の少女、カニの赤い殻、です。「赤」は私の中に、「未済感のエネルギー」(→「光背」)としてあり続けていたという感じがします。

### □ 母性との関係

トラウマになっていたと分かった「母性との関係」を示したのは、「川の中のへその緒や母子の手」「ウサギの赤いバック」「赤い髪の少女」「恐竜のマンダラ」の絵です。このように秘められていたテーマに導かれながら私は、「現実の生活を反映するマンダラ」に、近づいていくことができました。「女性性や母性性を疎ましく思いながらも、求めている」という、私の中の矛盾した2つの感情は、「それこそがグレートマザーの特徴だ」と元型的理解を得、セルフを実感できたのです。これらは、アクティヴ・イマジネーションによってたどり着けた、創造的な結末だったと感じています。

おかげで最近の私は、「我慢の子」ではなく、自分の未熟さを容認したり癒やしたりしながら生きることが、ずいぶんできるようになってきました。

私のようなユング心理学には遠い存在だったものでさえも、個性化、全体性の獲得——その入り口であっても——が可能になったということは、なんという至福かと感動します。辛抱強い読み解きやアクティヴ・イマジネーションを共にしてくれたメンバーや、貴重な助言をいただいた杉浦先生に、心から感謝しています。

# おわりに

本書は、C・G・ユングが提唱したアクティヴ・イマジネーション（能動的想像）の技法を、アートセラピーで用いた試みをご紹介しています。私たち心理療法家（カウンセラー）をはじめ、画家、音楽家などさまざまな職業や年齢の女性7名による体験は、ユング心理学にふれたことがない方にも、きっと興味深くお読みいただけると思います。

アクティヴ・イマジネーションとは、意識を内側に向け、心の奥（無意識）から浮かんでくるイメージとアクティヴに対話し、意識と無意識の思いを統合していく技法です。ユングはこの対話を、言葉を使って物語る方法でおこないましたが、本書の描画法も基本的には同様で、絵にあらわれた無意識からのイメージに、意識がアクティヴに対話していくという方法です。対決や折衝を経て、やがて意識の思いと無意識の思いが、ひとつの「本来の自分」として統合され、「個性化」、「意識の拡大」や「全体性の獲得」などの、変容がもたらされることを目指します。

ユングは、自分自身が無意識との対話を余儀なくされた頃の体験をこう語っています。

「情動をイメージに何とか変換する、すなわち情動のなかに隠されたイメージを何とか見つけ出すことができたかぎりにおいて、私は気持ちが落ち着き、安心した。もしこれらのイメージが情動のなかに隠されたままになっていたなら、私はそれによってバラバラに引き裂かれて、…（中略）…最後はそれによって破壊されていただろう。自らの体験の結果、情動の背後に存在する特定のイメージを見いだすことが、治療的観点からみていかに有用かということを私は知った。[1]」

こうしてユングは、自身が精神的混乱に陥った時期に「無意識を意識化する」ことを始め、やがて技法として発展させたのです。無意識は言葉を持たないので、「情動」という形で思いを内奥に蓄積している――初心者の私たちはこのあたりから学び始めたのですが、ユングが語るように、「情動のなかに隠されたイメージを何とか見つけ出すことができたかぎりにおいて」私たちのワーク――描画と話し合い――でも、驚くほどの多様な無意識からのメッセージが意味を持ち、意識と無意識を統合することができるようになりました。

私たちは、「自我を超えた向こうからやってくるもの」との対話や対決、統合が可能になったと感じています。

２０１１年3月11日の大震災発生のその時、編著者は本書の校正をしていました。被災地の状況が徐々に明らかになるにつれ、すぐに飛んでいきたい衝動にかられながらも現実には動けない自分が、歯がゆくてなりませんでした。私たちの住むこの国この地球は、地震や気候変動などの自然災害だけでなく、原子力災害や戦争など、自分たちが引き起こす人災による悲劇や惨事が、多く続くようになりました。

ユングは晩年に、概括すると次のことを、あたかもいま語るかのように、述べています。

「二十世紀末になって、世界的な破局の概観が明らかになってきた。それは先ず、意識への驚異の形をとって示される。その驚異は、意識の傲慢さであり、〝人間と、その行為ほど偉大なものはない〟という主張である。」「人間のなすべき仕事は、無意識から上におしあげられてきた内容を意識化することである。人間存在の唯一の目的は、存在の闇に光をともすことにある。[2]」

この言葉は、３・11以後を生きる私たちにとって、大きな指針になると感じます。「知性（意識）が理解していることだけでなく、深層（無意識）には、無限の知が内在している」こと、両者を併せ持つ――つまり全体性を持つこと、意識が拡大すること、これらこそが現代人のもっとも急を要する課題だと、ユングは語っています。アクティヴ・イマジネーションの技法がさらに用いやすいものとなって、多くの人々が全体性を獲得し「本来の自分」らしく生きることが可能になれば、世界はよい方向へ変わっていくでしょう。なぜなら71億の人々がつくりあげているこの世界は、個々の人間の思いや意思が集まり、動いているからです。

ところで、描画をおこなって以来の十余年の間、私たちには、自分の個人的な過去や内的体験を、このような形で公にすることへのためらいや不安がなかったわけではありません。でも、アクティヴ・イマジネーションによる描画法で体験した「自分を超えるもの」への驚異と確信が、そうしたおそれを超えて、本書をつくり上げる原動力となりました。

私たちが本書でおこなったワークは、アクティヴ・イマジネーションを描画法に用いて取り組んだ初めてのものではないかと思います。本書は専門家が体系的におこなったものではないことや、当初は参考になるものが見当たらなかったことなどの理由もあり、これが最上の方法だとは、思えません。ただ私たちは描画の不思議に興味を持つ者として、未開の地を少し切り拓いてみたにすぎないと思っています。しかし、それでもこの驚異的な体験をした私たちは、大きな有用性を実感したのです。

アクティヴ・イマジネーションをおこなう際は、無意識に呑み込まれる危険性等があるので、伴走者が必要だといいます。私たちの場合は、複数のカウンセラーがメンバーにいたことで、伴走者機能の一部を果たせたかとは思いますが、補助自我でもあるグループメンバーとしての機能の仕方によっては、危険性を考慮にいれる必要があると思います。

こうした危険性の問題や敷居の高さがいつの日にかクリアされ、描画法によるアクティヴ・イマジネーションが自己成長や個性化のための「道具」として、広く使われるものになっていくことを私たちは願っています。

最後になりましたが、本書ができるまでたくさんの方々にお世話になりました。

故・河合隼雄先生は、ご著書を通じてアクティヴ・イマジネーションへの道を明確に示してくださいました。L・カパチオーネ女史の描画のテーマ構成、とりわけ〝現実の生活を反映させるマンダラ〟という切り口の描画は、私たちにはとても貴重でした。また杉浦京子先生からは、描画法や象徴解釈について、実に多くの助言をいただきました。老松克博先生のアクティヴ・イマジネーションに関するご著書もまた、道中の私たちをガイドしてくださいました。先生方に、心からお礼申し上げます。

新曜社の塩浦暲社長、編集部の堀江利香様には、言葉に尽くせないほど大変お世話になりました。また、「能動的想像法」と「アート・ヒーリング」の本を、最初に教えてくださった故・塩飽和子さん、テープ起こしやリーディングノート等の執筆補佐をしてくださった近藤眞理さん――彼女の真摯な援助は、本書の完成を大いに促進させてくれました。また多くの皆様にも助言や応援を頂きました。皆々様に心からお礼申し上げます。

そして何にもまして、C・G・ユング先生が、現代を生きる私たちの前に新しい世界を切り拓き、光を灯してくださったことに、深く感謝しています。

2014年4月20日

メンバーを代表して　　編著者　近藤　総子

ッホにより考案された。

ＨＴＰテスト：「家、木、人」の３つを描かせた後，質問や会話をして，表現や自由連想を引き出していく投影法検査。Ｊ．Ｎ．バックが開発。

［10］ 老松克博（2001）『サトル・ボディのユング心理学』トランスビュー，Ａ．ミンデル／藤見幸雄監訳（2002）『ドリーム・ボディ―― 自己（セルフ）を明らかにする身体』誠信書房

［11］ 縄跳び：自己防衛と包囲を意味。Ｒ．Ｃ．バアンズ・Ｓ．Ｈ．カウフマン／加藤孝正・伊倉日出一・久保義和訳（1998）『子どもの家族画診断（描画心理学双書第２巻）』黎明書房

縄跳びの縄の人物を囲む線は母胎回帰願望をあらわす：中西芳夫（1999）『お母さんわたしの絵を見て！―― 母胎回帰願望をもつ子供たち』日本経営協会総合研究所

［12］ 秋山さと子（1982）『ユング心理学へのいざない―― 内なる世界への旅』サイエンス社

［13］ 錬金術でいう第一の作業の終結のイメージ：Georgium Anrach（17 世紀）Pretiosissimum Donum Dei（もっとも絢爛たる宝の宝典）

［14］ リビドー：ユングは，リビドーとは，「性に限定せず，心的エネルギー一般（のことを）言う」，「心的エネルギーは非常に潔癖なので，自らの状態を貫徹することを主張する。…それが正しく流れる道をうまく見出してはじめて，われわれはそれを実用的に使用することができる」と言っている。Ａ．ストー／山中康裕監修／川嵜克哲・菅野信夫・皆藤章・濱野清志訳（1997）『エセンシャル・ユング―― ユングが語るユング心理学』創元社

## おわりに

［１］ Ａ．ストー／山中康裕監修／川嵜克哲・菅野信夫・皆藤章・濱野清志訳（1997）『エセンシャル・ユング―― ユングが語るユング心理学』創元社，p. 92

［２］ Ｃ．Ｇ．ユング／Ａ．ヤッフェ編／河合隼雄・藤縄昭・出井淑子訳（1973）『ユング自伝２―― 思い出・夢・思想』みすず書房，p. 176，p. 172 ～

［16］ Ｊ．ブラッドショー／新里里春監訳（1993）『インナーチャイルド── 本当のあなたを取り戻す方法』ＮＨＫ出版

［17］ Ｃ．Ｇ．ユング／林道義訳（1991）『個性化とマンダラ』みすず書房

［18］ Ｊ．キャンベル・Ｂ．モイヤーズ／飛田茂雄訳（1992）『神話の力』早川書房

［19］ コラージュ：フランス語で「糊で貼る」という意味。写真や絵を雑誌などから切り抜き，台紙に貼って作品にする。制作の過程や表現が，癒しや自己表現，創造性につながる。ピカソのコラージュ（1912）「藤椅子のある静物」は有名。

## 第２部　アートセラピーの実際 ── メンバーたちのワーク

［１］ 象徴辞典：

Ｊ．Ｃ．クーパー／岩崎宗治・鈴木繁夫訳（1992）『世界シンボル辞典』三省堂

赤祖父哲二編（1986）『英語イメージ辞典』三省堂

Ｈ．ビーダーマン／藤代幸一監訳（2000）『図説世界シンボル事典』八坂書房

［２］ Ｓ．ペティット／渡辺雅子訳（2007）『エナジー・メディスン ── 自然界からの癒しの贈りもの』中央アート出版社

［３］ 紫色：人は，「情緒不安をもたらす身体の機能不全」があるとき紫色をえらぶ傾向がある。赤と青を混ぜ合わせると紫色が出来る。人は本能的に，体調を整えたい時に，赤（交感神経が活発になる色）と青（副交感神経優位）のバランスを取る色である紫を選ぶといわれる。末永蒼生（2001）『心を元気にする色彩セラピー』ＰＨＰ研究所

［４］ 赤絵式壺に描かれている。古代ギリシア，紀元前400年頃。

［５］ フォーカシング（focusing）：Ｅ．ジェンドリンが提唱したカウンセリング技法。身体感覚や心の実感・内的体験に注目していくことにより，心身の調整をする。具体的には，意識と無意識の境界に注意を向け，曖昧だが直接感じ取れる身体の感覚（フェルトセンス）を言葉で明確化していく。すると，「問題が解決した，手放す，」という感じが得られる。

［６］ ヴィレンドルフのヴィーナス：オーストリアのヴィレンドルフで２万年以上前に彫刻されたと推定される小像。多産・豊穣などを象徴する。

［７］ エンブレム，標章：“しるし”とする徽章（記章）または記号，シンボルマークのこと。厳密には，観念または特定の人や物を表すのに使われる図案。たとえばキリスト教の十字架は，はりつけのシンボルで，犠牲のエンブレム。日本大辞典刊行会編（1978）『日本国語大辞典』小学館を参考にした。

［８］ Ｓ．バッハ／老松克博・角野善宏訳（1998）『生命はその生涯を描く ── 重病の子どもが描く自由画の意味』誠信書房

［９］ バウムテスト：「一本の実のなる木をかいて下さい」という提示による投影法検査で，木の全体的な印象，形態，空間図式の解釈などについて分析。Ｋ．コ

［2］ 老松克博（2000）『アクティヴ・イマジネーション――ユング派最強の技法の誕生と展開』誠信書房
［3］ C．G．ユング／ソヌ・シャムダサーニ編／河合俊雄監訳（2010）『赤の書』創元社
［4］ B．ハナー／老松克博・角野善宏訳（2000）『アクティヴ・イマジネーションの世界――内なるたましいとの出逢い』創元社
［5］ 老松克博（2004）『無意識と出会う――ユング派のイメージ療法：アクティヴ・イマジネーションの理論と実践①』『成長する心――（同）②』『元型的イメージとの対話――（同）③』トランスビュー
［6］ A．ストー／山中康裕監修／川嵜克哲・菅野信夫・皆藤章・濱野清志訳（1997）『エセンシャル・ユング――ユングが語るユング心理学』創元社
［7］ 象徴辞典：
J．C．クーパー／岩崎宗治・鈴木繁夫訳（1992）『世界シンボル辞典』三省堂
赤祖父哲二編（1986）『英語イメージ辞典』三省堂
H．ビーダーマン／藤代幸一監訳（2000）『図説世界シンボル事典』八坂書房
［8］ C．E．バーニー（1982）「ユングの能動的想像――西洋の瞑想の一技法」（S．グロフ編／吉福伸逸編訳（1987）『個を超えるパラダイム――古代の叡智と現代化学』平河出版社に収録）
［9］ 補助自我：サイコドラマにおける概念で，主役であるクライエントの相手役となって，クライエントが自己の内面を表現するのを助ける役割。技法として，主役の分身を補助自我が演じる方法や，２人で主役の内面を話し合うやり方がある。
［10］ L．カパチオーネ／長谷川寿美訳（1993）『アート・ヒーリング――絵の魔術』たま出版
［11］ N．ロジャーズ／小野京子・坂田裕子訳（2000）『表現アートセラピー――創造性に開かれるプロセス』誠信書房
［12］ 河合隼雄（1977）『無意識の構造』中公新書
［13］ C．G．ユング他／河合隼雄監訳（1975）『人間と象徴――無意識の世界　上・下』河出書房新社
［14］ ヌミノース：R．オットーのいう，神聖な深い感動の体験「ヌミノース体験」に相応。肯定的な深い感情の「再生にともなう感情」。ユングは，ヌミノースは，畏敬，ちから，魅力の情動を伴なうと述べた。河合隼雄（1967）『ユング心理学入門』培風館。
［15］ D．フォンタナ／阿部秀典訳（1997）『シンボルの世界（図説聖なる言葉叢書）』河出書房新社，D．フォンタナ／鏡リュウジ訳（1997）『夢の世界（図説聖なる言葉叢書）』河出書房新社

# 注

## 口絵

［1］ 古代ギリシアの赤絵式の壺に描かれている。紀元前400年頃。

［2］ オーストリアのヴィレンドルフ近くから出土された彫像。24,000～22,000年前のものとされる。

［3］ S．バッハ／老松克博・角野善宏訳（1998）『生命はその生涯を描く――重病の子どもが描く自由画の意味』誠信書房

［4］ Georgium Anrach（17世紀） Pretiosissimum Donum Dei（もっとも絢爛たる宝の宝典）

## はじめに

［1］ C．G．ユング：Carl G. Jung, 1875-1961，精神医学者，心理学者。1913年にフロイトと決別後，独自の分析心理学を創始。このころからアクティヴ・イマジネーションを用いはじめた。

［2］ J．M．シュピーゲルマン・河合隼雄／町沢静夫・森文彦訳（1994）『能動的想像法――内なる魂との対話』創元社

［3］ L．カパチオーネ／長谷川寿美訳（1993）『アート・ヒーリング――絵の魔術』たま出版

［4］ 老松克博（2000）『アクティヴ・イマジネーション――ユング派最強の技法の誕生と展開』誠信書房

［5］ 老松克博（2004）『無意識と出会う――ユング派のイメージ療法：アクティヴ・イマジネーションの理論と実践①』『成長する心――（同）②』『元型的イメージとの対話――（同）③』トランスビュー

［6］ N．ロジャーズ／小野京子・坂田裕子訳（2000）『表現アートセラピー――創造性に開かれるプロセス』誠信書房
A．M．クリスティーナ（2000）『アナ マリア クリスティーナのアートヒーリングの世界』とびら社
末永蒼生（2000）『心を元気にする色彩セラピー――色が気持ちを変えてくれる！』ＰＨＰ研究所

## 第1部 アクティヴ・イマジネーションを用いた私たちのアートセラピー

［1］ J．M．シュピーゲルマン・河合隼雄／町沢静夫・森文彦訳（1994）『能動的想像法――内なる魂との対話』創元社

編著者紹介

**近藤　総子**（こんどう　ふさこ）

日本女子大学卒業，同大学院家政学研究科児童学専攻修士課程修了，慶應心理臨床セミナー・アドバンス修了。臨床心理士，日本ユング心理学会会員。芸術療法学会会員。遊葉館《ゆうはかん》カウンセリング主宰。元杉並区立済美教育研究所教育相談員，元東京都スクールカウンセラー，元東京女子医大東医療センター小児科非常勤講師（心理相談）。
著書に『悪魔のおりた街・ダイオキシンの夏（現代の創作児童文学14）』（筆名蓮見けい，岩崎書店，1985年）（2001年『いのちの地球――ダイオキシンの夏』として映画化）。

本書でおこなった描画法の１日勉強会をおこなっています。
詳しくは，お問い合わせください。　yuuha.art@gmail.com

新曜社

**自分と出会うアートセラピー**
**イメージでひらく無意識の世界**

初版第１刷発行　2014年8月25日

編著者　近藤総子
著　者　阿部利久子・天海久子・伊藤妙子・植村怜子・木下恵・播磨美智子
発行者　塩浦　暲
発行所　株式会社　新曜社
〒101-0051
東京都千代田区神田神保町3-9 第一丸三ビル
電話(03)3264-4973・FAX(03)3239-2958
e-mail：info@shin-yo-sha.co.jp
URL：http://www.shin-yo-sha.co.jp/
印　刷　長野印刷商工(株)
製　本　渋谷文泉閣


ISBN978-4-7885-1393-8　C1011